シリーズ ケアをひらく

ニーズ中心の福祉社会へ

当事者主権の次世代福祉戦略

上野千鶴子＋中西正司 編

医学書院

はじめに　誰のための、何のための福祉か?

　どんなサービスもニーズを満たすためにつくられる。制度や政策の効果は当事者ニーズによって最終的に判定されなければならない。そうでない制度や政策は無益なだけでなく、ムダで有害でさえある。

「当事者」の「ニーズ」を満たすことのできる福祉社会は可能か?

「ニーズ中心の福祉社会」と、今さらのように言わなければならないのは、制度と政策とが「当事者ニーズ」をおきざりにして進んでいるように見えるからである。

共編者の上野千鶴子と中西正司は二〇〇三年に共著で『当事者主権』(岩波新書)を著した。それから五年。わたしたちはその後、「当事者主権」の理念にもとづく、次世代型の福祉戦略を構想しようとしてきたが、二〇〇五年には障害者自立支援法が成立し、さらに二〇〇三年と二〇〇六年には介護保険法の改定が行われ、社会保障費の総量抑制の政策方針のもとに、状況はその当時よりもむしろ悪化している。この流れを押し戻し、ほんとうに当事者にとってほしいサービスが手に入る社会をつくるために一歩をすすめることは、重要でかつ喫緊の課題である。この福祉社会への転換期をどう乗り切るかは、今後三〇年間の日本社会のシナリオを決めるであろう。すなわち現在壮年期にあるひとびとが、高齢期に入ったときの、運命を決めることになるだろう。

ニーズ中心の福祉社会を、できないと悲観する前に、わたしたちは、それが必要だし可能だと宣言したい。そしてたんに希望的な観測を述べるのではなく、どのような理念にもとづいて、何を、どうして、どこに配慮しながら、どうすれば、実現できるか、の道筋を示そうとした。そのための理念と制度のデザイン、経験的エビデンスにもとづく問題点と実行可能性、実現のためのビジョンとアクションのシナリオを示した。

共著者には、そのために今日得られる最適の人材を結集した。本書の共著者は、「ニーズ中心の福祉社会」が必要であり、かつ可能であることに共感した研究者とアクティビストの集まりである。

本書は数次にわたるインテンシブな研究会の過程で、お互いのアイディアを示しながら、相互に批判的に検討しあう生産的な過程から生まれた協働の産物であり、たんなる依頼原稿の集積ではない。本書の共著者は、みずからの経験的研究と理論的探究の成果をおしみなく提示し、デザインとビジョンとを世に問おうとした。そのうえで、それを実現するためのアクションのシナリオも提示した。

選択肢はある。それを選ぶかどうかは、あなた次第である。

共編者識す

ニーズ中心の福祉社会へ——当事者主権の次世代福祉戦略　目次

制度

アクション

理念

第1章

当事者とは誰か？

ニーズ中心の福祉社会のために

上野千鶴子

どんな制度や政策も、ニーズがあるからつくられる。ニーズに合わない制度や政策は無益であるばかりでなく、税金のムダづかいでもある。卑近な言い方をすれば、「ほしい」と要求したものに対して、それとはちがうものをさしだされたとしたら、必要が満たされないばかりでなく、逆効果ですらある。

こういう基本的なことをあらためて言わなければならないのは、社会政策がニーズにもとづいて設計されているとは限らず、またニーズにもとづいてその政策効果が判定されているとは限らないからである。そしてそういう原則的なことがらが、ごく近年まで、十分な検証の対象にさえなってこなかったからである。本書のテーマ「ニーズ中心の福祉社会」とはその原則にたちかえる必要を説いており、「ニーズ」概念は、本書の鍵概念である。

この章では、本書のテーマをつらぬく基本概念、ニーズ、ニーズ中心、当事者、ケアなどについて理論的な検討を加え、本書の立場を鮮明に提示することを目的とする。

1 ニーズとは何か？

◉これまでのニーズ論

ニーズとは何か、を論じるにあたって、従来のニーズ論はいずれも不十分であると言わざるをえない。これまでのニーズ論を検討してみよう。

ニーズ needs［★1］は英語で「必要」の意味。「要援護性」とも訳される。たんなる「要求」や「欲求」のことではない。『現代社会福祉事典』［秋元他編 2003］は「ニーズの定義についてはさまざまな見解があるが」と前置きしたうえで、三浦文夫［1985］による以下の定義を採用している。

> 何らかの基準に基づいて把握された状態が、社会的に改善・解決を必要とすると社会的に認められた場合に、その状態をニード（要援護状態）とすることができる。［秋元他 2003：356］

したがってニーズとは、ほんらい社会的なものである。

そのうえで、「ある種の状態が一定の目標なり、基準からみて乖離の状態にあるものを依存的状態dependency」または「広義のニーズ」と呼び、この依存状態の「回復、改善を行う必要があると社会的に

★1——ニーズはニード need の複数形だが、多様な必要の集合をさすため、本書では複数形の「ニーズ」を用いる。

認められたもの」を要援護性または「狭義のニーズ」と呼ぶ［三浦 1985］。

ニーズには以下の類型が挙げられる。ニーズの関与者によって「主観的ニーズ」と「客観的ニーズ」に、援護水準によって「顕在ニーズ」と「潜在ニーズ」とに分類される。よく引用されるブラッドショウ［Bradshaw 1972］の四類型、「規範的ニーズ normative needs」「感得されたニーズ felt needs」「表出されたニーズ expressed needs」「比較ニーズ comparative needs」も上述のふたつの基準を組み合わせたものだが、いずれも論理的なものというより、経験的な分類にすぎず、網羅的とは言えない。

小林良二は社会福祉の対象認識の方法として「問題論的アプローチ」と「ニーズ論的アプローチ」のふたつがあると挙げ、「問題論的アプローチ」は「問題をかかえる本人や当事者、研究者や専門家、マスコミなどを含む一般世論」が担い手であり、政策的な立法や制度化へ向かうのに対し、「ニーズ論的アプローチ」は問題への対応策を制度化するプロセスが中心であり、担い手は政府であるとして、そのあいだには相互補完関係があるが、「相容れない緊張関係」にあるとも言う［仲村他監修／岡本他編 2007］。

本書で言う「ニーズ中心的アプローチ」とは、上記のいずれでもなく、第三の道、小林の言う「最近のニーズ論研究においては、このような社会的・政策的に定義されたニーズよりも、個々人の主観的な必要をもってニーズとするという主張がつよくなされるようになった」潮流から生まれたものである。「社会的に承認された一般的なニーズよりもニーズの新たな社会的承認を求める」この立場を、小林は「ニーズの社会構成論的把握」［★2］と呼ぶ。

◉本書は「ニーズ」をどう見るか

本書の立場を小林の命名どおり「社会構成論的」と呼ぶのは適切だが、本書の「ニーズ中心」とは、❶

客観的より主観的なニーズを、❷一般性より個別性を、❸制度よりは承認過程を重視するような、たんに対抗的なものではない。むしろニーズの静態的な分類学よりは、ニーズが生成し、承認される動態的な過程とその複数の関与者のあいだのダイナミックな相互作用をあきらかにできるような、網羅的で総合的な概念化をめざす。

構築主義の社会学は、クレイム申し立て活動によって、それまで社会問題と見なされてこなかったことがらが、社会問題として承認される過程をあきらかにした［★3］。同じことが「ニーズ」の生成にも言える。ニーズの成立には、三浦の言うように「社会的承認」が必要だが、それは「社会的承認」を求める諸アクター間の協調、協同、対立、葛藤を含む生成過程となる。

ここではニーズの生成に関わる❶アクターを、ニーズの帰属する被援護対象である(a)当事者と(b)それ以外の第三者とに二分し、❷ニーズの生成過程を「顕在化」と呼ぶことで、顕在化以後のニーズを(a)（広義の）「顕在ニーズ」、以前のニーズを(b)（広義の）「潜在ニーズ」と呼ぶことにする。論理的には複数のアクターのそれぞれに顕在ニーズと潜在ニーズとがあることになるから、以上の論理的な組み合わせから得られる分類は、図1のような四象限ダイアグラムとなる。

このダイアグラムの各象限に該当するニーズに、名称をつけたうえで、従来の概念との対応関係を示しておこう（カッコ内は従来の概念との対応関係を示す）。

★2──社会構成主義 social constructionism の立場をいう。社会構築主義とも訳す。構築主義については上野編［2001］を参照。
★3──構築主義の社会学では、社会問題をクレイム申し立て活動によって社会的に構築されるものとしてとらえる［中河 1999］。

図1　ニーズの四類型

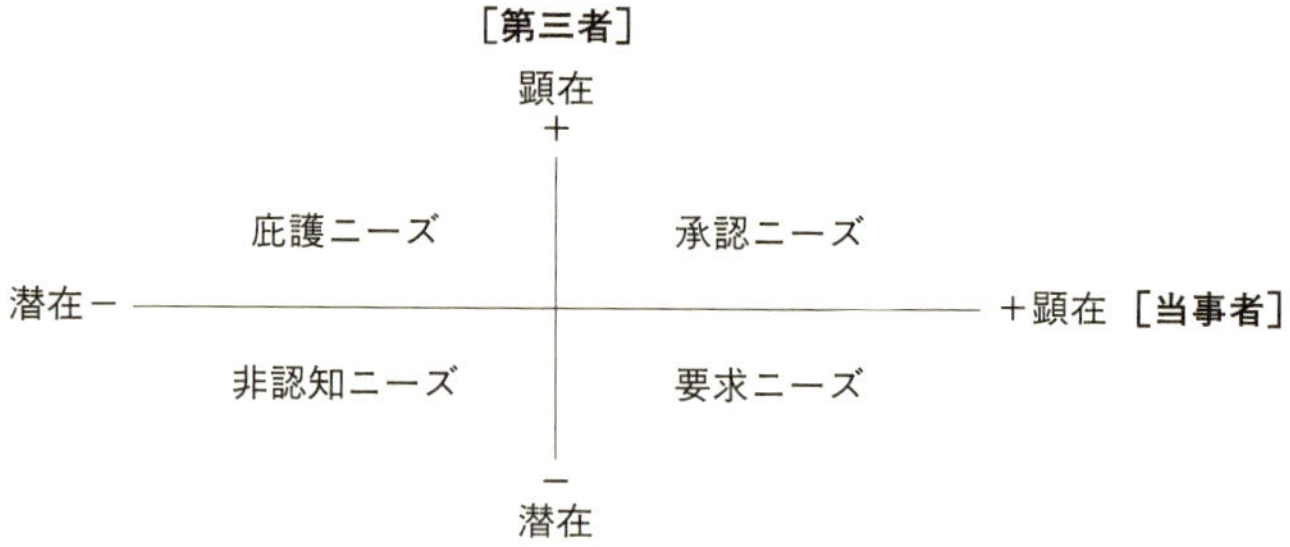

Ⅰ象限　当事者顕在・第三者顕在……承認ニーズ（狭義の「客観的ニーズ」、「規範的ニーズ」）

Ⅱ象限　当事者潜在・第三者顕在……庇護ニーズ（広義の「客観的ニーズ」、狭義の「潜在ニーズ」）

Ⅲ象限　当事者潜在・第三者潜在……非認知ニーズ（「比較ニーズ」）

Ⅳ象限　当事者顕在・第三者潜在……要求ニーズ（「主観的ニーズ」、「感得ニーズ」、「表出ニーズ」）

このダイアグラムにしたがって、従来の分類概念を批判的に検討すると、以下のような説明が可能になる。

●この四類型から見えること

従来の「顕在ニーズ」には関与者によって「客観的ニーズ」と「主観的ニーズ」のふたつがあるとされてきた。顕在化された「客観的ニーズ」には、「承認ニーズ」のほか、従来「潜在ニーズ」と呼ばれてきた、第三者によって定義されたパターナリスティックな「庇護ニーズ」が含まれる。客観／主観の用語法には、規範的な含意があるが、「客観的」であることが「主観的」であることより優位にたつとは限らない。「客観的」とはたんに「第三者による」とか、多数者によって「社会的に合意された」という以上のことを意味しないから、障害者のように当事者が絶対数のうえで少数者である場合には、多数者による同意や判定が当事者にとっては不適切なこともある。とりわけ「客観的ニーズ」を「規範的ニーズ」と呼び、「規範」の担い手を「専門家、行政官、研究者」のみに限定するのは、権威主義的であるばかりか差別的でもある用法である。複数のアクターが複数の規範をめぐって葛藤しているところでは、規範の生成過程そのものが問われるべきであり、社会構成的アプローチはその分析に効果を発揮する。

他方、従来の概念のうち「主観的ニーズ」には、第三者によって合意を与えられた「承認ニーズ」と、当事者にとっては顕在的だが社会的に承認を与えられていない「要求ニーズ」とが含まれる。従来のニーズ論は「潜在ニーズ」を「主観的ニーズ」の下位類型としてきたが、その用語法は「ニーズ」のより正統な判定者は当事者ではなく、第三者であるという規範的（もっとはっきり言うと当事者の自己決定能力を過小評価する差別的な）判断を含んでいる。したがって本稿のように「庇護ニーズ」と命名するほうが適切であろう。

このように、これまでの「潜在ニーズ」概念は、当事者にとって潜在的だが第三者によって判定可能なニーズを含んでいた。だが、論理的にはその逆、すなわち当事者にとって認識されているが、第三者にとっては承認されない「要求ニーズ」は理論的にも実践的にもありうる。「要求ニーズ」のなかに、ブラッドショウの言う「感得されたニーズ」と「表出されたニーズ」との下位分類が成り立つ。この下位分類は、「感得」から「表出」への過程がいかに困難であるかという当事者にとっての顕在化のプロセスを細分化するものであり、この外側にそれぞれ、当事者によってすら認知されない「潜在ニーズ」と社会的合意を得た「承認されたニーズ」とがある、と言うべきであろう。

「要求ニーズ」のなかには「社会的承認」を得ることが可能なニーズと、そうでないニーズとがある。

図2　ニーズの承認過程

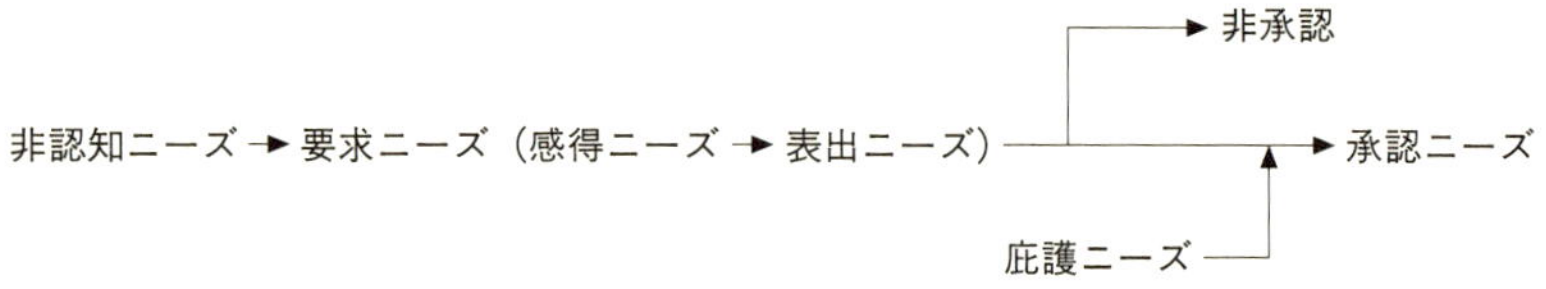

当事者にとっては顕在的でも、第三者にとっては顕在的でないニーズはたくさんある。たとえば障害者自立生活運動は、これまで障害者の「わがまま」と考えられてきた自立生活を、障害者があたりまえの生活を送る権利へと変えてきた。だが、社会的に合意形成がむずかしいニーズもある。たとえば障害者の性的弱者としての権利を守れという要求が、「買春の権利」として表現された場合には、女性の性的人権の侵害をともなうニーズに対して、社会的承認に抵抗があるだろう［★4］。

最後に当事者にとっても第三者にとっても顕在化されないニーズがある。これを「潜在ニーズ」もしくは「非認知ニーズ」と呼ぶのは、形容矛盾にはちがいない。なぜなら、それと認識されないものは、定義上、「ニーズ」ですらないからである。

だが論理的には、「潜在ニーズ」は、顕在化されたあとに事後的に発見されるようなものとして概念化されうる。経験的には、ブラッドショウの言う「比較ニーズ」がこれに含まれると考えてもよい。「同じ資格条件を持ちながらニーズを充足しているひととそうでないひととの比較」という「比較」の概念を拡大して、個人間のみならず地域間、文化間、国際間の比較、および歴史的な比較のような空間的および時間的な「比較」の概念を導入すれば、ある文脈で「ニーズ」と認識されたものが、ほかの文脈ではそう認識されないことを通じて、事後的に「潜在ニーズ」を判定することは可能だろう。だが、さらにその外部にあって当事者によっても第三者によっても概念化されないものについては、知ることができないのは、構築主義的なアプローチの前提である。

以上をまとめて、ニーズの承認過程、すなわちニーズならざるものがニーズへと社会的に構築される過程を図示すれば図2のようになるだろう。このすべてのプロセスにおいて、エンパワメント、抑制、交渉、葛藤、合意の過程が作用していることは、言うまでもない。ニーズとはただそこに客観的に「ある」ようなものでは、けっしてない。

2 当事者とは誰か?

◉「当事者である」と「当事者になる」

ここで本書のもうひとつの鍵概念である「当事者」について説明しておこう。「当事者」はこれまで「問題をかかえた」当事者、と定義されてきたが、本書では「ニーズの帰属する主体」と定義する。前節のようにニーズの生成過程を説明すれば、この「主体」は、たんに「ニーズの帰属先」でもなければ、「被援護対象」でもないことはあきらかであろう。「当事者」とは、顕在化されたニーズの帰属先としての主体を意味する。したがって当事者とは第三者によってそう判定されるような客観的な属性や状態をさす

★4――障害者の買春行為は当事者によって感得され、表出され、購買力をともなって市場で実践されている事実があるが、これをニーズとして社会的に認め、この介助に公的支援を用いることの是非は議論されている［倉本 2005］。

概念ではない。

中西正司と上野は共著『当事者主権』〔2003〕のなかで、「当事者である」ことと「当事者になる」こととを区別してこう書いた。

> 誰でもはじめから「当事者である」わけではない。この世の中では、現在の社会のしくみに合わないために「問題をかかえた」ひとびとが「当事者になる」。社会のしくみやルールが変われば、いま問題であることも問題でなくなる可能性があるから、問題は「ある」のではなく「つくられる」。〔中西・上野 2003：9〕

ニーズの社会的・歴史的構築性を前提とする立場から言えば、ニーズは顕在化されてはじめて「ニーズの主体」すなわち当事者が生まれる。フーコーの用語を使って、当事者として「主体化 subjectification」される、と言い替えてもよい。したがって「当事者」とは自己定義であり、自己申告概念である。顕在化しないニーズはニーズではないように、客観的には同じような要援護状態にあるひとびとが、すべて「当事者」になるわけではない〔★5〕。

中西と上野は、「当事者である」ことではなく、「当事者になる」ことを強調してきたが、図1のダイアグラムにしたがえば、そのことの含意はよりはっきりする。ニーズが顕在化することをともなって、当事者は「当事者になる」。ニーズが潜在化されている限り、当事者は当事者とはならない。社会問題の構築主義の立場に立てば、クレイム申し立て活動の担い手となったときにはじめて当事者は「ニーズの主体」として「主体化」される。

このことは社会運動と呼ばれる多くのクレイム申し立て活動が、客観的には似たような条件のもとにあるひとびとのあいだで、同じように担われるわけではないことを説明する。ニーズが顕在化しない限りそれらのひとびとは当事者とはならないし、またニーズを「感得」しても「表出」するに至るには距離がある。ニーズの顕在化を抑制するしくみすらある。先に述べたように、顕在化とは葛藤や交渉をともなう構築のプロセスであり、事後的にのみ「顕在化」と呼べるにすぎない［★6］。

◉当事者主権とは

本書の「ニーズ中心」アプローチは、これまでのどのアプローチよりも「当事者ニーズ中心」であることが特徴である。ニーズの生成に関与するアクターをさらに細分化して、家族、支援者、専門家、研究者、地方政府、中央政府などに下分類することもできるが、それらをまとめて「当事者」と「第三者」の区別を第一義的に導入したこのダイアグラムの特徴は以下にある。

当事者とそれ以外のすべてのアクターとのあいだに分割線を引くことは、これまでの障害者運動などの蓄積のなかから、当事者とその家族、支援者との利害は一致しない、という経験的な発見と主張にもとづいている。そのうえでこのダイアグラムの認識利得は、当事者とそれ以外のアクターとのあいだのニーズ

★5――社会問題の構築の場合と同じく、クレイム申し立てをしたひとたちが問題の「当事者」となる。フェミニズムを例にとれば、女性の現状を「問題」だと思わない女性は多いし、それに問題を感じる「感得されたニーズ」を持つ場合でも、「問題だ」と言い立てる「表出されたニーズ」の主体とはならないひともいる。

★6――構築主義の社会学の理論家、草柳千早［2004］は、クレイム申し立て活動が、「不適切」と判定されることで抑制されていくしくみを繊細に分析している。すべてのクレイム申し立て活動が成功するとは限らず、むしろスタートしたばかりのクレイム申し立て活動は、周囲からの無理解や否認にあうことが多い。

にずれがあることを概念化できる点にある。

当事者概念を拡張して、家族や援助者をニーズの帰属する主体と考え、「家族当事者」、「援助当事者」とすることも論理的には可能である。事実、障害者や高齢者をかかえた家族には被援助当事者とは異なるニーズがあり、また介護や介助にあたるケアワーカーにもケアワーカーのためのケアが必要であることがしだいに認識されてきた。だが、本書が「ニーズ中心」と言うときには、以上のすべてのアクターのうちで、誰よりも当事者ニーズが最優先されるべきであるという規範的な立場――これを「当事者主権」と呼ぶ――を採用している。

家族や援助者のニーズは、当事者ニーズにともなって派生する二次的なニーズであり、それとは別途に概念化する必要があるが、当事者ニーズとは区別されなければならない。したがって本書では、「当事者」概念は「要援護状態」という「ニーズ」の帰属主体に対してのみ、限定的に用いる。

3　ニーズ中心とは何か?

●「ニーズ優先アプローチ」とどこが違うか

本書が言う「ニーズ中心」とは「当事者ニーズ」中心、すなわち上述のニーズの判定者、当事者、第三者のうち、当事者によるニーズの判定をほかのどのアクターよりも優先する立場を言う。なかでも家族は、これまで当事者ニーズの代行者と見なされ、当事者としばしば混同されてきたが、本書では家族も第三者に含める。

この「ニーズ中心」は『実用介護事典』〔大田・三好 2005：399〕に言う「ニーズ優先アプローチ」〔★7〕とはまったく異なっている。この『事典』には「ニーズ」という項目すらなく、ニーズを「生活課題」と置き換えたうえで、以下のように定義する。「自分が自分らしい生活をしていくうえでやりたいこと、実現したいこと」。この「ニーズは、サービス利用者のあらゆる状況を分析すること（課題分析）で導き出せる」とするが、この主語が誰かは、この文章でははっきりしない。この項とはべつに「介護保険制度における介護サービス計画を作成する際に基本とする考え方」のふたつの類型を、「ニーズ優先アプローチ」と「サービス利用者主導アプローチ」とに分けているところからみても、『事典』の言う「ニーズ」とは、援助者や専門家が判定する客観的なニーズをさしていると受けとれる。

本書の言う「ニーズ中心」は、『事典』の分類では「サービス利用者主導アプローチ」に近いが、いずれも「ケアプラン作成の考え方」の下位類型として、主語はケアマネジャーなどの専門家を想定している。『事典』そのものが援助者向けに書かれているから、それも当然とは言えるが、気になるのは「利用者」に家族を含めた記述があることである。

（ケアプラン）作成者はつねに要介護者等側に立ち、家族を含めた利用者本位の立場から援助していくことを念頭において、ケアプランを作成する。〔大田・三好 2005：281〕〔★8〕

前半だけを読めば、介護保険が「当事者主権」の立場にたった制度であるかのように読める。だが「要

—★7・8——これらの項の執筆者は高口光子である。

介護者等」と含みを持たせたように、「利用者」には「家族を含む」。

『実用介護事典』の性格からして、また介護現場の実践家としての高口の立場からいって、「利用者家族」を想定しないケアプランをたてることが非現実的であることは容易に推測できるし、また「利用者の生活課題」とは利用者と利用者家族との利害を調停したところにはじめて達成できることも理解できる。だが同時に、現場のケアマネジャーやヘルパーが直面しているのも、利用者のニーズと家族のニーズとのあいだの齟齬や葛藤であり、だからこそかれらは「ご本人とご家族の希望が食い違ったとき、どちらのニーズを優先しますか」という問いにさらされるのである。要介護者とその家族とを概念的に区別できない「利用者」概念には、問題が多いと言わざるをえない。

●なぜ「主権」なのか

このような「当事者ニーズ中心」の立場を、中西と上野は「当事者主権」［中西・上野 2003］と呼んだ［★9］。「当事者主権」とは「わたしのニーズはわたしがいちばんよく知っている」、だからわたしのニーズがいつ、いかに、誰によって、どのように満たされるべきかはわたし自身が決める、という権利のことである。これに「主権」という強い表現を与えたのは、「国民主権」と同じく、それより上位の意思決定権がない、すなわち他に譲渡することのできない最高の自己決定権であるという含意からである。ニーズがあること、その結果として他者に依存することと、自己決定権がないこととは同じことではない。これを強調しなければならないのは、ニーズの当事者がこれまでつねに「社会的弱者化 minoritize」されてきた歴史があるからである。

「当事者主権」をわざわざ宣言しなければならないことには理由がある。というのは、すでに述べたように当事者ニーズはこれまで「主観的」「わがまま」と呼ばれ、自分の状態を自分で判定する当事者能力すら、否認されてきたからである。当事者は依存的な状態に置かれるために、それらのひとびとの自己判断能力、自己決定能力がうたがわれ、専門家によるパターナリズムが幅をきかせてきた。だが専門家とは、当事者ニーズを事後的にオーソライズする権威を持った第三者にすぎず、ニーズを生成する主体ではない。専門家のなかにも、ニーズの誤判定があり、おしつけがあり、干渉がありうる。専門家のパターナリズムを全面的に排除する必要はないが、そのパターナリズムの効果を判定するのもまた、最終的には当事者でなければならない。当事者こそあくまでニーズの出発点であり、終着点であることの重要性はいくら強調してもたりない。

4 当事者主権 vs パターナリズム

◉介護保険と医療保険——パターナリズムの違い

当事者主権が対抗する立場は、パターナリズム paternalism である。

❶当事者ニーズより、当事者利益を代行して ❷家族が判定するニーズ、 ❸専門家や行政官が判定する

★9——「当事者主権」の初出はわたしが知る限り、立岩［1990］である。だがその後、この用語は立岩自身によってその後の展開を得られないまま、「利用者本位」「消費者主権」等の用語法のなかに埋没し、普及・定着しなかった。中西と上野の「当事者主権」は、立岩とは独立に構想されたものであり、上野は立岩の用法を刊行後に知った。

ニーズが優先する立場を、これまでパターナリズム（温情的庇護主義）と呼んできた。狭義の「潜在ニーズ」を「庇護ニーズ」と命名したのはそのためである。

パターナリズムには、当事者の自己決定能力の過小評価がともなっており、当事者の感得ニーズや表出ニーズと食い違う場合もある。代行者が❷家族の場合には家父長的パターナリズム（母親が代行する場合もある）、❸第三者、とりわけ専門家の場合には、専門家パターナリズムと言う。専門家パターナリズムは医療の世界で幅をきかせてきたが、それというのも医師に患者のニーズを判定する資格と権威が与えられてきたからである。

だが、医師の専門性と権威のもとに判定される患者の医療ニーズですら、本人が病識を訴えて専門家のもとをおとずれてはじめて判定の対象となる。病識のない場合も、治療行為は本人の同意を得て行われる。つまりその過程で、ひとは患者として「主体化」されることになる。パーソンズの用語を使えば「患者役割」に同一化し、社会的に休養を容認されるかわりに「治療」に専念する義務を負う。本人の同意なしに第三者の介入が正当化されるのは、本人や他者に危害や生命の危険が迫っているような場合に限られる。そうでなければ「比較ニーズ」のもとに判定された「潜在ニーズ」を満たす行為ですら、よけいなお節介か強制、場合によっては人権侵害になる。潜在ニーズをいかに顕在化するか、また潜在ニーズに対する専門家のパターナリズムの行使をどの水準で許容するかは、現場の実践者にとって困難な課題でありつづけてきた。

介護保険では、この権威が介護認定審査会に与えられた。誰にどれだけのニーズが満たされるべきかを判定するのが当事者ではなく、第三者、それも行政によって権威を与えられたひとびとなのである。介護保険と医療保険のあいだのパターナリズムには大きな違いがある。医療保険では、誰にどれだけの医療ニーズがあるかを判定するのは医師であり、当事者の同意をもとに、上限なしに医療サービスを受けられる。難病や高額医療に対しては、医療費補助のシステムもある。それは医療の専門性について、医師にそれだけの権威が与えられているからである。だが介護保険は、ニーズが判定されてもそれがすべて満たされるとは限らない。制度に支給限度額が設定されているからである。

◉家族との利害対立

パターナリズムには、当事者利益を代行するという第三者の「善意」が想定されている。だが実際の意思決定過程は、それほど単純ではない。たとえ「善意」からであっても当事者ニーズから見て不適切な判定がくだされる場合もあれば、さらに第三者の利益が当事者の利益と直接に対立したり葛藤したりする場合もある。家族の場合なら家族介護の負担を回避したいという利害があるし、専門家や行政の場合なら社会保障費を抑制したいという動機がはたらくだろう。その場合には、パターナリズムとは、たんに管理や抑圧の婉曲語法となりかねない。

当事者ニーズと、家族ニーズとが異なり、対立し、葛藤する場合もあることを教えてくれたのは障害者運動であった。「施設に入れておけば安心」という家族ニーズと、「施設を出て地域で自立生活をしたい」という当事者ニーズとはしばしば対立し、自立生活を求める障害当事者の前にたちはだかるのはその家族だった。家族はどれほど親密でも決して障害当事者の代弁者にはなれず、それどころか場合によっては直接利害が対立するかもしれない関与者であることが、その過程からあらわになった。

同じことは高齢者についても言える。家族が要介護当事者のニーズを最優先に考えているとは限らない。それどころか両者の利害は直接に対立し合う場合がある。「家にいたい」という高齢者のニーズと、

「家にいてほしくない」という家族のニーズとは食い違う。現場のケアマネジャーは「それなら……」と両者の利害を調停して「デイサービスに週三回行きましょうね」と高齢者を誘導したり説得したりすることになる。これまでの研究でも、ケアというサービス商品の市場淘汰（市場選択による品質管理）が起こりにくいことは知られていたが、それというのもケアサービスについてはサービスの利用者と購買者とが違う、という事情があったからである。

◉行政との利害対立

また行政には行政の利害がある。介護保険施行時にすでに指摘されていたことだが、保険財源の二分の一を税負担するという制度設計は、必然的に保険費用の抑制をもたらす傾向がある。この危惧は施行後短期間で現実のものとなった。保険施行時には利用促進を叫んだ厚生労働省がわずか三年後、二〇〇三年の「見直し」時には、「利用抑制」を唱えはじめたからである。

利用抑制は制度設計のなかにあらかじめ組み込まれていたとも言える。介護保険では介護ニーズに対する支給限度額が要介護度ごとに決まっている。認定審査会には医療関係者も含まれているが、かれらが判定するのは要介護度（要援護性すなわちニーズの程度）まで。その各段階の要介護度に対してどれだけの量のサービスが提供されるべきかを決めているのは行政である。要介護5、寝たきりで自力で寝返りがうてず、食事介助、排泄介助が必要な状態に対して月額三五万円余を上限とする介護サービス供給が量的にみて十分だと考えている専門家はほとんどいないだろう。それというのも介護保険が利用者中心といいながらその実、家族介護を前提とし、その軽減をはかるという政策意図と政策効果を持っているからで、この行政による利用量制限には、保険料負担額への配慮や福祉関係予算の抑制という政治的利害が関わっている。

高齢者にくらべて障害者については、二〇〇三年に支援費制度が導入。介護保険との統合によるサービス低下をおそれる障害者団体の抵抗によるもので、支給額制限からはまぬがれた。支援費制度の実施後、多くの自治体で予想していた利用量を突破し予算が赤字になったのは、制度によってニーズが顕在化された証拠であった。だがその後、二〇〇六年に障害者自立支援法が施行され、介護保険と同じく利用者一割負担の応益負担原則が導入され、巧妙に利用抑制がはかられることになった。というのも障害者の多くは就労から排除されて国から支給される障害者年金（一級障害者で年額九九万円程度）に頼って生活するほかないために、一割負担の保険利用料も家計を圧迫することが事前に予想されていたからである。事実、利用者の多くは利用量を制限せざるをえなくなり、地域での自立生活を維持することは困難になった。

5 ニーズの顕在化を阻むもの

◉「当事者」になれない理由

ニーズの顕在化には、それを抑制するしくみが作用することも見逃すことはできない。高齢社会をよくする女性の会［2006］では、「利用者本位」「自己決定」「選択」と言われながら、「要介護者の声はどこまで反映されているのか」という問題意識のもとに「高齢者と家族が介護職員に期待するもの」というアンケート調査を行った。「調査の動機と目的」にこうある。

措置時代の要介護者は「もの言わぬひとびと」であった。介護保険スタート後、雰囲気の変化はあきらかである……ものの、本人のこころからの思い、利用消費者としてのニーズはあまり伝わってこない。［高齢社会をよくする女性の会 2006：4］［★10］

調査の報告書は「要介護認定を受け、現に介護サービスを受けている、一般には社会的弱者とされる高齢者を対象に、アンケート調査を行うのは（本会では）今回が初めて」といい、「全国的にもほとんど先例はないであろう」と自負する。その理由はいくつもある。報告書が述べるように、❶「要介護の高齢者から聞き取りをする技法や方法論が確立されていない」だけでなく、❷研究者も行政もそんなに手間のかかることをやりたがらないこと、❸その結果高齢者向けの調査といいながら暗黙のうちに家族が代理記入することを容認していることなどの方法論上の問題があるからだ。だがそれよりもっと重要なことは、❹要介護者自身が介護を受ける自分を否定的にとらえるために自己主張しないこと、❺受けている介護に不満を述べることを（とりわけ家族に対しては）抑制すること、❻ニーズがあっても代替選択肢がないためにその表出を抑制することなどが挙げられている。

高齢社会をよくする女性の会の調査結果からは、ニーズの内容や程度に、要介護者本人と家族のあいだに違いがあること、またジェンダー差や年齢差があることがわかる。調査対象となった要介護者の四分の三以上が後期高齢者、その六九％が女性である。厚生労働省の『介護給付費実態調査の概況』（平成一八年版）によれば、要介護認定を受けた高齢者に占める女性の比率は七〇％だから、この調査はほぼ平均値を反映している。多くは戦前生まれの女性である要介護者たちは、介護ニーズに限らず、他の生活課題についてもニーズの顕在化を抑制してきた世代のひとびとでもある。

同じことは家族介護者についても言える。家族介護者には家族介護者ニーズがあるが、それを顕在化すれば当事者のニーズと葛藤や対立が起きることもある。顕在化を抑制された家族ニーズは、「おまえのために」「おばあちゃんにはこれがいちばん」というパターナリズムのかたちを採ることもあるだろう。これまで家族介護を担ってきた嫁や妻、娘は、他人のニーズを自分のニーズより優先するというジェンダー規範のもとで、自分自身のニーズの顕在化を抑制してきたひとびとである。複数のアクターのあいだの利害の調整は、複数の関与者の異なるニーズが顕在化することによってはじめて可能になる。そうなれば、家族もまた、当事者とは異なる自分の利害やエゴイズムと向き合わなければならなくなる。その意味で、家族介護者もまたこれまで家族ニーズという名のニーズの主体となってきたとはいえない。

◉障害者運動に学ぶこと

社会的弱者はニーズの主体となることを許されず、またそのための訓練をも受けてこなかった。「当事者になる」ためにはエンパワメントのためのサポートも訓練も要ることを証明したのは障害者運動だった。全国自立生活センター協議会が日本高齢者生活協同組合連合会と協力して実施した『高齢者・障害者のサービス利用の実態・意識調査』〔日本高齢者生活協同組合連合会 2004〕は、高齢者と障害者の「当事者意識」の落差について教えてくれる。

報告書は「高齢者のほうが介護者に対して依存的であり、障害者のほうが介護者に対しても自己決定の尊重を求めていることがわかる」と分析する。そのうえで「高齢者と障害者の介護サービスに対する意識

一★10——この部分の執筆者は樋口恵子である。

は大きく違い、高齢者は『自己決定』『権利性』『社会参加』の視点が弱い」と結論する。本書の表現を使えば、高齢者のほうが障害者にくらべて「当事者性」が弱く、「当事者主権」を行使していない、と言わざるをえない。

このようなニーズの主体としての障害者の「当事者性」は、自然発生したものではない。障害者運動のなかでクレイム申し立てを表出し、ピアカウンセリングの手法で潜在ニーズを顕在化し、支援サービスを事業化していくことで表出されたニーズを実現可能なものに変え、それを試行錯誤しながら実践する先行例をモデルに追随者を生むことで達成してきたものだ。高齢者が障害者から学ぶべきことは大きい。

6 ケア――ニーズとサービスの交換としての相互行為

◉ケアをどう定義するか

高齢者、障害者、患者（そして幼児）のように、自立しては生活していけない依存的な当事者の持つニーズが、本書の関心の焦点である。そのニーズとは、ケアに対するニーズである。ニーズを満たす行為がサービスであり、ケアとはニーズとサービスの交換行為と言ってもよい［★11］。ケアサービスとは、その場で生産されその場で生産と同時に消費される特異な財であり、サービスの受け手と与え手という複数のアクターが同じ空間と時間を共有することを必要とする。ケアサービスはその消費者から見れば贈与や商品であり、その提供者から見れば有償・無償の労働となる。

昨今ひろく使われるようになったケアという語の「もっとも包括的な定義」とみなされるメアリ・デイ

リーらの定義を紹介しよう。

依存的な存在である成人または子どもの身体的かつ情緒的なニーズを、それが担われ、遂行される規範的・経済的・社会的枠組みのもとにおいて、満たすことに関わる行為と関係。[Daly 2001:36][★12]

この定義は、ケアを「ニーズを満たす」行為であるとしたうえで、複数のアクターが関与する「相互行為(関係)interaction」であることを明示する。

そのうえで本書では、ケアを以下のように定義する。「❶他者のニーズを満たすサービスの、❷受け手と与え手という複数の行為者のあいだの、❸非対称な相互行為」である、と。

この定義には以下のポイントが含まれる。❶ニーズなしにサービスが生まれないこと、ニーズを満たす行為がサービスだから、ニーズに合わないサービスは受け手にとって「使用価値」をもたないこと[★13]、

★11——ニーズのなかには所得保障のようなニーズもあり、貨幣給付があれば十分だという議論もあるが、貨幣という「一般的財」は、それだけでは何のねうちもなく、他の財と交換されることを通じてはじめて価値を発生する。ニーズの当事者は貨幣でサービスを購入することを通じてはじめて自分のニーズを満たすのだから、いくら貨幣給付があってもサービス供給がともなわなければニーズを満たすという目的は達成されない。したがってニーズの当事者の最終目的は、貨幣ではなくサービスである。

★12——フォルバー[Folbre 2001]はこの定義にも満足しない。すべての成人と子どもは社会的な存在として相互依存関係にあり、完全に「自立した個人」など存在しない、と言う。そう考えれば有償であれ無償であれ、「ケアされていない」個人など存在しない、と言ってよいだろう。

★13——したがってサービスのなかには、ニーズを満たさない「カン違いサービス」もある。相対的に弱者であるサービスの受け手は、それに対して「感謝」や「満足」の擬装をすることもあるのは、おしつけボランティアや男権的セックスについてよく知られていることだ。

サービスの効果の判定はあくまでニーズを満たすか否かにあるという「ニーズ中心」アプローチ、❷複数の行為者が時間と空間を共有してつくりだす相互行為であること、❸だが、与え手と受け手とが逆転する可能性の(少)ない非対称な相互行為であること、である。

要約すれば、ケアの概念には、❶ニーズ中心性、❷相互行為性、❸非対称性がある。そして人間の相互行為のなかには、「相互性 mutuality」という概念からただちに想起されるような対等な相互性ではなく、役割を交替することのない非対称な相互行為が圧倒的に多いことに注意する必要があるだろう。なぜならもともと「平等な個人からなる社会」という仮定そのものが、非現実的だからである。

◉ケアニーズの歴史性

ケアに対するニーズは、社会構築的なものであり、歴史的には新しい。研究者のなかには、ニーズ以前に、高齢化という社会的現象そのものが歴史的に新しいことを指摘する論者もいる。とりわけ平均寿命が延びてこれだけの超高齢化が起こり、しかも要介護状態の高齢者が規模のうえでも期間のうえでも増加したことは、人類史上、未曾有の経験だからである。高齢者が重度の要介護状態でも生きつづけていられるのは、栄養状態、衛生状態、医療水準が高いからこそであり、手厚い介護のおかげでもある。ケアが社会現象になるのは、いわば文明の証なのだが、それが「問題」とされるのは、負担の重さと配分の不公平が問われるからである。

日本で人口の高齢化が急速にすすんだ七〇年代から八〇年代は、同時に家族の構造と機能のうえでの縮小(小家族化と核家族化)が進行した時代でもあった。高齢者同居率は五割以下に低下し、少子化のもとで子世代に対する介護負担がいちじるしく増えた。しかも性別役割分担のもとでは、「ケアする性」を配当された女性に、嫁であるか娘であるかを問わず、介護負担が集中した。長期介護、老老介護、多重介護、二四時間介護などの、「介護地獄」の実態が調査や報道によって次々にあきらかにされるようになった。

ケアに対するニーズには「社会的承認」がともなっていることを述べた。その「社会的承認」のなかには、当事者のケアニーズを満たす責任が社会にあるという「合意」も含まれる。それを「ケアの社会化」という。「社会化」の反対語は「私事化」である。「ケアの社会化」すなわち「脱私事化」が進行しているのは歴史現象だが、高齢者介護に限れば、それ以前に、「ケアの私事化」すなわち「家族介護」そのものが歴史的に存在していたかどうかすら実はうたがわしい。高齢者の「家族介護」負担そのものが、歴史的に見て新しい現象だと考えられるからである。

戦前家族の家族周期によれば、高齢者の平均寿命は六〇歳代、婚入してきた嫁と姑との同居期間は平均して一一年間にすぎない。高齢者は病気や寝たきりになれば比較的早く亡くなったし、介護期間が長期化し、要介護状態が重度化することは今日に比べれば少なかった。もっとも介護の負担が重いと言われる認知症高齢者の家族介護が「問題」とされて調査の対象になったのは、一九八六年のこと（全国社会福祉協議会による全国初の「在宅痴呆性老人の介護者実態調査」）である。つまり高齢化と家族介護の「危機」とは同時に進行している。「昔の家族は介護力があった」と言う「家族介護」は神話にすぎない。「家族介護」神話は、介護負担が少ない時代にのみ成り立つと言えよう。

◉「ケアの社会化」と近代家族

マーサ・ファインマン［Fineman 1995＝2003］は「近代家族」の特徴を「依存の私事化 privatization of dependency」と呼ぶ。「ケアの私事化」と言い替えてもよい。ならばその反対の過程、「ケアの脱私事化 deprivatization of care」とは、近代家族の変貌を意味するはずである。比較福祉レジーム論のエスピン-アンデルセン［Esping-Andersen1990＝2001; 1999＝2000］は、「脱私事化」を「脱家族化 defamilialization」という用語で呼ぶ。だが「脱家族化」には「商品化 commodification」オプションと「脱商品化 decommodification」オプションとがある。別名「市場化」と「国家化」と言い替えてもよい。ケアを市場化してもそれを購入する責任はあいかわらず私的領域にあるなら、ケアの商品化は結局ケアの私事化の別のヴァージョンにすぎない。それならケアを「脱家族化」するとともに、「脱商品化」することで、はじめてケアを「脱家父長制化」［武川 1999］することができるだろう。「ケアの社会化」には以上のような含意がある。

「ケアの私事化」のもとでは、長らく高齢者に対する公的福祉は、単身や貧困などを理由に、家族介護を得たくても得られない高齢者のみを対象に、つまり「家族介護」を前提に「家族の失敗」に対してだけ、行政が与える「措置」として実施されてきた。公的福祉における「措置」とは、誰のどんなニーズを、どれだけ、誰が、いつ、満たすかを行政が判定し、提供するものである。その受益者はスティグマ化され、公営の老人ホームは「家族から見捨てられたかわいそうなお年寄り」の収容施設として、プライバシーもない雑居部屋で、最低限度の生活を強いるものだった。今日に至るまで続く施設入居へのスティグマは、この時代に形成された。

介護保険はこうした高齢者福祉のパラダイムを転換した。高齢者介護に政府が公的責任をはじめて認め、四〇歳以上の国民強制加入の保険となった。炭谷茂［2003］が言うように、高齢者福祉は「措置から契約へ」「恩恵から権利へ」と変わった。「利用者中心」「消費者主権」が唱えられるようになったのは、それ以降のことである。

◉ワーカーのニーズ尊重なしに当事者主権は成立しない

ケアを複数のアクター間の相互行為とみなすわたしたちの立場からは、ケアという相互行為場面におけるサービスの生産と消費とは、利用者と提供者とが協働してつくりあげる共創的な行為である。ケアの質を問うためには、複数のアクターのうち、一方だけの利益を重視し、他方の利益を無視するわけにはいかない。というのもケアという行為のもとでは、ケアの与え手にとっての不利益は、最終的にはもっとも弱者でありケアの与え手に依存せざるをえないケアの受け手へとしわよせされるからである。貨幣による支払いという意味では利用者のほうが強者でも、実際にはサービスに依存せずには生きていくことのできない利用者は実質的には弱者である。したがって「利用者本位」と言っても、「どんな顧客の横暴にも笑顔で応えることを要求するサービス業者のポリシー」と同じではない。

本書の「ニーズ中心」という立場は、当事者ニーズを最優先するという理念だが、この当事者ニーズを尊重するには、ケアワーカーのニーズもまた尊重されなければならない。

先行研究からわかっていることは、多くのケアワーカーは高齢者や障害者と関わるという、みずから選んだ仕事の内容には不満を持っていないが、労働条件には大きな不満を持っているということだ。ケアという仕事が事業者にとってワーカーにとっても、持続可能な「まっとうな仕事 decent work」になるためには、ケアワークの報酬と社会的評価がもっと高くなる必要がある。

ケアという相互行為のなかで、どういう条件があればニーズの当事者にとって満足できるサービスが得られ、サービスの当事者にとって納得のできる労働が実現できるか？　そのための条件については5章で検討しよう。

◆

なんどもくりかえしたが、「当事者になる」ことは、みずからニーズの主体となり、社会がそれを満たす責任を要求するクレイム申し立て活動と不可分である。いまだ存在していないニーズを生成し、顕在化させるプロセスは、どういう社会がのぞましいか、という社会構想力をともなう創造的な過程である。それには、規範的、政治的な選択が関わってくる。「ニーズ中心」という本書の立場は、そのための理論的基礎を提供することを目的としている。

■文献

秋元美世・大島巌・芝野松次郎・藤村正之・森本佳樹・山県文治編 2003『現代社会福祉事典』有斐閣
上野千鶴子編 2001『構築主義とは何か』勁草書房
大田仁史・三好春樹監修 2005『実用介護事典』講談社
草柳千早 2004『「曖昧な生きづらさ」と社会―クレイム申し立ての社会学』世界思想社
倉本智明編著 2005『セクシュアリティの障害学』明石書店
高齢社会をよくする女性の会 2006『高齢者と家族が介護職員に期待するもの』
炭谷茂 2003『社会福祉基礎構造改革の視座』ぎょうせい
武川正吾 1999『社会政策のなかの現代』東大出版会
立岩真也 1990「7はやく・ゆっくり―自立生活運動の展開」「8私が決め、社会が支える、のを当事者が支える」安積純子・岡原正幸・尾中文哉・立岩真也 1990『生の技法―家と施設を出て暮らす障害者の社会学』藤原書店、七〜八章
中河伸俊 1999『社会問題の社会学―構築主義アプローチの新展開』世界思想社

中西正司・上野千鶴子 2003『当事者主権』岩波新書
仲村優一他監修／岡本民夫他編 2007『エンサイクロペディア社会福祉学』中央法規出版
日本高齢者生活協同組合連合会 2004『高齢者・障害者のサービス利用の実態・意識調査』日本高齢者生活協同組合連合会
三浦文夫 1985「社会福祉におけるニードについて」『社会福祉政策研究』全国社会福祉協議会
Bradshaw, J. 1972, Taxonomy of social need, in McLachlan, Gordon, ed., *Problems and Progress in Medical Care: Essays on Current Research, 7th Series*. London: Oxford University Press
Daly, M. ed. 2001, *Care Work: The Quest for Security*. Geneva: International Labour Office
Esping-Andersen, G. 1990, *The Three Worlds of Welfare Capitalism*. London: Polity Press＝2001 岡沢憲芙・宮本太郎監訳『福祉資本主義の三つの世界―比較福祉国家の理論と動態』ミネルヴァ書房
Esping-Andersen, G. 1999, *Social Foundations of Post-Industrial Economies*. London & Oxford: Oxford University Press＝2000 渡辺雅男・渡辺景子訳『ポスト工業経済の社会的基礎』桜井書店
Fineman, M. A. 1995, *The Neutered Mother, the Sexual family and other Twentieth Century Tragedies*. New York: Taylor and Francis Books Inc＝2003 上野千鶴子監訳／速水葉子・穐田信子訳『家族、積みすぎた方舟―ポスト平等主義のフェミニズム法理論』学陽書房
Folbre, N. 2001, Accounting for care in the United States, in Daly, M. ed. 2001

ニーズとサービス

第2章　ケアサービスのシステムと当事者主権

笹谷春美

介護や介助を必要とする人々の当事者主権が尊重される社会ケアサービスとはどのようなサービスであろうか。また、そのサービスの《提供-受領》のシステムはどのようにあったらよいのだろうか。本章の目的は、これらの問いについて考察することである。そのために、今日の日本における社会ケアシステムの根幹に位置する介護保険制度のもとでの高齢者ケアの問題点を二つの分析視角から考察し、それを乗り越える方策を提示することである。

二つの分析視角とは、第一に、介護保険制度におけるニーズとサービスの決定および提供のパワーポリティックスであり、第二に、直接的なサービスの提供と受領が行われるケアリング関係の分析である。そこでは、ケアを受ける当事者のニーズが尊重されるためには、ケアする当事者のニーズもまた尊重されなければならないことが指摘される。なお、サービスはフォーマル、インフォーマルどちらの領域においても用いられるが、本章では介護保険制度の下でのサービスを扱うため、〝社会ケアサービス〟と表現する。

1 改正介護保険制度の影響
分析視角、概念

◉制度改正にともなう問題状況

介護保険は導入されてから八年（二〇〇〇年施行）目を迎えた。この間、「要介護（要支援）」認定者［★1］の数は二〇〇〇年末の二五六万人から二〇〇六年には四四一万人（七二％の増加）、介護サービスの受給者数も二〇〇〇年度の一八四万人が二〇〇五年度では三三七万人と八三％増加した。これらの数字は国民の間に介護保険制度が急速に浸透したことを物語っている。

サービスの内訳では在宅サービスが七七％を占め、受給者数は二〇〇五年度では二〇〇〇年比の二倍である［厚生統計協会 2007］。施設サービスの抑制ともあいまって、介護や介助を必要とする高齢者の多くは、在宅でなんらかの社会ケアサービスを受けながら暮らすことが一般的になりつつある。

しかし、保険という仕組みは給付者の増加が保険財源の逼迫をもたらすという矛盾を内包する。二〇〇三年の介護報酬の見直し、二〇〇六年の法律改正は、明らかに制度の財源抑制を目的としたものであった。前者はサービスの供給者（事業者およびケアワーカー）に大きな打撃をもたらし、後者においては、「介護予防」「廃用症候群の防止」などを目的として、それまで要介護認定者の半数を占めていた軽度の人々（要支援、要介護1あるいは2）の認定区分を再編成し、家事サービスや福祉用具の貸与などをきびしく制限す

★1――本章では、「要介護者（要支援者）」という言葉は、介護保険法の第七条で定められたカテゴリーとして用い、一般的には「介護（ケア）や介助を要する人」という言葉を用いる。

ることとなった。

「要介護1から要支援に下げられて、ほんとうに困っている利用者さんが多い。生活援助が受けられなくなって、自分で買い物するといっても商店も閉じて近くにないし、配食サービスを行う業者なんてない。いくつかの町内会が社協の委託でボランティア的にやっているけれど、やっていない町内会のほうが多い。バスの本数も削られて病院へ行くのも難儀で、これから冬にかけてどうするんだろう。かわいそうですよ。この制度をつくった行政の人は一度ここに来たらいい。ヘルパーを経験してもらいたい。実態をあまりにも知らなさすぎると思いますよ」（北海道の過疎地Y市の居宅介護支援事業所のケアワーカー）

「一人暮らし、要介護2。ホームヘルプサービスを利用しているが、一回一・五時間ではとても足りない。左手が不自由で目も悪いため、ホームヘルパーに買い物を頼み、簡単な料理を頼んでいるが、時間切れになることもある。車椅子、ベッドもレンタルしている。更新認定で、要介護2から1になったらどうしようと不安だ。これ以上、援助時間やサービスが減らされたら、死んだほうがマシ。でも、身体が不自由だから自殺することもできないのでつらい」（改正介護ホットラインの相談者）

「給付切り捨てのために考え出された介護給付と予防給付のなかで矛盾は日に日に大きくなっている。三〇年、介護・福祉分野で仕事をしてきた自分にとって、現在は〝最悪の状態〟である」（東京都の地域包括支援センターの主任ケアマネジャー）

改正介護保険の実施にともなう不利益は、サービスを必要とする高齢当事者のみではない。家族介護者、ケアワーカー、サービス提供事業者など、介護保険システムを支えるさまざまなアクターにも及んでいることが、いくつかの調査でも明るみに出ている［★2］。

介護の「社会化」を謳い、介護を必要とする高齢者が「お上《かみ》からのお恵み」ではなくサービス提供事業者との契約により自由にサービスを選択できるとし、日本型家族介護のパラダイム転換が託された介護保険制度であった。しかし、その制度改正によって噴出した先にみたような問題状況は、本書のテーマである「（介護・介助される）当事者ニーズ［★3］を第一義的に考えるケアシステムあるいは福祉社会の実現」の道筋のなかにどう位置づければよいだろうか。

◉《サービス提供-受領》プロセス分析の二つの視角

本章では、上記の問いを、介護保険制度における《サービス提供-受領》のメカニズムに焦点をあて、以下の二つの視角からみていくこととする。

第一は、そもそもケアニーズやその認定は誰が決めるのか。また、サービスメニューやその供給範囲、それが遂行されるプロセスは誰が決定し誰が行うのか、という問いである。介護保険制度における《サービス提供-受領》のメカニズムのパワーポリティックスの分析である。

★2——たとえば、『改正介護保険ホットライン企画委員会報告書—利用者は何に困っているのか』（二〇〇六年六月一九日-二一日の三日間）や北海道民医連『予防訪問介護サービス利用者三一六人の実態調査—第一次報告』二〇〇七年など。

★3——高齢者介護において、ケアを受ける人もケアを提供する人もともに当事者である［中西・上野 2003］。しかし本章では、第1章の上野の用法にならい、ケアサービスを受ける高齢者を「当事者」と呼び、家族やケアワーカーについては「家族当事者」「ケアワーカー当事者」と呼ぶ。

第二は、上記のメカニズムに規定される《サービス提供‐受領》のプロセスの最前線あるいは最末端に位置する、ケアワーカーとケアサービスを利用する高齢者のケアリング関係の分析である。介護保険制度およびその改正は、サービスの遂行者とサービスを受け取る側の双方の当事者関係にどのような影響を与えたであろうか。具体的な日々のケアリングの場面まで降り立って社会ケアサービスのシステムを問うことが重要である。当事者ニーズがサービスに反映されるか否かの原点は、この最前線にあるからである。

この二つの分析視角は、フェミニスト的問いでもある。ケアシステムの制度設計や制度運営のトップは主に男性で、実際のケア現場におけるワーカーや利用者は圧倒的に女性という、多くの国に見られるジェンダーバイアスのもとでは、政策策定者やサービス供給の運営者が、ケア現場の実態やケアワーク／ケアリングの特殊性に関心を寄せることが少ないからである。さらにはそのことによって、ケアを必要とする当事者の要求とは相容れない政策を策定するリスクがあるからである［Wærness 2005］。

◉「ケアリング」概念について

ところで、本項では、ケアサービスの授受の相互行為を「ケアリング」という言葉で表し、その遂行場面におけるサービス利用者とサービスの実施者の関係を「ケアリング関係」と表現する［笹谷 1999：214, 2000：6］。

ケアの概念については、上野が1章で、デイリーの概念を参照して提示したが、ケアする人とされる人の日々の実践的な相互行為を焦点化し、その個別的な関係性を重視するとき、あえてここでは、ケアリングという用法を用いる。「ケア」という概念と用語はこれまで、そこに制度から運用、関係や内容まですべてを含みこんで広く使われてきたが、ケア研究が蓄積され、その領域や内容が深化するなかで、「ケア」

一般ではそのニュアンスが把握しきれないミクロな相互行為場面や内容が対象化されてきているのではないか。ケアリングという用語もその一つとして位置づける[★4]。

上野のケア概念を参照しながら、本章で用いるケアリング概念のポイントを示す。

❶ケアリングは介護者と被介護者の相互行為である。これは同時に「ケアニーズとサービスの交換」(上野、1章)を伴う相互行為である。相互行為とは互いに影響をもたらす、という意味も含む。

❷「ケアニーズとサービスの交換」とは一般的に、排泄、食事、入浴その他生活に必要な事柄が自分自身では困難で、他者のサポートを必要とする人(ニーズ主体)の必要に応じて、具体的なタスクを提供する(サービス遂行主体)人との相互関係である。この交換関係は、まさに互いにとっての対人関係であり、相手に対する心理的配慮と分かちがたい行為という特殊性をもつ。しかし、それをあえて切り離すことも可能である。

❸ケアリングは、ケアを受ける人の心身の変化やケアを提供する人の状況によって変化する。そこでの「ケアニーズとサービスの交換」は固定的なスナップショットではなくプロセスとしてとらえられる。

❹ケアリング関係には、誰が誰を介護するのかあるいは誰が誰によって介護されるのか、両者の権力関係が反映される。上野は、ケアの相互行為を、「互いに逆転することのない非対称の関係」と特徴づける(1章)。そのことと、「ケアニーズとサービスの交換」が双方にとって首尾よく行くような力学が働くことは別の側面である。一方が他方を犠牲にしつづける、あるいは互いのニーズに配慮がないケアリング

★4——ただし、従来のケアリング研究においては、もっぱら介護する人の側からの言葉で語られ「介護される側の声については実証研究に耐えうるデータが蓄積されていない」という上野の指摘は重要である[上野 2007]。

関係は破綻するリスクをもつからである。それは、家庭内の家族間のインフォーマルなケアリング関係にも、フォーマルなケアワーカーとの関係においてもいえることである。

❺ケアやケアリングの概念規定は歴史的・文化的かつ政治的な文脈のなかで決定されるものである［Fine 2007］。同時に、ニーズとサービスの内容、あるいは両者の生成と関係も社会的に構築される。

2 ケアニーズとサービスは誰が決定するのか

《サービス提供-受領》メカニズムのパワーポリティックス

介護保険制度では、高齢者のケアの必要度とそれをサポートするサービスメニューやその供給範囲を決定するのは政策立案者（厚生労働省）であり、ケアを必要とする当事者ではない。政府が制度設計をするのであるから、それは「当たり前」「仕方がない」と思う人々は少なくない。とりわけ今回の二〇〇六年改正では政策立案側の権限がますます強化され、一方で、ケアマネジャーやサービス供給事業体に雇用されたケアワーカーの従属度が強まったことに特徴がある。これらのさまざまなアクターの最末端に位置する当事者はそれを受容するほかはない。

しかし、症状はなんら変わらないのに、行政側の要介護認定区分の変更によって機械的に介護度ランクを下げられ、介護給付対象の枠外に追いやられたり、必要なサービスを受けられない人々が出現している。はたしてこれは「当たり前」で済まされるであろうか。

1　ケアニーズの決定

介護保険制度においては、サービス給付対象者は「要介護者」および「要支援者」と名づけられる（介護保険法第七条）。さらにこれらの人々は行政側が作成したケアの必要度に応じて要支援、要介護1から5の六段階にランクづけられてきた。これによって受けられるサービス内容・時間・介護給付が異なってくる。

要介護認定の分類基準はコンピュータ判定に都合のよい身体的機能を中心としたものであり（一次判定）、生活者としての高齢者の多様なケアニーズに即するとはいいがたい。いわば、コンピュータで計測できる画一的な基準によってケアニーズのランクをつくりだし、それに人間を当てはめるという逆転した発想である。このプロセス自体は「措置」の時代の庇護ニーズの決定とそれほど変わらない。むしろ、「措置」時代のパターナリズムにおける温情や庇護という情緒面を排し、身体的機能の数値化に偏重した〝要介護〟という専門家によるニーズ決定がなされる。しかも、全国一律の基準を精緻化すればするほど、個々人の多様なニーズとかけ離れていかざるを得ない。

改正介護保険では、従来の要介護度ランクの比較的軽度な高齢者を「要支援1、2」という新たなカテゴリーに分類しなおし、介護給付とは別個の介護予防給付を新設した。そこでは自立支援の名目で家事援助や福祉用具の貸与等のケアサービスの給付はきびしく制限された。服部万里子は改正介護保険の問題点を次のように指摘する［服部 2006］。

- 利用者の選択にもとづく利用が保障されていない。生活援助については機械的に「使えない」との説明はまちがい。
- 定額制の介護報酬によって、「利用者が泣くか、事業者が泣くか」。多くは事業所の訪問介護計画に利用者の声が押されてしまう。
- 要介護認定のための認定調査員を自治体職員が行うケースが増えてきて、訪問の際に、「できるんですね」と聞く場合や、他に困っていることを聞かない場合がある。利用者は、聞かれたことしか答えられない雰囲気で、特記事項に記入してもらえない、という感想をもっている。
- 訪問調査項目自体が介護保険スタート時と同様、施設入所者のデータにもとづいているため、通院、買い物等の項目がない。在宅の利用者の実態と齟齬が生まれる。
- 同居家族がいる場合は生活援助を利用できないという原則の機械的適用の強化。改正前は、「その他やむを得ない場合」というただし書きがあり、個別性の解釈があったが、現在、市区町村が個別性を考慮しない厳しいチェックを始めた。
- とくに福祉用具のレンタルについて、とりわけ電動ベッドが要支援1、2は機械的に廃止とされたこと、たとえサービス担当者会議で必要と判断された場合でもダメというのは問題。個別に配慮する、本人の選択性を尊重するという介護保険法の基本はどこかに行ってしまい措置制度よりひどい状況である（傍点は笹谷）。

　このようなプロセスは、社会ケアサービスの受給を社会的権利として位置づけ、当事者ニーズの拡大によってサービス内容を拡大・展開してきた北欧モデル［Sipila 1997＝2003］とは異なる。政策側の都合、特に財源ベースでニーズと社会ケアサービスのあり方が規定され、「当事者主権」あるいは「ケアされる権利」

の発想は希薄である。

2 《サービス提供-受領》のプロセス

◉トップダウン伝達システムが生んだ困難

介護保険システムでは、ケアを必要とする高齢者へのケアサービスの提供は、当該高齢者の申請によってスタートする。申請にいたる過程もさまざまであり、制度のスタートや改正に関する情報がとりわけ当事者や家族のもとに的確に届いていない、あるいは十分に理解されていない、ということもまだ問題になっている。

認定調査員による訪問調査（八二項目の質問）の結果を一次判定（コンピュータ処理）にかけた後、かかりつけ医師の意見書を加え、介護認定審査会による二次判定が行われ、認定された要介護度に沿ってケアマネジャー（介護支援専門員）がケアプランを作成する。建て前は要介護者がサービス提供事業所を選択することが可能となっているが、十分に機能しているとはいいがたい。選択のための情報が高齢者当人には与えられていなかったり、選択可能な複数のサービス提供者が存在しない地域もあるからである。

施設入所の場合も同様である。サービスの選択可能性には地域格差と階層格差（一割負担）が反映される。

以上は個人のサービス利用のプロセスであったが、介護保険制度それ自体のサービス政策の決定・供給・実施のメカニズムの流れは、概観すると次のようになる。

厚生労働省（政策立案者）――都道府県――市区町村（保険者）――介護事業者（居宅介護支援事業）――ケアマネジャー（プランニング担当者）――介護事業者（サービス提供者）――ケアワーカー（サービスの実行者）――「要介護者」（サービス利用者）

改正保険制度によって新たに創設された介護予防ケアプランは次の流れとなる。

厚生労働省（政策立案者）――都道府県――市区町村（保険者）――地域包括支援センター内のケアマネジャー（プランニング担当者）――介護事業者（サービス提供者）――介護労働者（サービスの実行者）――「要支援1および要支援2の認定者」（サービス利用者）

これらアクター間は現実には対等な関係とはいいがたく、トップダウンの伝達システムである。これらの利害が異なる複数のアクターに制度の運用を末端まで行きわたらせるためには、トップダウン方式の権力強化が必要とされるからだ。

また、政策決定とマネジメントの分離が強化され、前者が後者をコントロールする力が強化されたと同時に、サービスの種類や量の配分者（ケアマネジャーなど）と実際にそれを行う人（ヘルパーなど）や組織が分離され、仕事遂行の権限と責任の新しい分離が行われた。利用者にサービスが実際に届くプロセスにおける複雑な権力関係のしわ寄せを最終的に受けるのはケアを必要とする高齢者である。彼らの意見や要望が反映されるチャンスは、訪問調査時、申請の更新時、区分変更、不服申請のときであるが、担当のケアマネジャーが積極的に動いてくれるかどうかにかかっている。

さらに二〇〇六年改正では、上記のアクター間の関係がより官僚的な序列化を強めた点に特徴がある。国・都道府県・市区町村の行政レベルにおける権力-コントロールが、市場原理が働く介護事業者（サービス提供者)、ケアマネジャー(プランニング担当者)、介護労働者(サービスの実行者)のサービス供給・プランニング・実施レベルの自主性や主体性を制限している。基本的には介護報酬制度による縛りによるが、行政からの通達や指導がきびしくなっているためである。また、行政内部のアクター間においても、保険者である市区町村の独自性の発揮が困難になっている。服部は次のように述べる。

市区町村が保険者として独自判断を行うケースは少なく、都道府県はむしろそれを抑制するよう指導している。市区町村は説得に説得を重ねて、利用者にサービス利用を諦めさせているのが実態である[服部 2006]。

◉中間的アクターの役割

改正によって要介護給付から介護予防給付に変更された人たちのクレイムに対し、それらのケアプランを作成する地域包括支援センターのケアマネジャーの多くは、「制度の変更を説明して納得してもらうほかない」という対応をしている。なかには、「今までサービスを不適切に過大に利用していた方も多いのです」と、今回の改正によるサービス抑制を適正化と評価する声もある。

けっきょく、サービスを削減された利用者の多くは「不満だけれど、もう決まってることなんだから、何か言っても仕方がないでしょ」と諦めざるをえない。そもそも、改正によるクレイムや混乱を〝説明不足〟という対応で押さえ込もうということ自体が問題である。当事者ニーズ優先ではない制度設計が根本問題なのである。

しかし同時に、改正による利用者の不利益を最小限にとどめるため奮闘しているケアマネジャーも多く存在し、彼らのなかには、症状は変わらないのに「要介護」と「要支援」を行き来する認定基準そのもの、介護予防政策そのものに疑問を呈する声も大きくなっている［ケアリング研究会 2007］。高齢者に諦めをもたらすのか、高齢者をエンパワメントするのか、国の政策と高齢者の中間に立つアクターの姿勢と力量が問われている。

◉浮かびあがるジェンダー序列

この官僚的なヒエラルキーはジェンダー序列でもある。上部の行政担当者はほとんどが男性であり、下部のプランニング・実施レベルのケアワーカーはほとんど女性である。また介護保険サービスの利用者も女性が多い。しかもこれら高齢女性は年金額も少なく、貧困層も多い。女性職といわれるケアワーカーの労働条件は介護保険導入後、とりわけ二〇〇三年の介護報酬の改定等により、在宅でも施設でも急速に悪化してきており、他職種に比べても高い離職率や平均勤続年数の短縮等にそれは現れている［★5］。ケアサービスの授受のプロセスの最末端で直接高齢者と向き合うケアワーカーが経済的にも権力関係においてももっとも弱い存在であるのは問題である。

このような状況下で、日々のケアに携わる女性たちの経験にもとづく価値観・ケア観と、机上でケアシステムの効率性を追求する男性の価値観・ケア観は相容れるのであろうか。これらの傾向は介護保険以前の措置制度の段階から存在していたが、介護保険制度という擬似市場の出現、そしてコスト・エフェクティブをいちばんの狙いとした法改正で、より顕在化されてきたといえる。

3 介護保険制度下のケアリング関係

当事者の「声」が反映されない現状を突破する道筋の一つは、日々のケアリングの現実世界に注目することである。介護保険制度下におけるサービスの決定・供給・提供・実施のトップダウン的な権力移行のプロセスの最終段階、かつもっとも底辺に位置するケアワーカー（サービスの実行者・提供者）と「要介護高齢者」（サービスの利用者・受け手）のケアリング関係の実態を明らかにすることである。

今、施設サービスにおいても在宅サービスにおいても、これらのケアリング関係の当事者間には「信頼」と「不信」、「誇り」や「無力感」が交差する「苦悩」が立ち表れている。本章では在宅介護のケアリングに限定して考察を行う。

1 ケアリング関係モデル

今日、さまざまな福祉国家における社会ケアサービスの《提供-受領》の遂行場面で起きている状況は、その財源が税方式か保険方式か、あるいはケアワーカーが公的労働者か民間労働者かの違いを念頭においても、政策的にもジェンダー問題としても類似性がみられる［笹谷 2005］。たとえば、スウェーデンのM. Szebehely の先駆的研究では、ホームヘルプサービスの制度を次の三つの類型に区分し、それぞれについ

―★5――介護労働安定センター『介護労働の現状 平成一八年版』など参照。

てヘルパーと高齢者双方に聞き取りをし、どの類型が双方にもっとも好ましいかを明らかにしている。
❶伝統的モデル traditional model（一九五〇年代：女性の無償労働を起源とするケアワーク）
❷流れ作業モデル the assembly line model（一九七〇年代：合理的なケアワーク）
❸自己統制小集団モデル self-regulated small group model（一九八〇年代：チームによるゴール、タスク）
　興味深いのは、両者が満足するのは伝統的モデルであり、このモデルのみが、ケアの受け手についての知識を得ることができ、多様な個人や状況に応じたニーズに対し、適切なヘルプを行う自由をもつ、という調査結果である。高齢者の満足は本質的に、彼らの個人的な状況変化にピッタリと合うヘルプが行われるかどうか次第である。つまり当事者ニーズの充足である。

　しかし、そこにはジレンマがある。インフォーマルケア（家庭内の女性の無償の再生産労働）にルーツをもつこのモデルは、高齢者を無力な世話の対象とみなし、同時に、ケアワーカーを低賃金で搾取する、というリスクをもつからである。伝統的モデルのプラス面・マイナス面に対応するヘルプを行うための一つの鍵となる前提条件は、ヘルパーが高齢者の状況の十分な知識をもつことであり、そのための十分な時間と安定した労働条件をもつことである、と指摘する［Szebehely 1995］。

2　日本における在宅サービス政策の展開とケアリング関係の変容

　これを日本の文脈に置き換え、双方が満足する《サービス提供-受領》関係の阻害要因とそれを乗り越える条件を考察する［★6］。

　日本のホームヘルパーと要介護者のケアリング関係の展開をかなり大まかにみると、

❶六〇–七〇年代の伝統的モデル、❷八〇–九〇年代の伝統的モデルから流れ作業モデルへの移行期、❸二〇〇〇年介護保険制度下の流れ作業モデルのいっそうの強化、❹改正介護保険による「自立」「介護予防」などを強調する自己統制モデルの導入、と位置づけられる。

この変化のプロセスは同時に、財源問題を中心とする日本の社会ケア政策の転換のなかで、ケアワークとは何か、その「専門性」とは何かを、行政側と現場のケアワーカーの双方が問いつづける過程でもあった。

◉六〇–七〇年代の伝統的モデル

伝統的モデルにおいては、ケアワーカーは「家庭奉仕員」という名のごとく、ケアの専門性は必要とされず、家庭内の主婦労働の能力と熱意、奉仕精神があればよかった。

仕事内容は「家事、身体介護、相談」と定められているものの、明確には区分されておらず総合的になされていた。明文化された詳細なケアプランもなく、現場で高齢者の日々の状況をみながら活動を行う自由があった。派遣時間もケースバイケースで「だいたい一時間くらい」などと柔軟であった。これは「要援護高齢者」にとっても、その日の状況に応じて必要なことを頼める、聞いてもらえる、ということで安心感があった。両者の関係はより親密で、身寄りのない孤独で貧しい（当時の措置要件）高齢者のため、ケアワーカーは報酬以上の仕事をすることもあった。また、措置対象が寝たきり高齢者まで拡大されると、家族介護者の相談者としての役割も発揮した。

★6——これらの分析は、［笹谷 2000，2005，洪・笹谷 2007］の諸論考を参照とする。

しかし、寝たきり高齢者のケアに関する新しい知識が要求されるようになったにもかかわらず、この段階では研修なども行われなかった。ヘルパーの間には、専門性への要求も高まったが、その力量は個人的資質に任せられればらつきもあった。政策上では専門性の不要な安価な労働力として位置づけられつづけたのである。高齢者にも、ヘルパーは「なんでも言うことを聞いてくれる家政婦」という考えは根強く、それがヘルパーのプライドを傷つけた［★7］。

◉八〇-九〇年代の伝統的モデルから、流れ作業モデルへの移行期

伝統的モデルは八〇年代になると少しずつ変化を遂げる。八〇年代には臨調行革のもと、福祉の見直しが行われ、高齢者介護政策も施設から在宅へシフトする。ヘルパーの大幅需要増に対応し「運営要綱」の大改定が八二年に行われ、シルバービジネスの参入とパートヘルパー化がスタートする。この後、パート・登録ヘルパー化は雪崩のように進む。八七年にはケアワークの専門職として介護福祉士の資格が創設される。介護の現場に、伝統的モデルの中高年ヘルパーと若い専門学校出の新しい資格をもったケアワーカーが混在することになる。

八九年の運営要綱の改定では、ヘルパーの仕事は「身体介護」「家事援助」「相談・助言」に三分割され、国庫補助金の複線化が始まった。寝たきり高齢者対応の「身体」が重視され、「家事」が軽視される発端となる。九一年に始まったヘルパー階層別研修（一級-三級）によって家事しかできない三級ヘルパーは組織内でも軽視されるようになる。

この傾向はその後も続き、九七年の改定はホームヘルプサービスに大きな影響を与えた。さらに介護保険制度の改定時では家事援助サービスの給付が大幅に削減された。いわゆる「人件費補助方式」から「事

業所費補助方式」への国庫補助の転換である。これによって、事業所の収入は、「身体」「家事」の差別的単価で定められた出来高払いに規定されることになる。そこでは、「相談、安否確認」や移動時間は補助対象から外される。そのため、厳しいタスク管理・時間管理が要求されることになる。常勤採用は抑制されパートヘルパー、登録ヘルパーが常態化する。八九年のいわゆるゴールドプランによって、「誰でもどこでも必要なときに必要なサービスを受けられる」ことをキャッチフレーズに、家族を犠牲にしたこれまでの日本の高齢者介護のパラダイム転換を図る政策がスタートしたが、反面、現場のケアワーカーの労働条件はきびしくなったことはあまり語られてこなかった。

このような政策展開は、ケアリング関係にどのように影響を与えただろうか。

組織的には、タスク管理が強化され、仕事のマニュアル化・効率化が追求される。利用者宅ではお茶をいただかない、トイレは使わない、無駄な話はしない、一対一の固定的関係をつくらない、親密になることはかえって仕事の妨げとなる、という職場規範がつくられる。従って、チームで巡回して固定的関係をつくらない方式が採用される。また登録ヘルパーが増加し、直行直帰の彼女たちは他のヘルパーとの交流も少なくなる。M. Szebehely の流れ作業モデルの導入である。

高齢者の話をゆっくり聞く時間は削減され、困っていることもサービス以外ではやってあげることができない、つまり高齢者の要求に応えることができないことが、ケアワーカーのジレンマとなる。とくにそれは、伝統的モデルをベースにした中高年の家事ヘルパーに多くみられた。彼女たちは、介護福祉士の資

★7――ヘルパーのあいだでは、「もっとも嫌なことは家政婦と同じにみられること」という言説が長らく続いていた。このことは、家政婦とは異なる自分たちの専門性とは何か、を問う活動にもつながった［笹谷 2000, 2005］。

格をもって新たにケア現場に参入した若いヘルパーたちよりも高齢者となじみの関係がつくりやすい。タスクをこなしながら、いろいろ話を聞き要求を汲み取るのが彼女らの仕事スタイルだ。しかし、組織内では家事ヘルパーの地位は低下し、彼女たちを通じての高齢者の要求は、マネージする男性指導者には届かない、という専門性とジェンダーが交差する壁に悩んでいる。「どうして、利用者さんの困っていることを助けてあげたらダメなのだろうか。人間としては、それがまず第一ではないだろうか」という伝統的ヘルパーの嘆きは、組織のルールを守らない「問題ヘルパー」として男性指導者には低く評価される。

一方、高齢者にとっては、いろいろなヘルパーが入れ替わりやってきて、名前を覚えるのもままならない。近隣や親族のような親密な関係（なじみの関係）が切断されてしまう。話をゆっくり聞いてもらえないから心を開くまで時間がかかる。仕事に融通性がなく要求が聞き入れてもらえない。利用者のその日の気分によって掃除をしなくてもそばにいて話を聞いてほしいのに、ヘルパーに拒否される。両者の信頼関係という面では、それ以前に比べて悪くなったと感じている。

それでも、在宅介護支援センターのケアマネジャーにはまだ裁量権があり、なるべくサービスを利用するようにしてあげるのが自分たちの役割という認識があり、訪問調査も柔軟性があった。サービスは無料あるいは低料金で、福祉用具の貸し出しも、それほど抑制されず使えた。家族同居要件もゆるやかであった。

この間、ヘルパーの研修制度も明文化された。階層別研修制度はヘルパー間に階層分化をもたらしたが、知識を積んだヘルパーたちは、それまでの、なんでもやってあげる「丸ごと介護」から要介護者の生活構造を総合的に把握し、固有のニーズを把握できるようなヘルプ方法・サービス援助の方法を構築することを望んだ。

◉二〇〇〇年介護保険制度下の流れ作業モデルのいっそうの強化

二〇〇〇年の介護保険制度施行後は、年を経るごとに要介護認定者が増加しサービス利用者も増加した。ただその多くは家事援助の利用であった。認定審査基準の全国標準化が図られたが、数値で表しやすい身体的機能に偏る項目が多く、おまけに施設ケアを基準にした項目であったため、精神的状況や見守り等は項目には十分組み込まれておらず、とくに徘徊をともなう認知症の認定は困難なため、家族介護者の不満は大であった。また制度の施行と並行して、「サービスの適正化のガイドライン(=やってはいけない事例集)」が通達された。庭の草取り、ガラスふき、同居家族のための家事など、それ以前は必要に応じてヘルパーの判断で行われていたものも禁止となった。サービス提供のケアプランは新たに創設されたケアマネジャーが作成し、ヘルパーはケアプラン通りの実行を求められ、現場での裁量権は弱まった。

一方、高齢者および家族にとっては、使えるサービスが多くなり、それらをケアマネジャーが調整してスケジュール化してくれるので、高齢者の自己管理がルーティン化され、家族介護者の負担が軽減された、というプラス面がある。

しかし流れ作業方式がいっそう強まり、ヘルパーが毎回変わり、かつ前回来たヘルパーの伝言が伝わっていないときなど不安である。タスクはケアプラン通り行わなければならないので、その日の高齢者の要求に合わない場面も生じる。ヘルパーの裁量権が奪われることにより、ちょっとしたことでも頼めない(たとえば、背中にシップ薬を貼ってもらう。五分先のポストに急ぎの郵便を出しに行ってもらう等)。高齢者には不満がつのり、ヘルパーには要求されたことをサポートできないという罪悪感がつのり、両者のあいだには葛藤が生じる。

介護保険料のほかに自己負担がかかり、認定を受けて介護が必要であっても自己負担のために利用できない低年金の高齢者には、措置時代がよかった、と述べる人も多い。それでもスタート時点では、営利企業としての介護事業者は顧客を増やすためサービスを積極的に売り込んだ。家族介護者からは歓迎された。

◉改正介護保険による「自立」「介護予防」などを強調する自己統制モデルの導入

二〇〇六年の改正は本章の最初で述べたように、要介護度が軽度と認定された高齢者に対するサービス規制がきびしくなり、必要なサービスが十分に受けられない人々が出現する状況が生まれているが、それは行政によって意図的につくられた状況である。介護保険制度のカバー範囲を最低限にとどめ、それ以外の必要なサービスは自己責任で家族を中心としたインフォーマルケア資源や商品サービスなど、保険外のサービスを利用する構造に再編されたといえる。行政側から「介護保険はミニマムの保障である」という言説が主張されるのもこの段階である。

事業者からは、ヘルパーにはカットされた訪問時間内で、新設された予防訪問サービスを行うことが要求される。また、二〇〇三年の介護報酬単価の切り下げにともなう事業収入の低下により、ケアワーカーの雇用条件、労働環境は、在宅においても施設においても急速に悪化してきている。ケアワーカーとしてのやりがいと過酷な労働環境のギャップで介護職にとどまるモチベーションが揺らいでいる。それは介護現場からの離脱、ケア労働市場からの離脱につながる。これによる人員不足は特に施設等では悪循環をもたらし、サービスの質の低下というリスクを高めている。

とくに高齢者への影響が大きいと思われるのは、「要支援者」に対する家事援助サービスの削減と、同居家族がいるケースへの家事援助サービスのカットであろう。改正介護保険ではケアの範囲を狭め、「家事援助はケアではない」とする見方が行政やケアマネジャーレベルで強まっている。

高齢者を支えるケアとして家事は必要でないのか、身体介護のみでよいのか、社会活動への参加を促すことはケアの範囲にならないのか。「必要とされるケアとは何か」と「介護保険のカバー範囲」とのあいだに乖離が生じている。また、同居家族の規制条件がきびしくなり、同居人がたとえ日中働いていても「掃除など土日にやれる」などの名目で機械的にカットされる状況も生まれている。また、同居者がいる、といっても4章の春日報告のように「介護をしない」「介護ができない」ケースもあり、周囲から孤立し介護保険サービスの申請にいたらず〝虐待〟が行われるリスクをもつ家族もある。

家族の負担軽減、サービスの選択、なるべく在宅で自立的に生活をすることを支援、という理念に対するバックラッシュである。

では伝統的モデルに戻ればよい、ということではない。ケアワーカーが仕事に見合わない賃金や労働条件であってはいけない。一方の高齢者のニーズも、なんでもやってほしいというわけにはいかない。社会サービスとしてのケアの展開と研修制度の確立は、ケアワーカーとしての知識や能力を高めたし、介護保険制度はサービスを受ける高齢者にも保険者との自覚や、消費者として権利意識を芽生えさせている。伝統的モデルが主流であった時代とは異なる状況において、ケアリング関係当事者の双方の満足度が得られるための制度改善とは何か。

4 当事者のニーズが優先されるケアリング関係

実現のための条件とは

第一義的に、ケアニーズの決定は国・政府ではなく、ケアされる当事者がなすべきである。ニーズにかなうサービスを受給するのは社会的権利である。国・政府の役割は、憲法やQOLの理念に照らし、ケアを必要とする人々のニーズに即したサービスの内容や適用範囲、供給システムを決定することであり、その逆ではない。一方、ケアする人々——家族介護者や介護労働者、つまりインフォーマルであろうがフォーマルであろうが——もまたケアリング関係の当事者である。彼らのニーズもまた尊重されなければならない。

両者の権利主張は時には衝突しあうこともある。とりわけ、他者にケアされることが、生活と生命の維持に不可欠な障害者・高齢者はケアする側に比べ弱い立場になりやすく、ケアする側の権利主張にはナーバスである。上野が1章で言葉を尽くして「(ケアされる側の)当事者主権」を強調しなければならない理由を述べた由縁である。このような一般的な力関係のありようを前提として、個々の具体的なケアリング関係において両者がその立場を受容し合い互いに安心して《ケアサービスの提供‐受領》の相互行為が実現可能な条件とは何であろうか。

ここでは以下の五点について取り上げる。

❶当事者の「声」が政策アクター、制度運営アクターに届くようなボトムアップのシステムの構築
❷ケアワークの「専門性」のパラダイム転換
❸ケアワーカーの裁量権

❹個別的なケアリング関係を包含する地域のケアネットワークの構築
❺ケアワーカーの労働条件の改善

◉ボトムアップシステムの構築

改正介護保険制度によって強まったトップダウンの権限の流れを再検討し、国と各自治体との役割と責任を再調整する。当事者のニーズを反映したサービスの決定・供給の責任は、住民により身近でかつ保険者である自治体の役割とし、国の役割は、ゆるやかな全国一律の認定基準をつくるとしても、その運営に不都合はないか、自治体住民が必要なサービスを受けられているかどうか、供給に地域格差がないかをチェックすることにとどめる。

しかし、基礎的な財源補助は行う。加えて、自治体の自主的なサービス・イノベーションの試みについては、積極的に補助金を出し、事業をエンパワメントする。事業の成果が高齢当事者の生活の機能回復に効果的であれば、他の自治体にも普及するよう支援を行う。

◉「専門性」のパラダイム転換

当事者の「声」を政策に反映させるためには、ケアリング現場においてケアワーカーが当事者の「声」に耳を傾け、ニーズを汲み取ることができる能力と時間の確保が必須である。ケアワークには身体介護の確かなスキルと同時に、相手に対し働きかけ反応を汲み取り、自分の行為が相手を安心させ良い方向に向かわせているのかどうかを感知するコミュニケーション能力、あるいは共感力が必要とされる。それが実現できないことはケアワーカーにとって大きなストレスなのだ。

ケアリング関係において弱い立場に置かれやすい当事者にとっても、相手を信頼し安心して介護を受けられることがベストである。改正保険下の、細切れで慌しいケアリング関係はその逆である。

ケアワークの「資質の向上」あるいは「専門性」についてあらためて問われている。これまでのケアワーカーの養成政策の中心は、後期高齢者の増大にともなう重度要介護高齢者の出現率の上昇という人口学的動向を背景に、「身体的ケア」と「医学的知識の向上」という近代的「医療モデル」への移行であった。一方で、家事や見守り、社会参加等は軽視されてきた。このような身体中心の狭いケアワークの技術では、認知症のケアや、より質の高いケアを行うことがむずかしい。

必要なのは、深い共感力 empathy と、身体ケアと家事の双方のスキルに長け、TPOに応じて必要なタスクを実行できる「総合判断力」であろう。このような「判断力」は、これまで、個人の資質や女性性ととらえられ、教育の対象に意識的に取り上げられることは希薄であった。しかしこのような能力こそ、男女に限らずケア教育の根幹にすえられるべきである。「専門性」観のパラダイム転換が求められる。

しかし、今日の介護報酬に縛られるパッチワーク的な労働では、その能力を発揮する機会は奪われる。

◉ケアワーカーに裁量権を

末端の直接サービス遂行者がケアプラン遂行の単なる駒になってしまうと、高齢者の状況に即した質の高いケアができない。ケアリング現場の状況に即し柔軟なサービスの提供ができる裁量権と自由をケアワーカーがもっていることが重要である。前項で示した「専門性」と人権尊重の理念が行きわたっていれば、現場に自由を与えたしても「自由放任」にはならないであろう。また、ケアプラン作成を当事者が行ったり、ケアマネジャーがきちんと利用者の立場に沿うことにより、当事者ニーズは実現されやすくなる。

◉ケアワーカーの情報共有とネットワーク

現場のケアワーカーに裁量権と自由を保障し、それがケアリング関係当事者の良好な環境をつくりだすためには、関係自体が孤立的ではなく、ケアカンファレンスの義務化など当事者のケアに関わる専門家・アクター間のネットワークを構築し、協同で問題・課題に対応することが求められる。これら各事業所の枠を超えた地域のネットワークづくりとケアワーカーの支援は、地域包括支援センターのスタッフに求められる。

◉ケアワーカーの労働問題

これまでもみてきたように、日本の社会ケアシステムにおいて、その支え手としてのケアワーカーの地位と労働条件は一貫して低いものであった。その原因として、「ケアワーク＝女性労働」というケアのジェンダー規範による規定性も指摘されてきた。しかし、今や介護保険制度の擬似マーケットという制度設計の問題も無視できない。

介護保険制度導入により、ケアワーカーの人数は急速に増加したものの、在宅ケアワーカーの大部分は非正規労働者であり、労働条件はむしろ悪化している。転職・離職の増加による慢性的人手不足が常態化するなかで労働強化が進んでいる。このような状況はケアの質の低下をもたらす。

各種調査において介護という職業へのいちばんの不満は、「賃金の低さ」である。この問題は今に始まったことではない。これまで、賃金アップの議論では「専門性」の確保の議論と表裏一体であった。ケアワーク、とくに家事援助などは専門性の不要な仕事であるから低いのが当たり前、医学的・看護的知識をより必要とする身体的介護はより「専門性」が高いから若干高い報酬を、という論理である。しかし、二〇〇七年五月に政府が提出したケアワーカーの資質向上政策［★8］――ヘルパーのすべてに介護福祉士の資格をもたせる――を行っても、現行の介護報酬制度においては、低賃金・不安定・重労働が改善される保障はない。

低賃金の解消は、介護保険報酬制度とは異なる枠で、労働問題、とりわけ女性労働問題としての取り組みが必要である。その場合、「専門性」とは先に論じたように、従来の価値観とは異なるものである。オムツ交換も食事づくりも薬を飲ませることも、いずれも生命と生活維持のために必要不可欠な労働である。「身体介護」や「家事援助」といった介護報酬が異なるケアサービスにケアワーカーが貼り付けられるのではなく、一人ひとり、スキルと共感力を兼ね備えた「総合判断力」をもつケアワーカーの層を厚くし、安心して職業生活を送ることができるミニマムな生活給が保障されることが望ましい。

賃金議論では、ケアワークの階層性、キャリアアップも問題になってきたが、ケアの仕事に階層性はさほど必要ではなく、なるべくフラットな組織編成が望ましい。必要性があるとすれば、組織の管理・運営のリーダー、中間管理職の主任等である。また、職種の違いによる多様なケアワーク、たとえば、認知症の予防とケア、ＨＩＶ感染者や重度心身障害等のスペシャルケアに携わる介護者は今後もっと養成されるのがよいと思うが、これらの専門性評価と階層性は別な議論である。

◆

このようなシステムの改善は介護保険制度の枠内でできるだろうか。

サービス供給や運営、当事者ニーズの汲み取りなどの部分は、制度の改善によって可能であろう。しかし、ケアを必要とする高齢者は、介護保険の規定する「要介護者」としてのみ生きているわけではない。

地域の生活者として、家族の有無に縛られず生きてゆくためには、より多様なサービス提供と質の高いケアワーカーが求められる。市場や商品サービスではなく、上野と池田が5章と6章で指摘している、協セクターや非営利事業の展開に可能性が期待される。ここでは、当事者と事業体およびそこに働くケアワーカーの志が、より一体化しやすいからである。

★8——ヘルパーに今後段階的に追加教育を行い、すべてが介護福祉士の資格を取得することによって能力向上を義務化する方向性を打ち出した（厚生労働省社会・援護局「社会福祉士及び介護福祉士法等の一部を改正する法律案について」二〇〇七年五月）。

■文献

上野千鶴子 2006a「ケアの社会学 第四章 ケアとはどんな労働か?」『季刊at』五号、九四-一一七頁

——2006b「ケアの社会学 第五章 ケアされるとはどんな経験か」『季刊at』六号、一〇七-一二六頁

介護労働安定センター『介護労働の現状 平成一八年版』

ケアリング研究会 2007『介護保険制度「改革」とケアリング関係の変容―地域包括支援センターへのヒアリング調査から』

厚生統計協会 2007『介護保険統計データブック二〇〇七』

笹谷春美 1999「家族ケアリングをめぐるジェンダー関係」鎌田とし子他編『講座社会学14 ジェンダー』東京大学出版

会、二一三-二四八頁

――――2000「「伝統的女性職」の新編成―ホームヘルプ労働の専門性」木本喜美子他編著『現代日本の女性労働とジェンダー』ミネルヴァ書房、一七五-二一五頁

――――2001「ケアワークのジェンダー・パースペクティブ―ホームヘルプ労働を中心に」女性労働問題研究会『女性労働研究』三九号、五九-六一頁

――――2005『ケアワーカーの養成過程におけるジェンダー課題―伝統的女性労働と「専門性」確保』（平成一四年-一九年度科学研究費補助金報告書：代表・笹谷春美）

中西正司・上野千鶴子 2003『当事者主権』岩波新書

服部万里子 2006『改正介護保険ホットライン企画委員会報告書―利用者は何に困っているのか』六七-七二頁

洪麗・笹谷春美 2007「日本の介護養成政策における「専門性」への「二つの道」とその問題に関する実証的研究―「在宅」介護と「施設」介護の専門性の統合をめざして」『北海道教育大学紀要（人文科学・社会科学編）』五八巻一号

Dahl, H. M. & Eriksen, T. R. eds. 2005 *Dilemmas of Care in the Nordic Welfare State*, Ashgate

Fine, D. M. 2007, *A Caring Society? : Care and the Dilemmas of Human Service in the 21st Century*, Palgrave

Sipila, J. ed. 1997, *Social Care Services: The Key to the Scandinavian Welfare Model*, Ashgate Publishing＝2003『社会ケアサービス―スカンジナビア福祉モデルをとく鍵』本の泉社

Szebehely, M. 1995, "The Organization of Everyday Life: on home helpers and elderly people in Sweden" (Vardagens organisering. Om vardbitraden och galma I Hemtjansten, ルンド大学、社会労働研究所)

Ungerson, C. ed. 1990, *Gender and Caring*, Harvester

Wærness, K. 2005, "Social Research, Political Theory and the Ethics of Care in a Global Perspective", in Dahl, H. M. and Eriksen, T.R. eds. 2005

第3章

高齢者のニーズ生成のプロセス

介護保険サービス利用者の語りから

齋藤曉子

介護保険制度の導入により、「サービス利用者としての要介護高齢者」が誕生した。同制度では、措置制度から契約制度への変換やケアマネジメントの導入が行われており、利用者としての高齢者ニーズが着目されることとなった。

これまで高齢者のニーズ論では、提供者オリエンテッドな立論により、第三者（主に専門家）がニーズを判定するという議論が中心であった。こうした議論に対して、近年、障害者運動の影響を受けて、高齢者自身がニーズの決定者となることを目指す「当事者主権」［★1］の議論が登場し、高齢者がニーズの客体から主体へと転換されようとしている。

本章も、このような「高齢者をニーズの主体とする」という立場にもとづく。そのうえで、現実のサービス提供で、どのようにしたら高齢者がニーズの主体となりえるのかについて検討するために、サービス提供場面でのニーズの生成プロセスに着目する。

以上の目的から、本章では次のような構成で議論を進める。第1節では、高齢者のニーズをめぐる議論を整理し、高齢者が客体から主体へと転換していることを指摘する。第2節では、相互作用アプローチによるニーズ把握の重要性を述べる。第3節では、高齢者のサービス経験の事例から、ニーズの生成プロセスをみていく。最後に第4節で、このようなニーズの生成プロセスをふまえて、高齢者のニーズをどのようにサービスに結実させていくのかについて若干の意見を述べたい。

1 高齢者のニーズをめぐる議論
ニーズの客体から主体へ

◉第三者の「判定」を重視する立場

これまで「ニーズ」については、社会政策と社会福祉の領域で、制度論および実践でのサービス提供論として理論化されてきた。社会政策の議論では、「個人の幸福追求に関連する施策のすべてが社会政策になるのではなく、それらのうちで社会的にみて必要だと考えられるものが、社会政策として実施」［武川 2001：23］される、と理解されている。

ここでは、ニーズ（必要）［★2］を「個人の恣意を超えた社会的な価値判断にもとづく」ものとしてとらえており、判定の主体の違いから「客観的ニーズ」と「主観的ニーズ」の二つの位相に分けている。「客

★1——本書では「当事者」とは、ケアが必要な人のうち自己のニーズを顕在化させた人々を指すが（1章一八頁）、本章でもその定義に従う。
★2——ただし武川は、「社会福祉や社会政策が日常生活から切り離される」、「専門家支配を助長する」、「必要が前提とする価値判断を知ることが困難となる」ため、「ニーズ（ニード）」という言葉は使わずに、「必要」という言葉を使っている［武川 2001］。

観的ニーズ」とは、専門家もしくは官僚（ストリートレベルの官僚も含む）が専門性もしくは社会通念と想定される基準で判定するものである。一方、「主観的ニーズ」は、なんらかの必要がある人自身が判定したものである。ただし、この判断基準には階層性があり、客観的な指標が重視される。

社会制度として提供される「ニーズ」がなんらかの判定を必要とするという理解については、社会福祉でも共通している。三浦によると「ニーズ」は「ある種の状態が、一定の目標になり、基準から見て乖離した状態」［1995：60］として広義にニーズは存在するが、制度としてサービスが提供されるのは、より狭義の「その状態の回復・改善等を行う必要があると社会的に認められた」［1995：60-61］ニーズである［★3］。

社会政策と社会福祉の二つのニーズ論の共通性は、本人にとって何らかの不足がある状態が必ずしも社会政策やサービスの対象としてのニーズにはならず、そうなるためには第三者の判定および社会的合意が必要となってくる、ということである。現行の介護保険制度でもこの原則にもとづき、高齢者の主観的な判断よりもケアマネジャーや医師という専門家などによる「客観的」とされる判断が重視され、ニーズが決定されている。

◉当事者のニーズを優先する立場

しかし、こうした専門家主体のニーズの判定に対して、近年、障害者論の影響を受け、ケアを受ける高齢者自身がニーズの決定権をもつことが主張されてきている。この背景には、ケアを受ける側である障害者や高齢者が「私のことは私が決める」という主張を行う当事者主権がある［中西・上野 2003］。上野は自身のケア論のなかで、高齢者のニーズについて次のように述べている。「本人が「ニーズ」を自覚し、それを他者に対して要求する権利があるときに初めて、「要介護者」は、「ニーズの主人公」「権利の主体」として「当事者になる」」［上野 2006：110］。

このような文脈において高齢者は、介護保険制度の導入によって「当事者」意識において大きな前進がみられたが、まだ「当事者」たりえていないため障害者の運動による「ニーズ」の表明から多くを学ぶべきである［上野 2006］、と指摘されている。

さらに、上野は本書の1章において、こうした当事者主権にもとづくニーズ論を発展させ、「ニーズ中心」という方向性を示している。「ニーズ中心」とは、ニーズの生成プロセスが、いくつものアクター（ケアが必要な「当事者」と第三者）の関与する相互行為であるとしたうえで、これらのアクターのうち「誰よりも当事者ニーズが最優先されるべきであるという規範的な立場」であり、「当事者によるニーズの判定を優先する」立場である（二〇頁）。

専門家の判定に主眼をおく従来のニーズ論に対して、このようなニーズ論を展開する当事者主権の議論は、高齢者を判定される客体として扱う議論から、ニーズの決定者（主体）へと転換させるものといえ、これまでケアの受け手として着目されてこなかった高齢者の声に耳を傾け、その要求を顕在化していこうとする積極的な意義がある。

★3——三浦は「ニーズ」ではなく「ニード」という用語を用いているが、ここでは武川と同様にニーズに置き換えて議論を行う。また、この三浦の定義は、現実の「ニード」が多種多様で定義が難しいものであることを理解したうえでの「操作的な定義」である［三浦 1995］。

2 相互関係のなかで生じるニーズ

当事者主権の議論で指摘されているように、ニーズというものは、第三者を含めたさまざまなアクターがかかわり、つくりあげられる（生成される）ものである。つまり、「高齢者のニーズ」というものは、最初から明確に高齢者自身のなかに確固としたものとしてあるというよりは、こうしたアクター間での相互作用の結果ではないかと考えられる。

そこで本節では、この生成のプロセスに着目し、具体的な高齢者のサービス経験のミクロプロセスから、どのようなアクターがかかわり、どのようにニーズがつくりあげられているのかについてみていきたいと思う。

その際に、ケアの必要な人とその他の人々との交渉や調停プロセスをみることができるニーズの相互作用アプローチを採用する。相互作用としてのニーズの理解については、三井［2004］の医療現場における専門職の議論が参考になる。三井はニーズを医療ケアの対象となる部分として限定して用いている。そのうえで、従来の医療専門職による一方的なニーズ判断であるケア技術論も、患者の必要性のすべてをニーズと考えるケア倫理論も、どちらにも限界があるとし、「いかにしてニーズ化され、あるいはされないかについて」を検討することが重要であると述べる［三井 2004］。

三井の議論では、ケア提供者である専門職による相互行為の認識として検討されていたが、本章では、ケアを受ける側である高齢者の認識に着目し、高齢者自身が考えるニーズが、どのようにサービス提供者や家族との相互行為の結果としてつくられているのかを事例をとおして検討していく。さらに、三井は

「専門職-患者」という二者関係の議論であったが、本章では、「高齢者-サービス提供者-家族介護者」「高齢者-サービス提供者-友人」など、三者関係にも着目して分析を行っていく。

このようにサービスにおける高齢者のニーズの生成プロセスをみていくことは、高齢者のニーズが、❶制度、❷サービス提供者、❸家族という他者の考えるニーズとどのように調整されうるのかということを考える材料となるだろう。

3 ニーズの生成するプロセス
高齢者のサービス経験から

高齢者が介護サービスの利用者として、サービスに対して要望をもち、それを顕在化させていくというのは、どのような経験なのであろうか。そこには、いかなるアクターの相互作用が関連しているのだろうか。

ここでは、筆者の行った居宅サービスを利用する高齢者の調査にもとづいてみていきたい。二〇〇五年八月から二〇〇六年二月まで、東京都で介護保険サービスを利用する要介護者一五名（男性六名、女性九名）に対して、半構造化インタビューを行った［★4］。インタビューの内容は、ふだんの生活から、介護サー

★4――インタビューは、基本的に対象者である高齢者とのみで行ったが、高齢者の希望があった場合にのみ、家族の同席のもとで行った。なお、調査は二〇〇六年の介護保険制度の改正以前に行われており、サービスシステムや要介護度などは、改正以前のものである。

ビスの内容や満足度、サービスについての自己決定、認定から利用へのプロセス、インフォーマルネットワークなどについて自由に語ってもらった。また、「サービスに一番求めるものはなんですか」ということで、一〇項目のサービスに関する事柄［★5］から選んでもらった。

ここでは一五名の対象者のうち、介護保険サービスに対して、積極的に自らのニーズを表明している加藤治夫さん（以下個人名はすべて仮名）と、逆に本人はニーズを表明できない猪俣きよさんという二つの特徴的なケースに着目し、ニーズの生成のプロセスと表明／非表明に至るコンテクストについて、どのようなアクターが関与しているのかをみていきたい。

1 ニーズを表明する高齢者

◉ニーズを明らかにして医師やヘルパーと「交渉」する

加藤治夫さん（調査当時八〇歳）は、三〇年前に妻を亡くし、息子・娘は遠くに住んでいるために都内の公団住宅で一人暮らしをしている。娘は勤めの帰りに週一回、息子は通院のときの送迎で二週に一回、治夫さんのもとを訪れる。治夫さんは教師を長くつとめていて、4DKの部屋にはたくさんの本があふれており、時間があると語学の勉強をしている。

治夫さんが介護を必要とするようになったきっかけは脳梗塞で、それまでは非常に健康だったという。現在は要介護3に認定されている。治夫さんは、以前要介護度が2に下がったときに、自分の一人暮らしのためには要介護3のサービスが必要だと考えていたため、不安に思ったそうだ。しかし、サービスが必要だという治夫さんの日常生活をよく知っている「介護の人（ホームヘルパー）」の意見は、認定調査ではあまり重視されない。そこで、意見が重視されている医師に「一人暮らしだから、これより要介護度が低くなっちゃうと困っちゃうから」と言って診断書を作成してもらい、要介護度を現在の3に戻した。

このような経験もあり、介護保険制度での高齢者のニーズの判定である認定調査は治夫さんにとって、あまり信頼できないものになっていた。認定調査の質問項目は「なんでこんなくだらないことを聞くのか」って言うくらい「くだらない」もので、認定結果は自分の生活状況を理解しておらず、「ちっとも僕のことを把握していない」。

また、治夫さんは、「一人暮らしなので心配だから、毎日誰かに会うようにしないと」、「毎日誰かと話していないと困るから」ということで、ほぼ毎日サービスを利用している。現在は月曜日の入浴サービスを担当するホームヘルパー一名と、水・木・土曜日に家事援助で掃除や食事の準備をしてもらうホームヘルパーが三名で、計四名が訪問している。さらに、火・金はデイサービスを利用している。また治夫さんは、こうした家事援助サービスの際に、ケアプランとして制度上認定されているサービスには含まれていないが、「散歩」を取り入れてもらっていた。

治夫さん　今日はちょっと買い物に行ってきました。ほんとうは、散歩なんだけれどね。このごろ、介

★5——「サービスに一番求めるもの」に関する一〇項目とは、(1)十分な介護を得られること、(2)あなたが必要なときに介護を得られること、(3)病気の時に介護を得ることによって、あなたが安心できること、(4)ヘルパーさんとあなたとのよい人間関係、(5)ヘルパーさんがきちんと仕事をしてくれること、(6)いつヘルパーさんが来るか知っていること、(7)何をしてもらうかをあなた自身で決められること、(8)ヘルパーさんたちがストレスを感じなくてすむこと、(9)同じヘルパーさんが来てくれること、(10)その他（具体的にあれば教えてください）であり、このなかからいくつでも自由に高齢者に選んでもらった。

護保険制度はえらくむずかしくなってきたみたいなんですよ。それで、いろんなことをしちゃいけなくなっているみたいなんです。
ところが、うちに来る人（ホームヘルパー）はみんないい人ばっかりで、なんでもやってくれるんです。ほんとうは散歩に行くのは、医学的に資格をもっている人でないと、いけないんだそうですよ。でもヘルパーさんは、「行きたい」って言ったら散歩に連れてってくれるんです。

治夫さんは片足に麻痺が残っており、自分のリハビリのために毎日の散歩が必要であると考えているのだが、ホームヘルパーとの散歩が制度上認められていないことも理解している。さらに、サービスでの散歩には医学的な資格が必要であり、それをもたないホームヘルパーが散歩に連れていくのは、介護保険の制度上は認められていないことも理解している。しかし担当のホームヘルパーにお願いしたところ、雨の日以外はほぼ毎日散歩に連れていってもらえるようになった、とのことであった。

こうした対応をしてくれるホームヘルパーを、治夫さんは「いい人」だと表現している。これは、単に何でもやってくれるからではなく、治夫さんが考えるニーズに対してサービス提供者が認めて応えてくれているからといえる。つまり、サービスの授受のプロセスのなかで、ケアが必要な人とサービス提供者とで考えるニーズが一致するようになったのである。

ただしこのケースでは、制度上認定されているニーズは、彼らの相互行為のなかで決定されているニーズとは異なっている。制度上の規定との齟齬は、サービス提供者にとっては、なんらかの違反をしているリスクがあり、高齢者にとってはイレギュラーで不安定なサービス提供という、両者にとっての問題を孕んでいる。

◉デイサービスで収集した「情報」を利用する

治夫さんは、サービスに対する自分のニーズを非常に明確に把握していた。さらに、そうした認識にもとづいて、自分の生活にとってサービスとして何が必要なのかを選択し、認定調査やサービス提供へ、積極的に（ある意味戦略的に）働きかけていた。制度上規定されるニーズ（介護保険制度でのニーズ判定や、サービス提供の範囲）は、高齢者の思うニーズとは異なっていたが、医師やサービス提供者との交渉ややりとりによって、制度面の欠陥を補うような行動をしていた。

では、なぜ治夫さんが明確なニーズをもつようになったのか。こうしたサービスへのニーズには、デイサービスを利用する同じような状況の高齢者との意見交換が影響を与えている。「デイサービスに行って聞くといろんな人がいるみたいですけど」、「うちへ来る人（ホームヘルパー）は、しっかりしていますね」と述べる。先にみた介護保険制度の規定についてもデイサービス利用者から聞くと、「買い物の人はおつかいしかやらない、「掃除やって」って言ってもやらないとか、掃除の人はおつかいはいけませんとか、そういう人もいるんだそうです」と語っている。

治夫さんにとって、デイサービスは単なる通所ケアサービスを受ける場ではなく、同じように介護保険サービスを受ける利用者仲間との情報交換の場になっている。高齢者はこうしたところから情報を得つつ、自らのサービスに対するニーズをつくっていくのだということがいえる。これは、ニーズの顕在化やサービス提供者との交渉に、同じようなサービス経験者との意見交換が重要な意味をもっていることの指摘といえる。

このように治夫さんは自分のニーズを表明し、積極的に交渉する側面があったが、すべての要求を言語化したいと思っているわけではない。それは、サービス提供者についての語りでよくみえてくる。治夫さんは、三人のヘルパーを使っており、「全員がいい人」といいつつも、そのなかには個人差があるとして、「ここやらないと」と思っていることを気づいてくれる人と気づいてくれない人がいる、という。複数来るヘルパーのなかでも、治夫さんが特に気に入っているのが、「お風呂のおじさん」という男性ヘルパーである。その理由については、治夫さんのニーズへの「気づき」が重要であるとし、次のように語っている。

治夫さん　そのお風呂に入れてくれる佐藤さんっていうのは、「ベランダが汚れてますよ」って言わなくてもやってくれるんですよ。

治夫さんは私の「介護とは何か」という問いに、「人助けの誠意だと思いますね」と答え、そうした介護を提供してくれるのは、「お風呂の人。その人はお風呂に入れていてもね、今日は血圧が高いから、ちゃんと調節をきちんとしてくれるんです。そういう点はすごく助かりますよね」と答えている。

◉提供者からの「気づき」とニーズの承認

このように、治夫さんはサービス提供者のニーズへの気づきと配慮によって、安心してサービスの提供を受け入れている。その背景には、高齢者とサービス提供者のあいだでのニーズの調停と、把握されたニーズにもとづいたサービス提供がある。先述したように、制度では対応できないものであっても治夫さんのニーズは、サービス提供者によって承認されている。このことにより、高齢者とサービス提供者とのあいだには信頼関係がつくられている。

こうした信頼関係を築くようなサービス提供には、ホームヘルパーとの継続的なかかわりが必要である。治夫さんは、介護サービスでもっとも重要だと思うことについて、「バラバラに来るのがいちばん嫌だ」として、「同じ人がくること」「慣れている人がくること」がもっとも重要だと考えていた。

2 ニーズの生成と家族の役割

◉「わかってくれる人」を求める

治夫さんが自らのニーズに自覚的で、サービス提供者や医師などとも積極的にかかわっていったのに対し、サービス提供者に自らのニーズを表明できない高齢者もいる。

猪俣きよさん(調査当時八四歳)は、息子夫婦と孫との四人暮らしである。夫は数年前から、認知症によりグループホームへ入っている。きよさんは、四〇年ほど前から緑内障をわずらい、以前は好きだった針仕事も今ではあまりできなくなった。

三年前から介護サービスを利用しはじめ、現在きよさんの要介護度は要介護1で、週二回の家事援助(内容としては主にきよさんの部屋の掃除)と膠原病のための通院介助のサービスを利用している。介護サービスについては、「自分でできないことをやってもらえていろいろ助かっている」と述べていた。さらに、サービスのよい点を次のように具体的に語っている。

きよさん　「すいませんあなたこれとって」とか「あれあっちにやって」って言って口だけで用が足りちゃうから、ありがたいですよね。（ホームヘルパーの）みなさんね、二年もやってらっしゃる方だから、「ハサミ出して、これ切ってね」っていうとちゃんと慣れてらっしゃるので。「あそこにハサミが入っているのよ」って言わなくても、ちゃんとわかっていてさっと出してくれるんですね。だから、ずいぶん助かります。

きよさんは、口頭でお願いするだけでいろいろとやってもらえることを、「ありがたい」と表現していた。きよさんの家には、現在二名のホームヘルパーが来ているのだが、ある程度固定化されているため、部屋の状況などが頭に入っていて、きよさんがものを頼むときに細かく指示を出さなくても、きよさんの言いたいことをわかってくれる。このことがきよさんにとっては「とても助かっている」という。

ここでも先ほどの治夫さんのケースでみられたように、「わかってもらう」というような、サービス提供者によって高齢者のニーズを察してもらうということが、とても重視されていた。そして治夫さんと同じように、きよさんからも「慣れたわかった人」が来てくれるという、サービス提供者の継続性がとても重視されていた。

◉自立心と遠慮の併存

しかし一方で、次の語りにみるようにきよさんには、「サービスにはできるだけ頼りたくない」という気持ちもあった。

きよさん　私はあせらないでいたら、きっと今に歩けるようになると思っているんですよ。介護もありがたいですけど……。私は介護を受けないでいけるようにしたいと思っています。いずれは、杖をついてでもいいから、ちゃんと歩けるようになりたいなって思っているんですね。ヘルパーさんが来てくれているからって甘えないで、なんでもできるだけ自分でやるようにしたい。いつのことやらわからないですけど、気持ちだけはあるんです。

きよさんは、介護サービスやホームヘルパーに対して「甘えないで」「できるだけ自分でやるようにしたい」という気持ちがある。これは、他者から「介護」を受けることへの遠慮と同時に、身体的に衰えたとしてもホームヘルパーには甘えないで「一人でやりたい」「自分でやれるようにしたい」という高齢者の意識といえる。きよさんは決して経済的に苦しいわけではなく、ホームヘルパーの回数や時間を増やすこともできるのだが、現在はそうした必要はないという。ケアを受けることを最小限でおさえ、できる限り自分でなんとかしたい、という高齢者の気持ちの表れといえるだろう。

ホームヘルパーに対する遠慮は自己抑制というかたちで、ニーズを表明することの抑制にもつながる。きよさんはこれまで、ヘルパーと感覚の違いを感じることが幾度とあったという。たとえば、枕カバーをつけてもらおうと思ったら「今そんなの縫う人なんていないですよ」と安全ピンで止められたという。

このようなホームヘルパーとの感覚の違いがもっとも顕著に表れたのが、クーラーの利用についてである。きよさんは、若手のあるヘルパーに「クーラーをつけたい」と言われたとき、自分が苦手であるのに遠慮をしてしまい、そのヘルパーは家事サービス中にクーラーをつけていた。その結果、きよさんは慣れないクーラーのために体調を崩してしまった。

◉家族が調停役に

こうしたサービス提供者ときよさんとの関係について、同居するきよさんの嫁は次のように語っている。

きよさんの嫁　母はこういう人なんで、何も言えないのよね。働いたこともないし、ずっとお嬢様で育ってきたから何も言えないの。私が「ヘルパーさんに言っていいのよ」って言っても、言えないの。でも、（ほんとうは）自分のやり方があるわけじゃないですか。ほんとうは母は完璧にやりたい人なんですけど、我慢しているの。私たち家族にはけっこう文句は言っているんですよ。でも、ヘルパーさんや、こういうときには言わないでしょう。

きよさんの嫁は、きよさんがサービス提供者に対して、意見や自分のやってほしいことをあまり言えない性格であると述べている。サービスに対する要望やニーズは、家族に対してははっきりと表明できるのだが、インタビューをしていた私を含めてサービス提供者などの家族以外の人間には表明するのがむずかしいとのことであった。

この話を聞いてきよさんは、「こうしてみなさんに来ていただいたら、しょうがないんだって、あきらめているんです」と述べている。きよさんはホームヘルパーに対しては、「しょうがないとあきらめている」ために、何も言わないことが多いというのである。ヘルパーとの意識の齟齬については、「やっぱり自分の思ったとおりに、すっと相手にやってもらえるのはありえないって思っていますからね。ヘルパーさんは若い人が多いし、私は大正生まれですからね」とホームヘルパーと世代が違うことによるギャップではないかと考えていた。

こうした関係性のなかで、きよさんは、ホームヘルパーに対しては非常に遠慮をしてしまい、自分の要望は何も言えない状況であった。一方、嫁や家族との関係では、彼女は自分のニーズを包み隠さず話すことができていた。そこで嫁がきよさんのニーズを引き出し、ホームヘルパーに伝え、ホームヘルパーとの調整をしていた。これは、サービス提供者とのあいだでは表明できなかったニーズが、家族介護者とのあいだでは表明されており、そうして引き出されたニーズを家族が媒介することでサービスを調整していたケースといえる。

4 高齢者のニーズの生成プロセスからみえてくるもの

◉関係性のなかでつくられるニーズ

以上、高齢者のニーズについて、高齢者自身の経験に即して、生成されるプロセスおよびその背景についてみてきた。そこでは、高齢者のもつニーズが、提供者や家族、同じようなケアを受ける高齢者との関係性のなかで承認されつつ表明され、サービスの要望へとつながっていた。

第一の加藤治夫さんは、明確に自己主張を行う高齢者である。こうしたニーズの表明を支えているのは、提供者との信頼関係のもとでの治夫さんのニーズの受け入れであった。そのなかには制度の運用を柔軟に行うことによるニーズの調停も含まれていた。さらに、高齢者自身のニーズ生成の相互行為は、サービス提供者との二者関係だけでなく、同じようにケアを必要とするデイサービスの高齢者との関係においてもみられた。

第二の猪俣きよさんのケースは、第一のケースとは対照的に、サービス提供者との関係性では、高齢者のニーズは顕在化しながらも十分に表明できていなかった。しかしながら、きよさんは嫁という家族に対してはサービスに対する要望を包み隠さず表明することができていた。このため、嫁ときよさんのあいだでニーズの調停や承認が行われ、その結果をサービス提供者などにつなげていた。

ただし、今回は家族が媒介として機能するケースであったが、必ずしも家族だからといって媒介者になれるとは限らない点には留意が必要である。ニーズの調停の結果が高齢者のニーズと著しく異なり、一方的に判定される場合には、家族によって高齢者のニーズが抑制される可能性もある。また、介護者が自身の要望から高齢者のニーズを抑制することもある。

たとえば以前筆者が行った別の調査［齋藤 2007］では、訪問看護師から次のようなケースが紹介されている。寝たきりの高齢者本人は、少しでも動けるようになりたいためリハビリを望んでいたが、家族介護者は高齢者が動けるようになると介護の負担が増えるためにそれに反対していた。しかし高齢者の意向を尊重して、訪問看護師がリハビリを行ったところ、家族介護者が「おもしろくない」のと、（動けるようになることへの）「恐怖感」から、高齢者のことを精神的に追いつめてしまうという事件が起きた。これは、家族が高齢者のニーズを媒介するどころか、ニーズの抑制を行ってしまうケースといえる。

●家族が代替するときの問題

家族が高齢者のニーズを代替することには、次の二つの問題がある。まず家族が高齢者のニーズを代替しているのかどうかを判定せずに、「家族だから高齢者のニーズを誰よりも理解している」という前提をもつことである。次に、提供者としての家族のニーズと、ケアを受ける側としての高齢者のニーズが混同されることである。このような意味で、ケア提供者のニーズとケアを受ける側のニーズを明確に区別する当事者主権の主張には、非常に重要な意味がある。ケアを受ける側である高齢者のニーズとケア提供者のニーズの違い、ケア提供者であっても、家族やサービス提供者という立場によるニーズの違いを明確に区分し、それぞれへの支援を考えていくことが必要になってくるだろう。

介護保険サービスにおける高齢者のニーズというものは、高齢者とサービス提供者や家族、同じようにケアを必要とする他の高齢者など、第三者を含めた人々の関係性のなかで承認され、調停されることによってつくられていくということがみられた。高齢者のニーズは、こうした関係性のなかで可変的につくられていくものであることがわかる。これに加えて高齢者のニーズは、提供者と利用者の二者関係だけで完結するのではなく、家族との関係や提供者との関係、デイサービスなどでの高齢者の友人など身近な立場のものとのかかわりによっても変化していた。

さらに、高齢者に共通していたのは、自分のニーズを把握し、積極的に交渉を通してニーズに合わせたサービスを利用していた治夫さんのケースでさえ、自分が常にサービスを要求することの負担と、自分のニーズを察してほしいという気持ちがあったことである。これは、「本人の自己決定意識が低い」というよりも、居宅サービスという領域においては、自分の生活の個別性に密接に結びついた細かなニーズを言語化し、要求することの負荷があるためではないだろうか。こうした負荷をふまえると、高齢者本人がすべてのニーズを言語化するだけでなく、家族やサービス提供者などの第三者によるニーズの汲み取りも重要である。

◉高齢者特有のニーズにどう応えるか

最後に、以上の高齢者のニーズの特質をふまえて、こうしたニーズをいかにサービスに結実させていくのかについて述べたい。

第一に、高齢者のニーズの可変性や変化のプロセスに対応するような、定期的な改善の必要性である。そのためには、高齢者本人がニーズの決定にかかわることが非常に重要である。

第二に、高齢者のサービス利用経験の共有化があげられる。最初の加藤治夫さんの事例では、デイサービスなどでの同じ経験をもつ人との情報交換が、ニーズの表明に効果的に働いていた。このことから、ケアを受ける高齢者同士のグループの情報交換や、高齢者同士のピアカウンセリングが重要になってくるだろう。

第三に、サービス提供者や家族などの第三者による、高齢者のニーズの汲み取りや媒介があげられる。サービス提供者については、2章で笹谷論文が指摘するように、高齢者のサービスの授受に直接かかわる「ケアワーカーが当事者の「声」に耳を傾け、ニーズを汲み取ることができる能力と時間の確保」（六三頁）をし、ニーズのプロセスのなかに、サービス提供者もかかわっていくことも必要であろう。さらに、サービス提供者の継続性があげられる。特にサービス提供者とのあいだで高齢者がもっとも望んでいるのはサービスの継続性であった。それは、高齢者のニーズの表現や、サービス提供者によるニーズの汲み取り、そして相互関係で生じたニーズに応じたサービス提供などを行うことができるような関係性の構築を担保する意味がある。

これに加えて、高齢者側にニーズの言語化や表明を求めるだけではなく、家族やサービス提供者というケア提供者側が高齢者のニーズを引き出すようなかかわり、つながりをエンパワメントする必要もあるのではないか。もちろん、こうした第三者によるニーズの汲み取りや媒介が、高齢者のニーズを抑制するものであってはならない。高齢者自身が、そういった汲み取りや媒介を判定できるシステムが不可欠である。

なお今回は、介護保険サービスに対する高齢者本人のニーズ意識に着目するため、サービスを既に利用している高齢者に焦点をあてて分析を行ったが、サービスに接続していない高齢者の潜在的なニーズをいかに顕在化するのか、ということも重要な課題となるだろう。この点については、4章の春日論文を参照されたい。

以上、現在のサービス利用者の高齢者実態に即して、高齢者のニーズについて考えてきた。しかしながら、高齢者のサービス利用者としての経験は、研究上も実践上も十分にとらえられているわけではない。高齢者にとっての「ニーズ中心の福祉社会」には、今後の高齢者を対象としたニーズのプロセスについての研究の蓄積とともに、かれら自身の声のなかから考えていくことが大切である。

■文献

伊藤周平 2007『権利・市場・社会保障―生存権の危機から再構築へ』青木書店

上野千鶴子 2006「ケアの社会学 第五章 ケアされるとはどんな経験か」『季刊at』六号、一〇七‐一二六頁

岡部耕典 2004「介護保険制度と支援費制度―「自律／自立支援」をめぐる制度の理念と制度設計の再検討を求めて」『福祉労働』一〇五号、二七‐三六頁

――― 2006『障害者自立支援法とケアの自律』明石書店

高齢社会をよくする女性の会 2006『高齢者と家族が介護職員に期待するもの』

在宅版ケアプラン作成方法検討委員会 2003『居宅サービス計画ガイドライン 在宅高齢者の介護サービス計画のつくり方』全国社会福祉協議会

齋藤曉子 2007「高齢者・家族・サービス提供者の相互関係分析―夫婦間介護におけるサービス〈受容〉のプロセス」『社会政策研究』七号、一七六-一九六頁

武川正吾 2001『福祉社会―社会政策とその考え方』有斐閣

筒井孝子 1998『介護サービス論―ケアの基準化と家族介護のゆくえ』有斐閣

中西正司・上野千鶴子 2003『当事者主権』岩波新書

日本高齢者生活協同組合連合会 2004『高齢者・障害者サービス利用の実態・意識調査』

平岡公一 2005「介護保険サービスに関する評価研究の動向と課題」『老年社会科学』二七巻一号、六五-七三頁

三浦文夫 1995『〈増補改訂〉社会福祉政策研究』全国社会福祉協議会

三井さよ 2002「ケア過程におけるニーズの二面性―A病院の看護職による末期患者への働きかけを通して」年報社会学論集一五号、二五〇-二六一頁

―― 2004『ケアの社会学』勁草書房

渡部律子 2002「利用者主体の高齢者在宅ケアをめぐる課題―ケアマネジャーの仕事をとおしてみる利用者主体のケアのあり方」『老年社会科学』二四巻一号、三〇-三七頁

Bradshaw, J. 1972 "The concept of social need" *New Society* 19(496): 640-641

第4章 ニーズはなぜ潜在化するのか
高齢者虐待問題と増大する「息子」加害者

春日キスヨ

1 高齢者虐待
その定義のあいまいさ

●児童虐待やDVより発見が難しい

「高齢者に対する虐待の防止、高齢者の養護者に対する支援等に関する法律」（以下、高齢者虐待防止法）が二〇〇六年に施行された。この法律では、虐待を❶身体的虐待、❷介護・世話の放棄・放任、❸心理的虐待、❹性的虐待、❺経済的虐待といった行為を高齢者に対し行うことと定義し、高齢者虐待を❶養護者によるもの、❷要介護施設従事者によるものに分けている。

児童虐待防止法やDV防止法等の家族の人権・人身保護に関する他の法律と比べてこの法律の画期的な点は、支援の対象を被虐待者のみならず、虐待加害者である「高齢者の世話をしている家族、親族、同居人等」の「養護者」にも広げたことにある（養護者とは「高齢者を現に養護するものであって要介護施設従事者等以外の者」）。

しかし、この法律のもとで虐待家族を支援しようとするとき、支援者は多くの困難にぶつかる。難問のひとつは「問題家族」の発見である。問題が発見されなければ支援に入ることができず、救済もできない。したがって、多くの虐待支援マニュアルがその点に触れる。一例として日本高齢者虐待防止センター編集の『高齢者虐待防止トレーニングブック』をあげよう。

ここでは「高齢者虐待は、当事者が事実を隠す傾向が強く、児童虐待やDV（ドメスティック・バイオレンス）のケースよりもさらに隠蔽性が高い」ことが「虐待の発見の難しさ」を生むと記され、次のような理由が関わっているとされる。

❶被虐待者は虚弱であるため、逃れる力や術をもっていないことが多い❷被虐待者は虚弱であるため、訴える言語能力、知的能力、気力・意欲などをもっていないことが多い❸同居家族や別居の親族に介護を全面的に依存していることが多く、自らが虐待されていることを訴えにくい状況がある❹全面的に家族介護に依存している場合、ホームヘルパーなどのように家庭内に入れる第三者ですら、実態把握の機会には限界がある❺被虐待者が不当な扱いに慢性的にさらされていると無反応に陥るケースがある❻高齢者は多くの場合、外出の機会が少ないため、外部の者が虐待のサインを読みとることが限られる❼高齢者は、家族や親族によって不当な扱いを受けていても「身内の問題」「家の恥」「身内の恥」だとして外部にさらさずに隠そうとする❽自分の子が虐待者となっている場合、親としての「不徳」の思いや子への愛情から、虐待の指摘を受けても被虐待者はそのことを否定したり、子をかばう❾暴露することによってさらにひどい目にあう恐れが、沈黙を助長する。（注：原文では❶〜❾のナンバーは付されていない。記述の都合上春日が記した）［高齢者虐待防止センター編 2006：24］

九項目中、支援者側に関わる要因である❹第三者による実態把握の限界、❻虐待サインを読みとる機会の少なさ、を別にすれば、高齢者側が「虐待されている自覚」をもちながら彼／彼女らが、❶「逃れる」力や術をもたない、❷「訴える」言語能力、知的能力、気力・意欲をもたない、❸「訴えにくい」状況にある、❼「隠す」、❽「否定する」、❾「恐れが沈黙を助長する」といったことが、問題発見を阻むものとしてあげられる。

虐待の自覚がないことが問題発見の難しさに関わるとするのは、❺「不当な扱いに慢性的にさらされると無反応に陥る」というもののみである。しかし、先行の高齢者虐待調査の多くが明らかにしてきたのは、被虐待高齢者、虐待加害者双方に「虐待の自覚がない」人が多数を占めるという事実であった。

その点に関する「家庭内における高齢者虐待に関する調査」〔医療経済研究機構 2004〕以下、『全国実態調査』）の数値をあげよう。この調査では虐待加害者・被害者双方に《虐待自覚の有無》を聞いているが、「虐待の自覚がある」人の割合は被虐待者で四五・二％、加害者で二四・七％であった。さらに、「自覚がなされない」問題は当然外部に訴えられることも少ないのであるが、「被虐待者の意思表示」の割合は四九・三％、「虐待者からの相談等」の割合は二九・三％にすぎない。

こうした点から高齢者虐待家族がもつ要援護ニーズの性格を、1章の上野の定義に則していうと、被虐待高齢者、虐待加害者ともに要援護ニーズを「感得」せず、感得してもそのニーズを隠蔽し「表出」しないことで、それは「潜在ニーズ」レベルにとどまることが多いといえるだろう。

したがって支援者にとっての最大の課題は、こうした「当事者になる」にはほど遠い高齢者虐待家族の家族員の潜在ニーズをいささかでも押し上げ「顕在ニーズ」とし、「庇護ニーズ」のレベルでの介入・支援をいかに可能にしていくかということになる。

◉「援助者がクライエントに」は可能か？

だが、問題を「自覚していない」「当事者になるにはほど遠い」人たちで構成される家族に対する支援はどのような形で可能になるのか。この点に関して、児童虐待やDV家族に対する支援活動を臨床心理士の立場で行ってきた信田さよ子は次のように述べる。

家族成員のなかに「困った」と声をあげる人が存在しないのが、暴力事例の特徴である。……では、困っている人が家族内にいないときは誰がクライエントなのか。そんな場合は、援助者が困っているのだから援助者自身がクライエントである。困っている人、つまりクライエントを探している援助者自身がクライエント、ということである。［信田 2002：81］

こうした信田の指摘を高齢者虐待支援場面に援用すれば、「困った人がいない」高齢者虐待家族にたまま関わることになった支援者自身が、「困った問題」のもう一方の「当事者」になり、他の支援者に相談しながら問題解決に当たるしかない。

しかし、支援者が虐待問題の一方の「当事者になる」ことは、そう容易なことではない。それは支援者が要援護家族で目撃する行為を「高齢者虐待」として定義することの難しさに由来する。

「何が高齢者虐待で、何がそうでないのか？　高齢者の放置とは？　弱みにつけこむ侵害とは？　自己虐待とは？　誰がこれらの用語を定義するべきだろうか？」［Decalmer et al 1993＝1998：7］という問いは、高齢者虐待問題に関して繰り返し問われてきたものである。虐待問題支援担当者として研修を受け、法律で規定された虐待の定義を学んだうえで現場に出向いたとしても、そうした問いが支援者にとりついて離れない。一例として『東京都虐待対応マニュアル』のなかで、「経済的虐待」について示された「高齢者虐待の捉え方や判断について」という記述をあげよう。

●経済的虐待については、高齢者が子の生計を支えている場合などもあり、虐待に当たるかどうかを判断することが困難な場合が少なくありません。

●経済的虐待に当たるか否かは、高齢者本人が納得しその意思にもとづいて財産が管理されているか、実際に高齢者本人の生活や介護に何らかの支障が出ていないか、などが判断のポイントとなります。

●たとえ高齢者が納得していると思われる場合でも、これまでの家族関係や虐待に対する心理的圧力などから、合意せざるを得ない状況であることも考えられます。本人の意思が表面的なものである可能性を踏まえ、真意を丁寧に確認していくことが重要です。［東京都福祉保健局 2006：8］

◉虐待解釈の文脈依存性

ここではいったんひとつの「捉え方」が下された後、次の時点ですぐさまそれが覆されている。最終的には「真意を丁寧に確認していくことが重要です」として、支援者の状況判断に虐待であるか否かの決定が委ねられる。同マニュアルではこうした点が「当該事例の解決のためには、それが高齢者虐待に該当するか否かを判断すること自体を目的化することのないよう、認識しておく必要があります」［同書：7］と指導されている。「虐待の定義」をいったん受け入れたうえで、なおかつそれを棚上げにし、目撃した行為を要援護高齢者の生命の危機レベル、心身健康レベル、衛生環境、家族関係、経済状況等々、さまざまな要因を文脈依存的に勘案しながら、それが虐待行為であるか、家族の日常行為なのかを判断をしていくことが支援者に求められる。

法律で規定された虐待行為を高齢者施設の職員が行ったとすれば、その行為はそのまま虐待として認知される。しかし、それが家族成員間で生じたものであれば、「身体的虐待」「心理的虐待」は「夫婦喧嘩」「親子喧嘩」に、「介護・世話の放棄・放任」は「世話能力の不足」に、「経済的虐待」は「家族の助け合い」に、「性的虐待」は「愛情表現」「しつけのため」といった解釈に容易に転じていく。

虐待認知の際に生じるこうした解釈の両義性という点について、大分県『高齢者虐待対応の手引き』では、「意図的でなくても虐待です」「愛情をもった行為でも、結果（状況）が不適切であれば虐待です」「介護負担が原因でも、結果（状況）が不適切であれば虐待です」「介護の未熟さであっても、結果（状況）が不適切であれば虐待です」「本人に苦痛がなくても（困っていなくても）行為が不適切であれば虐待です」と記述される［大分県福祉保健部高齢者福祉課 2006：13］。また、『東京都高齢者虐待対応マニュアル』でも「虐待しているという自覚は問わない」「高齢者本人の自覚は問わない」という形で指摘する。

こうした同一事象に対する解釈の両義性という現象が生じる背景には、私たちが家族成員間の行為を解釈するときの特質が関わっている。この点について天田城介は、「〈親密性〉とは、当事者のある行為が、当該行為の直接的な意味をもつだけではなく、同時に、行為者間の関係にとっての意味という二重の意味を与えてゆくことで達成されていく」と言う［天田 2003：375］。したがって、家族成員間で生じた暴力や人権侵害行為を目撃するとき、支援者は「当該行為の直接的意味」に基点を置き虐待として解釈していくか、それとも家族の「関係性」に基点に置き、「喧嘩」や「助け合い」といった文脈で解釈していくかというせめぎあい場面に常に立たされる。

高齢者虐待の定義があいまいになる要因として、「高齢者に対するケアはいかなる明快な社会規範によっても定義づけられていない（児童に対するケアとは対照的に）。したがって我々の高齢者虐待の定義は同様に不明瞭なものになっている」とクリス・フィリプソンは述べる［Decalmer et al 1993＝1998：100］。しかし、こうした要因以上に、これまでみてきたような家族成員間行為を解釈する際の基点が二方向に開かれていることで生じる問題のほうが現場の支援者にとっての難問だといえよう。そこで、虐待対応場面で支援者ニーズを潜在化させず顕在ニーズのレベルで維持するためには、「相談しながら」「問題状況」に関わり、介入・支援する支援者チームの存在が不可欠な条件となってくる。

2 「単身の息子」への着目

◉高齢者家族の複雑な権力構造

これまで支援者ニーズの潜在化に、定義のあいまいさが関わる事実について述べてきた。しかし、こうした側面のみならず、高齢者虐待には、要援護ニーズならびに支援者ニーズを潜在化させるいまひとつの要因が関わっている。それは高齢者家族が複雑な役割構造、権力構造をもつという点である。

児童虐待家族の場合、親が上位者、養護者であり、加害者-被害者間の役割・地位関係は明白である。ところが高齢者家族の場合、高齢者と他の成員間の役割・地位関係は、続き柄により、また、それぞれの経済力、知的・身体的能力、社会関係能力等々の諸要因によって異なってくる。そのことは児童虐待家族に対する支援と異なり、高齢者虐待の場合、支援者がある行為を「地位・特権などの濫用、悪用行為」、すなわち、虐待（abuse）と規定し介入する際の基軸が複数存在することにほかならない。それが生じているのが夫婦間なのか、実子（息子・娘）-親（父・母）間なのか、子どもの配偶者-親（舅・姑）間なのか、子は未婚者なのか、等々である。

こうした加害者-被害者間の続き柄、属性によって支援者が虐待認知の際に準拠する家族規範は異なってくる。しかも、そうした差異はそのまま「問題」露顕の時期、虐待認知、介入・支援の開始時期の違いにつながっていく。高齢者虐待に関する定量調査の多くはこうした問題を不問にし、「問題」が既に顕在化し「虐待」と認知されたケースをもとに事実を報告する。しかし、高齢者虐待支援の難問のひとつは、要援護ニーズ、支援者ニーズともに加害者-被害者間の続き柄によって問題の潜在化レベルが異なり、したがって、問題発見時の危機レベルが異なり、支援・介入のあり方も異なってくるという点である。

そして、次節で詳細にみていくが、現場の支援者たちは、高齢者夫婦間虐待や息子の妻を加害者とする虐待よりも、実子、とりわけ単身無職の息子を加害者とする虐待支援がもっとも困難であるとみていた。それは、息子を加害者とする高齢者虐待家族の要援護ニーズ、支援者ニーズが高齢者夫婦間虐待や息子の妻による虐待よりもさらに潜在化しているという指摘にほかならない。

◉統計に示される「加害者としての息子」

そして注目しなければならないのは、ニーズがもっとも潜在化しやすいとされているこうした「単身の息子」が虐待加害者として無視できない割合を占めるという事実を、近年あいついで実施された高齢者虐待家族の実態調査結果が示していることである。

たとえば二〇〇七年発表の『高齢者虐待防止法に基づく対応状況等に関する調査結果』［厚生労働省 2007］では、虐待被害者の性別では「女性」が七六・七％、年齢別では「八〇歳以上」が四九・二％がもっとも多い。一方、加害者の続き柄では「息子」が占める割合が三八・五％ともっとも多く、以下「夫」一四・七％、「娘」一四・五％、「息子の配偶者」一〇・七％、「妻」五・一％と続く。

虐待加害者として「実子」とりわけ「息子」が多い事実は、『東京都調査』〔東京都福祉保健局 2006〕、『大阪市大調査』〔大阪市立大学社会学研究室 2007〕の結果でもみられる。『東京都調査』では、加害者中「息子」割合が四二・二％、『大阪市大調査』では「息子」割合三七・八％である。

また両調査は息子と娘の配偶関係を示すが、『東京都調査』では息子のうち「有配偶者」二六・四％、「単身者」七三・六％、娘で「有配偶者」二九・五％、「単身者」七〇・五％であり、『大阪市大調査』でも息子で「有配偶者」三一・〇％、「単身者」六九・〇％、娘で「有配偶者」四五・一％、「単身者」五四・九％であり、特に「息子」で「単身者」割合が高い。しかも、両調査とも夫婦間では積極的に介護関与するなかで虐待が生じているのに対し、子世代加害者では「介護非関与者」が無視できない割合で含まれる事実を示していた。ちなみに『東京都調査』で「介護非関与者」割合をみると、「夫」八・六％、「妻」七・七％、「娘」一七・四％、「息子」二五・〇％、「息子の妻」二〇・〇％であった。

そこで次に、私自身が行ってきたフィールドワークで得たデータを手がかりに、こうした子世代を加害者とする高齢者虐待家族の要援護ニーズを潜在化させる要因についてみていこう〔★1〕。それは高齢者夫婦間の虐待と、実子を加害者とする虐待ではどう異なるのか。さらに、実子であっても配偶者のある子どもか単身の子どもかにより虐待問題の性質は異なるのか。異なるとすればどう異なるのか。さらに、被虐待者、加害者の性別により虐待関係はどう異なるのか、といった事実を明らかにしていく作業となってくる。

ここで利用するのは実子（とりわけ無職単身子）加害者を中心にその家族状況について、支援者を対象として行ったグループインタビュー、個人インタビューから得たデータである。

3 親子間の虐待はなぜ顕在化しにくいのか

●「不本意な選択」という視点

フィールドワークから得たデータを手がかりに実子を加害者とする高齢者虐待問題の性格を読み解く作業をする前に、まず虐待問題の背景にある高齢者家族の構造をどのような視点に立ってみるのかという点に触れておかねばならない。

これまでみてきたように高齢者虐待問題の性格には加害者-被害者間の続き柄が大きく関わっていた。そしてそこに虐待という行為の意味づけを、続き柄の違いによって変える形で作用する家族特有の権力構

★1——調査は二〇〇四年秋から二〇〇七年八月にかけてA、B、Cの三市で高齢者虐待家族の支援専門職者を対象に行った。A、B市は人口ほぼ一五万人、C市は一一五万人規模の市である（二〇〇五年時）。調査は研究目的のための調査であること、対象家族の匿名性を確保することを書面で誓約したうえで、対象家族の虐待の実情、さらにその実情を支援者がどう解釈しているかという点についての聞き取りをしていった。

A、B、C市の支援者合わせて三〇名にそれぞれ二時間ほどの個別インタビュー、さらにA、B市で参加者一五人、七人、五人、四人のグループインタビュー、C市で参加者三人のグループインタビューを各三回、二時間程度行った。またそれとは別に支援者に対する指導業務を担う専門職者に対する個別インタビューを三市でそれぞれ行った。

三つの異なる市の支援専門職者を対象としたのは、次の調査方法上の観点からである。まず対象となる家族の匿名性を図るためである。次に異なる市で語られる高齢者虐待家族の実状を通して虐待の家族特性、問題特性の普遍化可能性を探ることを目指したからである。なお、本章で報告するのはこの調査のうち、単身息子に関わる部分である。

造が関わっているとみる。その点について江原由美子は次のように述べる。

「家族とはその内部に複雑に絡み合う複数の相互行為系列をもつ。家族を構成しているさまざまな成員カテゴリー（夫-妻、親-子、父親-母親、兄-弟-姉-妹等など）は家族内に限定しても、同一の個人の行為に対し、複数のカテゴリーに基づく複数の意味的文脈を与える」［江原 1995：171］。したがって、「家族とは家族成員のさまざまな行為が常に複数以上の意味によって読み解かれる可能性に満ちた、すなわちそれだけ〝不本意な選択〟が生じる可能性に満ちた、感情的葛藤のるつぼなのである。したがってその感情的激越さは、個々のパーソナリティ的な未熟さが原因であるわけではなく、家族における社会的文脈の絡まりが、個々の家族員の社会的実践に及ぼす効果の結果でもあるのである」［同書：173］。

そして、江原のこうした見解は「実子（とりわけ息子）」虐待者がもっとも多くなった『全国実態調査』以降、虐待理由が「介護疲れ・介護ストレス」から、「虐待者の人格・性格」「当事者間の人間関係」といった「個々のパーソナリティの未熟さ」に帰属させる方向に変化している現在［★2］、特に重要な視点と考える。すなわち家族における虐待行為が「不本意な選択」によるものとすれば、その理由を単に「虐待者の人格・性格」「当事者間の人間関係」に起因するとみるのではなく、その「不本意な選択」をさせてしまう家族構造的要因とは何かを、個々人がおかれた状況に即して事実を読み解く作業こそが「虐待防止」「養護者支援」を考えるうえでも必要と考える。

●「当事者になる」のに必要なこと

ところで、「要援護ニーズを潜在化させる」状況について、上野千鶴子は次のように述べる。

問題を生み出す社会に適応してしまっては、ニーズは発生しない。ニーズ（必要）とは欠乏や不足という意味から来ている。私の現在の状態を、こうあってほしい状態に対する不足ととらえて、そうではない新しい現実をつくりだそうとする構想力を持ったときに、はじめて自分のニーズとは何かがわかり、人は当事者になる。［中西・上野 2003：2–3］

結論を先取りしていえば、支援者たちの語りから明らかになったのは、問題当事者たちが要援護ニーズを社会に発信できるためには、上野が述べる「現在の状態を、こうあってほしい状態に対する不足ととらえる」力が必要である。そうした力の根底にあって人生の転轍機的役割を果たすのは、他者依存的ではなく生活統括責任者として自らを位置づけ、問題状況に向き合う構えである。いうなれば、いま・ここでの状況に即し自己の再定義をなしえていく力をもつこと、そのうえで、自らの苦境を社会に訴え人とつながる力をもつことの必要性であった。

だが、ニーズを形成するためのこうした力の面で困難性をもつのが、「加害者が息子（なかでも単身無職の息子）で、被虐待者が母親」の組み合わせであり、そこに高齢者家族の権力構造の特質が大きく関わってい

★2——例として『全国実態調査』の結果をあげよう。ここでは「虐待発生の原因」が上位五位まで示されるが、夫では(1)虐待者の介護疲れ、(2)虐待者の性格や人格、(3)高齢者本人の身体的自立度の低さ、(4)高齢者本人の痴呆による言動の混乱、(5)高齢者本人の排泄介助の困難であった。(2)以外は介護関係に関わる要因である。それに対し息子では、(1)虐待者の性格や人格、(2)高齢者本人と虐待者の人間関係、(3)高齢者本人の痴呆《ママ》による言動の混乱、(4)高齢者本人の性格や人格、(5)虐待者の介護疲れであり、介護関係に起因するよりも虐待当事者の性格や人間関係といった個別の心理・関係要因が多くあげられている。

るという事実が支援者たちの語りからわかった。

まず、支援者たちが実子-親間の虐待をどのようにみなし、それがニーズ形成にどう関わるとみているのかという点から述べていこう。以下、A市、B市、C市の対象地域別に支援者番号をA1、A2……、B1、B2……という形で記す（一〇一頁［★1］参照）。

◉問題状況の自覚が薄い

語り❶

A1　認知症の親とシングルの子が絡みついて暮らしているようなケースはなかなか引っかからないね。
A2　民生委員さんも家族がいると思っておられるから。息子とか誰かがいれば発見が遅れるんですよ。
A3　とことんどうにもならなくなって、やっと上がってきたらもうどうにもならない状態が多い。
A1　そのケースで多いのはね。お父さんが亡くなって、お母さんが認知症で、お母さんが息子さんの面倒をみているようなケース。親が金づるで息子は働かないで親の年金で暮らしているようなケース。それで、サービスを入れないのだから。
A2　民生委員を巻き込んでその家庭の壁、包囲網を崩していくしかないんだけどあの壁がものすごく厚い。
A4　あれは厚い。
A1　うん、あのドアは厚い。あれを破るのは簡単じゃない。
A3　ただね、お母さんがね、深刻と思っているかどうかはわからないのよ。認知症だし、息子と一緒にいるからうれしいと思っているのかもしれないし。

ここでは実子が関わる虐待が「なかなか引っかからない」「やっと上がってきたらもうどうにもならない状態が多い」と語られる。これは実子が加害者となる虐待の場合、他の続き柄間に比べさらに問題状況の深刻さの自覚がないことを示す発言である。そして問題の自覚がないというこの指摘は、要援護ニーズが潜在化したままで、「どうにもならない」危機レベルに達してはじめて人々の目に触れるという事実を示している。

加えて、そうした境遇に陥りがちな続き柄として「認知症の母」と「働かないで親の年金で暮らす息子」の組み合わせが多い事実、関係の質として世話を必要とする親が子どもから養護されるどころか逆に経済的にも日常生活の面でも子どもの「面倒をみているようなケース」が多いとも語られる。しかも興味深いのは、その状況を引き起こすのは親側の「認知症」という理由のみでなく、「息子と一緒にいるからうれしいと思っているかもしれない」というように、母親が息子に抱く親子間の情緒的要因が憶測されている点である。

◉生活能力のない子による「意図せざる」虐待

一方、問題を潜在化させていく要因は家族側のみにあるのではないとも語られる。すなわち日本の高齢者福祉は家族単位であり、子どもと同居する高齢者の養護責任は第一義的に家族である子どもが負うべきとされている。家族が同居しているとみなされると、その世帯は自治体が用意する緊急時対応高齢者リストからも外され、民生委員の地域の見守りネットワークからも外されることが多い。加えて、無職の単身子と同居する高齢者の場合「サービスを入れない」ことも多い。そのため地域住民や支援者による問題発見が遅れるという。

こうした家族についての捉え方はA市の支援者のみならず、B市、C市の支援者にも共通する。

語り❷

B1　誰がみても弱者だというかたちで、強者と弱者のひっくり返りが見えるのは生か死というところですかね。

春日　そうですかねえ。それは行政的に対応できるのがそれしかないということじゃない？

B1　見えているけれど手立てがないんですよ。とくに同居しているのが未婚の子どもの場合はね。

C1　私もお母さんがシングルの娘さんからネグレクトを受けているケースに関わったのですが、娘さんは意図的にやっているわけではないんです。少し知的能力が低い人なんですが、その問題が放置されたまま、これまではどうにかやれてきた。でも、親が年をとって、体力がなくなり、認知症がひどくなり、娘さんが主導権を握らなければいけなくなったときに、放置されていたために生活能力をつけていなくて、いっぺんに問題が露見してしまうんですよ。

ここでも「とくに同居しているのが未婚の子どもの場合」、問題が「生か死」かという地点まで「放置され」深刻化しかねないと語られる。その理由として、親（とりわけ母）‐実子（とりわけ単身無職子）関係には役割交代がされないまま親が優位で、子どもが下位という力関係を継続させる要因があり、その関係が維持不能になった時点で子どもの側に「生活能力がついていない」場合、それが「意図せざる虐待」要因になっていくと語られる。こうした状況が《語り❶》では「とことんどうにもならなくなって」と語られていた。だが、ここでも「見えているけれども手立てがない」社会的要因があると語られている点に留意すべきである。

◉親子の情が支援の障害となる

では、加害者が単身子の場合と息子の妻の場合とでは、高齢者との力関係、情動性に関する点がどのように異なり、それが虐待関係とどう関わっているとみなされているのだろうか。その点についてみていこう。

語り❸

春日　嫁の虐待というほうが、まだ救いようがあるということ？

B2　息子の嫁がバアちゃんをいびったりしている場合、強者が嫁さんで弱者がバアちゃんというのは、はっきりしていますよね。それに嫁は自分の実家にバアちゃんの悪口を言う。バアちゃんはバアちゃんで隣近所に「うちの嫁は……」という形で悪口を言える。だからひどいことがあったら外部に知れわたる。でも未婚の息子の場合、母に対する息子、それも無職の息子の場合、息子が弱いという心理が私たちのなかに働いてしまうような気がする。

B3　親子の情とかね。

B1　情ね。児童虐待の場合も親子の情があるから離せないと言いますが。でも、児童の場合は弱者―強者がはっきりしていて、対処しやすい。

B3　シングルの子どもと高齢の親の場合、弱者、強者がわからなくなるんです。親が声を出せば、「うちはこうこうでね」と声を出してくれればね。そうすれば、この家はこういう関係なんだと、強者がどっちで弱者がどっちかというのがわかるけど、親はそういう声をギリギリのところまで出さない。子どもがひどいことをしてこんな状態になっているとは言わない、あくまでも隠そうとする。なかなか子どもの悪口を外には言わないよね。子どもが依存していても親の責任でというのがあるからね。

まず、息子の妻と高齢者の力関係については、息子の妻が強者、親が弱者であるのは「はっきりしている」と語られる。単身のまま家にとどまる実子と異なり、息子の妻は結婚し、実家という後ろ盾をもつ。さらに、高齢者と息子の妻関係では「嫁-姑/舅問題」という既存の解釈枠がある。両者には力をめぐるせめぎ合いがあり、親側の加齢とともに力関係が逆転し、息子の妻のほうが強くなるという見方だ。こうしたことが関わって、息子の妻を加害者とする問題では力関係の把握が容易で対処しやすい部分がある。それに対し、実子（単身無職息子）-親（母）間で生じた問題では、支援者側にも「息子が弱いという心理が働き」「弱者、強者がわからなくなり」虐待認知がよりあいまい化すると語られる。

加えて、息子の妻と単身子の場合とでは家族の情動性に関わる側面が異なるかたちで現象し、実子を加害者とする場合のほうが虐待の自覚がなされにくく、かつ被虐待者側がそれを隠蔽することも多く、問題が潜在化しがちとみられている。すなわち、親子の情という要因は、息子の妻との関係では夫（＝息子）の愛情をめぐっての嫁-姑間のせめぎ合いともみられ、問題の隠蔽ではなく顕在化させる方向に作用する。相互に「悪口を言い合う」という関係だ。

また、問題が隠蔽されるとしても息子の妻との関係であれば、「ここに置いてもらう」という弱者としての高齢者側の自己保身が関わる。それに既婚の息子・娘とのあいだに生じた問題であれば、嫁や婿のせいとする余地も残る。しかし、単身子（とりわけ無職の息子）の場合、親子の情が虐待を虐待として自覚化させず、自覚されてもそれが隠蔽される。

「（そうした人間に育てた）自分の責任」という親の情は、とりわけ父親よりも母親に対し子育て責任を強く求める社会にあっては母親のほうにその意識が強く、さらに「いついかなるときもわが子を見放さないのが母の愛」といったかたちの母性愛規範等も作用し、「子どもの悪口を外には言わず」「あくまでも隠そうとし」「ギリギリのところまで声を出さない」かたちで問題を潜在化させていく関係がつくられる。

4　息子はなぜ加害者になるのか

◉生活が成り立たないつらさ

ここまで高齢者虐待家族の権力構造が親-実子間の虐待を虐待として自覚化させず、問題を潜在化させる要因としてある事実についてみてきた。しかし、強調しておかねばならないのは、同じ境遇にあっても虐待関係に陥らない人のほうが圧倒的多数を占めるという事実である。したがって虐待関係に陥る人と陥らない人を分ける別の大きな要因があるはずである。いったいそれは何だろうか。次に、そうした疑問をもって質問していった部分の語りをみていこう。

語り❹

春日　認知症の家族の会なんかで聞く話から浮かび上がってくる家族関係と、このような処遇困難ケースについての皆さんの話から浮かび上がってくるものとでは、何かが違う。どこが違うんだろうと私は思ってしまうんですが、家族会に参加している家族介護者と、こうしたケースではどこがどう違うんでしょうね。

B1　まずは生活が成り立っていない家族での認知症ではね、家族に感情レベルの葛藤がないような気がする。ぼけているから徘徊して大変とか、気持ちを受け止められないという訴えが少ないんです。気持ちの問題に行くより暮らしのほうが大変。

B2　何かをしてあげようと思わないから、その意味での心理的葛藤は少ない。息子たちのつらさは自分自身の生活のつらさ。この人（親）をなんとかしてあげようと思うつらさとは違う。

B1　外からみたら大変なはずなのに誰も困っていない感じを受けてしまうんですね。認知症の症状を受け入れているからでもないと思うんですよ。もっと以前の段階なのでしょう。認知症の家族の会なんかに参加している人の場合、暮らしに余裕があって、何かをしてあげたいとか、この人にこうしたいと思うから、いろんな悩みや不安をかかえるんだろうから。

ここでは虐待関係に陥っていない家族と虐待関係に陥る家族の違いが、「生活が成り立っているか、いないか」という次元で区別されている。「生活が成り立たっていない」暮らしとはどのようなものか。経済基盤が揺らぎ家族員相互の関係も失われ、世話の必要な親がいるにもかかわらず子世代は「自分自身の生活のつらさ」にとらわれ「何かをしてあげよう」という気持ち（＝配慮性）を失い「外からみたら大変なのに誰も困っていない感じを受けてしまう」状態だという。

ここで重要な指摘は、「生活が成り立つ」家族の「つらさ」は要介護者との関係で生じる「心理的葛藤」

とみなされているのに対し、「生活が成り立っていない家族」では「心理的葛藤は少ない」とされている点である。

この事実は先述の『全国実態調査』において、同じ男性加害者であっても夫と息子では虐待原因が異なり、夫では介護ストレスの割合が高いのに対し、息子では加害者の人格や性格等とする高かった事実につながるものと考える（一〇三頁［★2］参照）。

すなわち、夫婦愛規範で介護を担い、生活を引き受けているとみなされる夫加害者の場合は、介護者に人格や性格の問題があったとしても、介護関係に起因するものが虐待の主要因であると解釈されることが多い。それに対し、成人後も親に依存しつづけ、自分のつらさで身動きがとれず、要介護の親と同居しながら世話する気持ちも薄く虐待関係に陥ってしまう息子とそれを容認しつづける親という関係は、支援者からすれば理解困難である。そして、そのような支援者の家族に対する見方が、息子加害者の虐待原因として「虐待者の人格や性格」「高齢者本人と虐待者の人間関係」といったことが上位を占めるという結果に関わっているのではないかということである。

●性別分業基準からはずれた「引け目」

だが、息子たち本人にそくして考えると、息子たちがとらわれてやまないつらさこそが虐待要因であるといえるだろう。いったい、息子たちのつらさとは何だろうか。さらに、息子と娘では虐待者総数も虐待理由も異なっている。そうした違いは何によるものだろうか。

A1　娘さんの場合、蹴るとか、亡くなるとか大きいことにはならない。つねったりとか、ときどきあざができているとか、ああいうのがあるぐらい。それに男性のほうが介護に対する負担感が大きいんでしょうね。

A2　男性のほうがこんなことやっていて何になるんだろうという感じね。社会的な立場のこととか、仕事とか家庭をもっていないこととかの引け目が女性よりも大きい。女性の場合は主婦をやるとか家事をやるとかそういう生き方があるじゃないですか。介護をするということも日本の考え方のなかにはあると思うんです。けど、男性にはそういう考え方はない。だから仕事をしなければならない立場だったり、やらなければならないと思っていながら仕事をしていないと、他の人たちはどうなのにとか、仕事に就いていたころはこうだったのにという思いが強くなる。

A1　それに男性は以前ならお嫁さんがしていたことを、いまはお嫁さんがしなくなったから、自分が親に対してその世話をせざるをえなくなると、やっぱり、「本当は」という思いが断ち切れない部分があるんだと思うんです。

ここでは、性別で虐待の過激度が異なる事実が語られる。すなわち、女性が加害者の場合は「つねるとかあざができるくらい」の軽度レベルにとどまる。しかし、男性の場合、「(殴ったり)蹴ったり」の激しい暴力で「亡くなり」かねないほど危機度が高くなると語られる。こうした事実は、同じ境遇にある実子であっても、息子の場合「男性と暴力性」というジェンダー要因が関わり、虐待認知成立の男女差を生み、それが加害者の性別による虐待数の差に関わっていると考えられる。

また、支援者たちは息子加害者の虐待行為の過激さの背景に「介護に対する負担感の大きさ」が関わるとみている。その「負担感」とはまさに《語り❺》の支援者たちが語った「息子たち自身の生活のつらさ」であり、「社会的なこととか、仕事とか家庭をもっていないことの引け目」にほかならない。それは家族の権力構造に関わるいまひとつの局面、すなわち男は仕事に就き結婚し妻に家事や介護を担わせることで一人前の男だという性別分業社会の基準からはずれた引け目である。そのつらさが「こうしたことをやって何になるんだろう」と、現状に即して生活統括責任を負い、親との暮らしを成り立たせる方向での自分の切り替え、すなわち現在の状況にそくしての自己の再定義を阻む。そして、そうしたことこそが加害者に加害の自覚もなく要援護ニーズを生じさせない根底的な要因となっている。

◉性別分業基準が薄まったことへの「いらだち」

ところでここでは、息子加害者の増大には、さらに異なる要因が関わることが語られている。すなわち「それに男性は以前ならお嫁さんがしていたことを、いまはお嫁さんがしなくなったから、自分が親に対してその世話をせざるをえない」という発言である。これは現在の中年世代になると夫婦関係が変化し、有配偶者であっても、妻ではなく自分で親の世話を担わざるをえない息子介護者が増大しつつある家族変化を指している。

こうした有配偶の息子たちが養護者役割を引き受けた場合、経済的余裕の違いはあったとしても、単身無職息子たちが介護を担う場合と同様に、男性ならではの困難に遭遇する。ひとつは、ケア役割を女性に振り分けた社会で、息子たちは家事や介護役割に不慣れであるのみならず、身体接触の性別規範もあって排泄介助や入浴介助の際に羞恥心もあって、介護者、要介護者双方でそれを回避したいという心理が働くことである［★3］。

また、一家の主人（または主婦）として生きてきた親の感情を汲み自尊心を支えながら役割交代を図っていくことは、男としての自分の自尊心維持も関わり、想像以上の困難をともなう。さらに有配偶の息子の場合は介護役割を担わない妻へのいらだち、怒りもそうした苦労につけ加わる。ところが家事役割、介護役割を社会的に割り当てられた女性の場合、こうした困難は少なく、また、介護役割を担うことが男性のように自分を揺るがす「引け目」となることもない。

ケア役割をジェンダー規範により振り分けられた子世代女性、また男性であっても〝夫としての愛情や責任〟という夫婦愛規範の後ろ盾がある夫たちと異なり、子世代男性には社会的に正当化された強力な規範がない。そのぶん養護者役割の引き受けが社会的に強制されれば、それがネガティブに作用し無力化を進め、虐待行為を過激化させかねない側面がある。そして、そうした点こそ、息子を加害者とする虐待問題の特徴であるといってよいだろう。

5 求められる社会的支援

◉夫婦間虐待のほうが介入しやすい

ここまで息子、とりわけ単身無職息子が加害者の場合、他の続き柄の者による虐待に比べて、家族の権力構造に関わる諸要因が、要援護ニーズの形成を阻むという事実をみてきた。

しかし、支援者たちはこうした家族要因とともにニーズが潜在化し、親‐実子間の虐待が深刻化する背景には、《語り❷》の「見えているけれど手立てがないんですよ。とくに同居しているのが未婚の子どもの場合」という発言にみるように、なんらの社会的支援施策がないことが関わっている事実も指摘していた。

いったい、支援者たちは現状の施策と虐待の関わりをどうみているのだろうか。また、実子を虐待加害者とする虐待と、他の続き柄間では介入・支援のあり方がどう異なるとみているのだろうか。そうした点について高齢者夫婦間虐待との違いからみていこう。

語り❻

春日　こういう単身の子と同居する高齢者ケースと、子どもも頼るべき親戚もいない高齢者夫婦がいてふたりとも軽い認知症だったとして、どちらが支援に入りやすいですか？

A1　そりゃあ高齢者だけのほうが入りやすい。いくらでも支援センターが入れる。高齢者だけやったら、ひとり暮らしも入りやすいし、ふたりだけで身内がいなくても大丈夫。かえって家族がいる場合のほうがむずかしい。そこに依存している寄生虫がいるから。その人のお金で食べている人がいるから。それで生きている人がいるのに、それを引き裂くようになるじゃないですか。高齢者とかひとり暮らしだったら簡単よ。なんてことはない。いまの制度は高齢者重視の制度だか

★3──息子介護者が介護を担ったときに介護を困難にするこうした身体接触の性別規範をはじめジェンダー要因に関する分析は、拙著『介護とジェンダー』[1997]、「介護、愛の労働」(『介護問題の社会学』2001所収)で詳細に分析している。

ら。

B1　そうですね。夫婦だったら分離を考えるんですけどね。寝ていて十分手が届いていないネグレクトであればショート（ステイ）にひとまず、というかたちにすぐなりますが、親子間の虐待になったらそうはいかない。

B2　分離した場合、親もなんだけれど息子たちのほうを放っておけばいいというものでもないし。

C1　高齢者おひとりを支援するだけなら制度もあるし。でも、親子両方支援するというのはむずかしい。で、かかえている問題が経済的な問題であったり、精神や知的障害だったりの困難な方を支援するというのは多方面からの支援や時間を要して。だから極端に言えば本当にその人の生命の危機かというところまでいかないと、皆腰が上がらないというか。

A市、B市、C市の支援者はともに、単身高齢者世帯、高齢者夫婦世帯のほうが制度利用による介入支援が容易だと語る。

そして、自立できない実子が同居する高齢者家族の問題は「親もなんだけど、子どもも放っておけない」とみなされ、さらに子どもの側に生きる気力や生活統括責任を担う力が低い場合、「多方面からの支援や、時間を要する」ので「皆腰が上がらず」「生命の危機かというところまで」放置されることが多いと語られる。そして、その背景に生活保護以外みるべき生活支援策がないという制度的要因が関わる事実が次のように語られる。

語り❼

春日　こういう人たちにはどういう支援が必要と思いますか？

A1　私たちはやっぱり生活保護につなぐしかない。奥さんが働いているケースは別として結局は生活保護につないだ。

A2　生活保護にすぐにはつながらなくとも、なんだかんだといいながら結局は生活保護しかない。

A3　やっぱり生活保護が日本のセーフティネットなんですよ。でもそれだけでいいかどうかは別問題。親に代わるものが生活保護なのかということですよね。

A1　いまはこういった方を支えるというのは民生委員さんですよね。問題が大きければ別ですが。

A2　保健師も要介護度や障害があると関われるけど、そうじゃなかったら課題が出てきたときにしか関われない。

A1　まるっきり寝込んでしまったら関われる。

A3　日本では要介護度のある高齢者は支えることができるけれど、無気力な子世代を支えるところって何があるかね。何もないから。

ここでは問題初期での支援者は民生委員だと語られる。しかし、《語り❶》でみたように民生委員も「家族がいると思っているから、(問題) 発見が遅れる」のが現状である。さらに、「要介護度のある高齢者は支えることができるけれど、無気力な子世代を支えるところって何があるかね」というかたちで、単身無職息子たちを支援する制度が「生活保護しかない」実情が支援を困難にしていると語られる。

しかし、だとしたらそういう状況のなかで虐待を防止するはずの高齢者虐待防止法が支援においてどのような役割を果たしているかが問題になる。

◉財源的裏づけがないと関われない

そして、この点で注目すべきなのは「保健師も要介護度や障害があると関われるけど、そうじゃなかったら課題が出てきたときにしか関われない。まるっきり寝込んでしまったら関われる」という支援者の発言である。高齢者虐待防止法が存在しながら、なぜそうなってしまうのか。そうした疑問をもって、どのような支援策があれば現在よりましな支援ができるのかという点について聞いていった。

そこでわかったのは、現行の高齢者虐待防止法では、養護者支援の柱のひとつとされる家族会等当事者グループへの参加も「生活が成り立たない」家族では困難な面があるという事実だった。

語り❽
B2　たしかにそういう部分も必要ですよね。でも結局は生活保護でも縛りがきつくて簡単には受給できない。そういうところ（当事者グループの集まり等）に行ってほしいんですが、そこに行き着くまでの運賃が必要ですよね。それを出せない人にどうするかという問題ね、お金の問題がどうしても出てきてしまって。

法律に有効な財源的裏づけがないことで生じるこうした問題は、虐待問題の第一線の支援者であるケアマネジャー、それも民間のサービス事業所雇用の担当者が、手間と時間を要する家族を支援する場合にも同様に生じているという。したがって、そうした点をカバーするためにもなんらかの虐待家族支援のための特別の財源的裏づけがほしいと支援者たちは語る。

語り❾

C1　ケアマネが介入したとしてもね、ケアマネはプランを立て一か月給付管理をしてナンボの世界でしょ。ご家族の支援まではケアマネの報酬は何も保障されていない。で、ケアマネは多問題家族のケースをどこにもっていくかというと地域包括（支援センター）しかないですよね。もちろん包括はそこを支援するようになっているので、そこに報酬が支払われる仕組みが組み込まれていると言われればそうかもしれないけれど、包括だけで対応するわけではないんですから。

A1　セーフティネットって何だろうと考えたときに、いまは生活保護だけしかみえないけど、もうひとつ、ワンクッションあることで生活保護にならないかもしれない。もっと重層的なものがないとダメだと思う。

A2　たとえば一割負担を払えない人のぶんを出すことができたら私たちはどんなに助かるか。無料だからこのサービス使えるよって、お金は出してくれるからねって言えたらどんなにいいかと思う。措置時代のああいうサービスが残っていればいいと思う、虐待の場合は。そうすれば包括だけでなくケアマネさんも助かると思う。

A1　上限はあってもいいから週二回なら二回って。家族に対しても措置の部分の枠が少しでもあれば違ってくる。会議を開いて地域包括なんかが判断したケースについてはその予算を使えるような財源措置があればね。

こうした事実は、高齢者虐待防止法が虐待を実質的に防止する支援策、とりわけ有効な財源的裏付けをともなわないままに養護者支援的性格を併せもつことの問題点を示すものである。すなわち、支援に手間と時間を要する虐待家族に対する支援策として「親に代わるものが生活保護しかない」現状では、介護保険制度の適用が可能になる「要介護度か障害がある」介護問題が発生するまで「問題がみえていても手立てがない」という形で支援が手控えられ、虐待状況が高じた時点での介入・支援となっている事実がみられるからである。

ここには現行の高齢者虐待防止法が前提とする家族像が、虐待加害者＝家族介護者という「生活が成り立つ」家族を機軸とし、「生活が成り立たず」介護者役割の引き受けもままならない家族の支援を機軸においたものではなかったことが影響していると考える。

◉九〇年代以降の社会構造の変化が背景に

ところで、本章で取り上げてきたような息子虐待加害者が近年になるほど増加してきた背景には、九〇年代後半以降の日本社会の構造変化が深く関わっている。すなわち高度経済成長期以降八〇年代までのほとんどの男女が結婚し、男性が自分の親の介護をその妻に代行させることが可能だった時代には、実子-親間の虐待問題の発生は抑止されていた。ちなみに一九八〇年に男性二・六〇%、女性四・四五%だった生涯未婚率は、二〇〇五年にはそれぞれ一五・九六%、七・二五%である。

九〇年代以降の社会変化にともなう中年子世代での経済的基盤の不安定化、それにともなう単身者の増大、年金制度の成熟にともなう老親側の経済力の上昇、さらには公的介護保険制度の開始によって、経済的に余裕のある家族層で女性たちが虐待環境から脱出可能になったこと、女性の家族意識における「嫁」

から「妻」への変化等々の社会変化が老親と成人子の関係を伝統的なものから大きく変え、こうした息子加害者を増大させていったと考えられる。

山田昌弘は経済の持続的成長がなくなっただけでなく、ニューエコノミーやグローバリゼーションと呼ばれる社会経済システムの根本的変動が日本にも起こり、日本の家族の〝リスク化〟〝二極化〟が明確になった節目が一九九八年だとする〔山田 2005〕。変化の節目を「一九九八年」と断言するかは別にして、この前後にこうした大きな社会経済システムの変動が生じ、それが家族を大きく変えていっていったのは確かである。そうした変化は本章では分析しなかったが、調査対象事例としてあげられた単身息子加害者のなかには失業後再就職できず長年無業状態にある人、社会的引きこもり状態にある人、軽度の知的もしくは身体障害があり無職の人、自営業であるが低収入の人、多重債務問題をかかえた人等々が多数含まれていた事実にみることができる。

そして、こうした社会変化の方向は今後も強まることはあれ弱まることはないと思われる。ちなみに親同居単身子の予備軍ともいえる三五歳以上の中高年フリーターは二〇〇一年に四六万人を数え、二〇一一年には一三二万人、さらに二〇二一年には二〇〇万人を超えると予測されている〔ＵＦＪ総合研究所 2005〕。また、生涯未婚率も二〇二五年には男性二六％、女性一八％にのぼると予測されている。

◉二つの提案

こうした社会変化のなか、将来的にも実子（それも単身無職息子）を加害者とする高齢者虐待家族が多数を占め続ける可能性は大きい。だとすると「家族は養護者役割を担うはず」という家族観に依拠する現行の高齢者虐待防止法はどのような形に改変されるべきだろうか。

ひとつは「高齢者虐待防止」と「養護者支援」いう二つの性格を併せもつ現行法から「養護者支援」という側面をはずし、問題当事者は要養護か否かを問わずすべての被虐待高齢者であるという性格を鮮明化し、それに応じた具体的な支援策と実効性を伴った財源措置をしていくことである。

現在、加害者として多数を占める息子たちは現行の「養護者支援」になじまない人たちであり、医療や心理的支援、就業支援や経済支援等、別の形の生活支援が必要な人たちであった。こうした実状をふまえ、法の性格を養護者役割を果たさない家族によって生命・尊厳・財産を脅かされている高齢者の支援・救済を中核とするものに改変し、必要とあらば「養護者支援」はひとつのメニューとしてそれに含ませていく方向が望ましい。そうすることによって、現在「とことんどうにもならない状態」まで放置されている被虐待高齢者に対する支援者ニーズは、いまより確実に顕在化するにちがいない。

さらに検討されるべきなのは、虐待の定義に関わるものである。現行法の虐待定義では当事者である高齢者が家族からどのような暴力・人権侵害行為を受けようとも、「家族関係上の問題」として無化され、また、被虐待者-加害者間の続き柄により虐待認知時期に遅速が生じる事実があった。こうした定義に関わる問題点について、筒井孝子と東野定律は「わが国の現在の社会や文化や時代に適合した高齢者虐待とは何かという事象を客観的に判断できるような定義の設定が必要である」とし、一案として、世話の放棄・放任レベルを測るひとつの指標に、高齢者の蛋白質・エネルギー低栄養状態を示すアルブミン値をあげていた［筒井・東野 2002：171］。

こうした厳密な医学的な基準値は、生活場面の支援者にとって、定義として受け入れがたい面があるかもしれない。しかし法の施行以来、支援現場では被虐待高齢者の「外傷の種類、レベル、頻度」「心理的状況」「経済的状況」「清潔」「食事・水分」「介護者の有無」等々をもとに、「イエローゾーン」から

「レッドゾーン」という形でリスク度を何段階に分けた介入・支援時の指標が編み出されてきている。こうしたデータを国レベルで集積分析し、現在より明確な虐待の指標を提示することは十分可能である。エビデンス・ベーストの政策、これこそが高齢者虐待家族支援で求められている。

■文献

天田城介 2003『老い衰えゆくことの社会学』多賀出版

医療経済研究機構 2004『家庭内における高齢者虐待に関する調査』

上野千鶴子 2006「ケアの社会学 第五章 ケアされる経験とはどんな経験か」『季刊 at』六号、一〇七-一二六頁

江原由美子 1995『装置としての性支配』勁草書房

大分県福祉保健部高齢者福祉課 2006『高齢者虐待対応の手引き』

大阪市立大学社会学研究室 2007『高齢者虐待の諸相—大阪市における「高齢者虐待に関する調査」より』

春日キスヨ 1997『介護とジェンダー』家族社

春日キスヨ 2001『介護問題の社会学』岩波書店

厚生労働省 2006『市町村・都道府県における高齢者虐待への対応と養護者支援について』

厚生労働省 2007『平成一八年度高齢者虐待の防止、高齢者の養護者に対する支援等に関する法律に基づく対応状況等に関する調査結果(確定版)』

筒井孝子・東野定律 2002「わが国の高齢者虐待研究における虐待の定義と今後の課題」『保健医療科学』五一巻三号

東京都福祉保健局 2006『高齢者虐待対応マニュアル』

中西正司・上野千鶴子 2003『当事者主権』岩波新書

日本高齢者虐待防止センター編 2006『高齢者虐待防止トレーニングブック』中央法規出版

信田さよ子 2002『DVと虐待』医学書院

山田昌弘 2005『迷走する家族』有斐閣

ＵＦＪ総合研究所 2005『増加する中高年フリーター』
Decalmer, P. & Glendening, F. 1993, *Mistreatment of Elder People*＝1998 田端光美・杉岡直人監訳『高齢者虐待』ミネルヴァ書房

事業

第5章

福祉多元社会における協セクターの役割

上野千鶴子

1　福祉多元社会論

◉官／民／協／私の四領域

福祉多元社会論は「福祉国家の危機」から生まれたが、福祉の公的アクターを国家に限定せず、国家に対する依存を相対化しようとする立場である。デイリーは、これを国家 state／市民社会 civil society／市場 market／家族 family［Daly 2001: 2］の四領域に分けている。今日さまざまな論者がさまざまな用語で呼んでいる領域を総合すると、福祉多元社会は、そのアクターの種別によって大きく以下の四つの領域に分けられる。

❶官セクター（国家）
❷協セクター（市民社会）
❸民セクター（市場）

❹私セクター（家族）

❶と❷を合わせて「公的セクター」と、❸と❹を合わせて「私的セクター」と呼ぶこともできる。公的セクターに「官」と「協」とを含めるのは、行政府だけが公益、すなわち「公共性」の担い手ではない、という立場からである。NPOのような各種の公益法人もこのなかに含まれる。行政セクターを「公」ではなく「官」と名づけることには、公共性を「官」が独占することへの批判がこめられている。

以上の官／民／協／私の四元図式を図示すれば、図1のようになる。

これら四つのセクターは、相互行為としてのケアが成り立つ場（社会的領域）に与えられた分類であり、登場する領域によってケアの受け手も与え手も異なる。それを表示したものが、表1である。

この四つの領域がそれぞれに分担と協力

図1　官／民／協／私のセクター

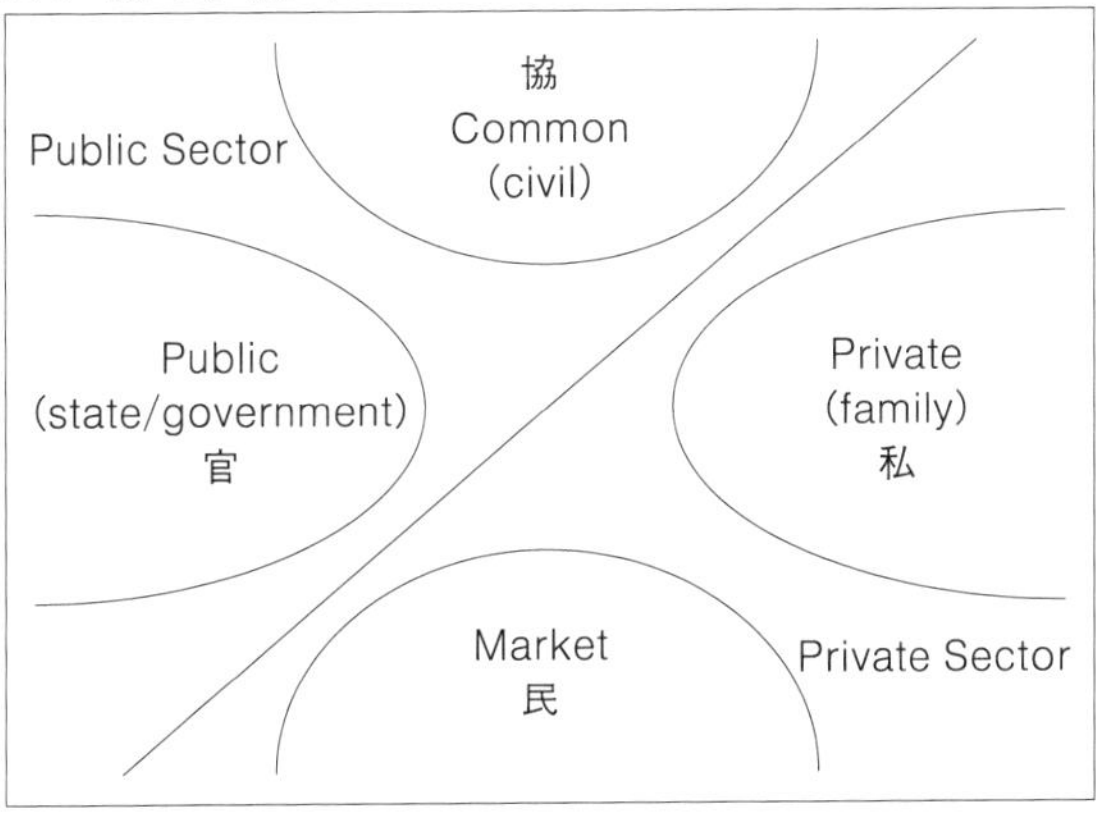

表1　各セクターとケア関係

	ケアの与え手	ケアの受け手	ケア関係
官	(準)公務員	対象者	措置関係
民	ケア労働者	消費者	商関係
協	ケア労働者／ボランティア	利用者	共同(協働)関係
私	家族介護者	家族要介護者	世話-依存関係

をしながら「最適混合 optimal mixture」を達成することがのぞましい。

福祉多元社会の最適混合とは、したがって私的介護がなくなることを意味しない。デイリーの言い方を借りれば「完全に私的 wholly private」なケアから「部分的に公的 partially public でかつ部分的に私的 partially private」なケアへの移行のあいだに、最適なバランスを達成することを意味する［Daly 2001: 2］。

2 協セクターの役割

●「第三の領域」をどう名指すか

福祉多元社会論、いわゆる福祉ミックス論を唱える論者の問題意識には、協セクターを官と民から分離して概念化したいという共通の動機がある。

たとえばNPOの論者にしばしば参照されるペストフ［Pestoff 1992＝1993］は、ウェルフェア・トライアングルという三元図式を提示し、国家でも市場でもないオルターナティブを「第三セクター the third sector」と名づけた。だが、ボランティアや非営利組織を含む「第三セクター」の用語は、日本における慣習的な「第三セクター」の用語とはいちじるしく異なっている。NPOが登場したとき、それを「第三セクター」に含める議論に多くのNPOは抵抗した。というのも、従来のいわゆる「三セク」こと第三セクターは、日本ではそのほとんどが官出資の外郭団体をさしており、事業も人事も官の統制下にあったからである。その点では社会福祉協議会や社会福祉法人のような、寄付や官の出資にもとづいて設立され、官の統制下にある公益団体も、措置時代の長い歴史性を背負っており、新しく登場した協セクターの担い手としてふさわしいとは考えられない。

「地域福祉」をもっとも早い時期から唱道してきた右田紀久恵もまた、福祉ミックスにおける「公私協働」を「新しい「公共」」と呼ぶ［住谷・右田 1973, 右田 2005］。川村匡由は、右田の「新たな「公共」」概念を、七三年という早い時期に「社会福祉の領域では右田が初めて提起した」［2005：5］と評価するが、この用語法は、❶公私の二元論にまだ制約されており、❷「新しさ」の内容が記述されていない。

京極高宣は、自助、公助、共助を自立生活を支える「三本の矢」という比喩で呼んでいる［京極 1984, 2003：19］。その背後にあるのは「公でもなく私でもない」領域の実践が成熟してきたという歴史的事実である。福祉ミックス論は理論によってではなく、現実の変化によって領導されてきたのである。こうした分類は現実のあとを追いかける記述的なカテゴリーであり、実際には八〇年代、九〇年代に多様な福祉サービス提供主体が育つことを通じて、官と協との棲み分けを論じることがようやく可能になってきたというのが実情であろう。

本書の問題関心も、「官（公）でもなく、民（私）でもない」第三の領域を概念化したいということにある。同じ領域に対して、「第三セクター」「市民セクター」「ボランタリー・セクター」などと多様な呼び方があるが、本書では「協セクター」という用語法を採用する。このセクターには、地域福祉、参加型福祉、コミュニティ福祉などと呼ばれてきた領域があてはまる。その担い手には、さまざまな非営利型、非市場型の公益団体や共助団体、NPO、生協、農協、高齢協、ワーカーズコレクティブ等が含まれる。それらを総称して「市民事業体」という上位概念を用いる。最近では社会的企業 social enterprise という用語も用いられるようになった（本書6章池田論文参照［Borzaga & Defourny 2001＝2004］）。

3 官／民／協／私の「最適混合」

◉「安上がりだから協」ではない

二〇〇〇年に施行された日本の介護保険制度は、世界的にみてユニークなものだが、福祉多元社会のもとで、官／民／協／私の各セクター間の責任と負担を以下のように分担することで、「ケアの社会化」を部分的に達成した。すなわち❶家族介護を前提としながらも私的セクターへの責任と負担の集中を軽減するために、❷ケアの公的責任を一定の限度内で官セクターが引き受け、保険料と税を組み合わせることで財源を確保し、❸価格統制をもとにした準市場への参入を営利および非営利の事業者に促し、契約関係のもとでのケアサービスの供給を確保しながら、事業者の自立を図り、それを監督する、というものである。

福祉ミックス論は、官を免責するものではない。ケアに対するニーズの社会的承認を通じて、リスクと負担の再分配という共済制度が国民的合意のもとに成立したのが、介護保険だからである。

本書の立場はそのうち、ケアサービスの提供については協セクターに属する非営利の市民事業体が担うことを「最適解」として提案するものである。非営利の協セクターの優位を主張することは、たんなる経済的な費用対コスト、すなわち「安上がり福祉」を求めるからではない。以下に述べるさまざまな理由で、協セクターのプロバイダーが、「当事者ニーズ」にとってもっともふさわしいサービス提供の事業体だと判定する根拠があるからである。

「福祉ミックス」論は、ケアサービスについて、公営化ではなく「民営化」を選択する行政改革とともに登場してきた。だがケアのプロバイダーの属する官／民／協の三つのセクターのうち、協セクターを選好し、民セクター（市場化オプション）および官セクター（公営化）を避けたほうがよいと考える理由は以下のようなものである。

◉官と民を避ける二つの理由

第一に、ケアの市場化オプションがのぞましくない、と考える積極的な理由がある。日本では日本型福祉社会のかけ声のもと、民活こと民間活力の導入の名のもとに、シルバー産業の成長を促してきた歴史がある。自由主義的なエコノミストは、サービス商品の市場化が、その需要供給バランスのみならず、市場選択を通じて質的にも淘汰される、と市場の効果を楽観してきた。つまりケアというサービス商品についてもほかの商品と同じく、価格と商品クオリティとが連動する（カネさえ出せばよいケアが得られる）と期待されたが、実際にはそうならなかった。日本におけるシルバー産業約三〇年の歴史は、ケアというサービス商品には市場淘汰が働かないことを証明した。ケアつきの民間有料老人ホームには、入居金が数千万円を超えるような高額物件もあるが、要介護状態になった重度の高齢者たちが、そこでも管理的な介護や抑制・拘束のような虐待を受けていることが、大熊一夫のような果敢なジャーナリストの取材であきらかになった［★1］。施設が有料かどうか、その価格が高価か否かに、ケアの質は相関していない。清潔さや外観だけではケアの質の判定はできない。利用者にとってほんとうにのぞましいケアは、高い料金を支払ったか

★1――大熊一夫は、体当たり潜入ルポ『ルポ精神病棟』［1973：1985］で有名だが、のちに高級老人ホームに潜入した『ルポ老人病棟』［1988］を著し、高齢者の拘束の実態に警鐘を鳴らした［大熊 1992］。家族に配慮して事故防止を専一に優先する有料ホームでは、高級ホテルのような外観にもかかわらず、以上のような利用者の管理や虐待が行われていることは大熊らによって暴露された。

らと言って手に入るわけではない。

その理由は、サービスの受益者と購入者が異なるというケアという商品の特異性にある。サービス利用者と意思決定者、と言い替えてもよい。たとえ本人の費用負担で入居していても、重度の要介護者の場合、その意思決定は家族が行う場合が多い。事業者は利用者より利用者家族の顔色をみているから、サービスは費用負担の意思決定をする消費者、すなわち家族のためのサービスとなりがちである。ほかに選択肢の多くない現状では、ケアサービス商品の市場淘汰はさらに困難になる。

第二に、ケアの与え手についてはどうか？ サービス商品も商品である以上、原価に対して利潤率が加算されねばならないが、ここでいう原価とは主として人件費率をさす。原価率を抑えれば利潤率は上がるが、それは当然人件費の抑制を意味する。サービス産業は労働集約型の産業だから、❶在庫調整がきかず（消費される、その時・その場で生産されなければならない）、❷規模のメリットが働かない（大量にサービスを供給するからといって利潤率が上がるとは限らない）。したがって大量生産や機械化による労働生産性の上昇が期待できない。となれば個々の労働者の雇用コストを抑制するほか経営パフォーマンスを上げる方法はない。だが、非営利セクターであればこのような搾取を経験せずにすむ。

実際に介護保険が始まってみると、民間営利企業のうちには、採算性に合わないために短期間で事業所を撤退するところが出てきた。営利企業の存在目的は利潤の最大化であり、赤字経営は株主に対する損害になる。採算が合わないからという理由で事業から撤退するのは営利企業にとっては当然の選択だが、待ったなしの利用者とその家族は明日から困窮におちいる。以上のような理由から、高齢者の生命と健康を守るという責任のともなう事業を、私益追求の営利法人に委ねるのは適切とは言えない。

それなら官セクターはどうか？ これまで官セクターが担ってきた公的福祉は、「措置」という名の温情的庇護主義とスティグマ化をともなっていた。「お上のお世話になる」というこのスティグマ性は、今日ですら介護保険の利用者のあいだに色濃く残っており、サービス車両が自宅前に停まることを忌避する感情につながっている。それだけではない。自治体の公共事業には、これまでも経営コスト意識が欠けていたために、出来高払い制の介護保険が導入されたとき、多くの官セクターの事業体はとまどいをみせた。各地の社会福祉協議会のような官製の事業体のなかには介護保険に参入すべきかどうか議論を重ねて参入を見送った例や、参入後しばらくして撤退した例もある。自治体直営事業や福祉公社のように自治体財源に依存する事業は、経営効率が悪く、行革のもとでの「小さな政府」路線の選択肢になりえない。

4 介護保険とNPO［★2］

◉介護系NPOの成立

日本におけるNPO研究の先駆者、安立清史は、「介護保険制度は不十分とはいえ、日本に初めてNPOが存立できるような（社会経済的な）条件を生み出しつつある」（かっこ内引用者）［安立 2003：41］と指摘する。

介護保険施行後の厚生労働省の開設主体別事業所分類は、(1)地方公共団体、(2)公的・社会保険関係団

★2――NPOとは文字通り非営利組織 Non Profit Organization の略語である。他方、日本では一九九七年に施行された特定非営利活動促進法（略称NPO法）以降、この法律のもとで特定非営利法人（略称NPO）として認可を受けた法人団体を限定的にさす用語法が定着している。厚生労働省の開設主体事業所分類でも、NPOはこの意味に限定されている。本書でこれ以降NPOと言うときには、日本国内でNPO法人格を持つ団体に限定することとする。

体、(3)社会福祉法人、(4)医療法人、(5)社団・財団法人、(6)協同組合、(7)営利法人（会社）、(8)非営利法人（NPO）、(9)その他の九カテゴリーとなっている。このうち(6)協同組合と(8)非営利法人（NPO）のふたつが、「協セクター」の市民事業体にあたる。

介護保険施行時の二〇〇〇年に、NPOの構成比は全事業所の一％に満たなかったが、在宅サービス事業所に限れば、訪問介護で二〇〇四年度には四・七％、二〇〇六年度には五・三％、通所介護（デイケア）ではそれぞれ四・〇％、五・五％と急速な成長を示した。同じ時期に協同組合（厚生労働省の統計では生協と農協、高齢協、労働者生産協同組合等が区別されていないが）は、訪問介護で二〇〇四年度に四・二％、二〇〇六年度に三・六％、通所介護で一・七％、一・九％と伸びた。とりわけNPOは二〇〇六年度に認知症対応型共同生活介護（グループホーム）で五・八％と存在感を示しており、他方協同組合は福祉用具貸与事業で三・三％とシェアを維持している。

このように協セクターのシェアは、当初なきに等しかった状態から、その存在感を示すところにまで成長した。それにあたっては介護保険が「追い風」になった、と言われるように、介護保険の成立と協セクターの成長には強い相互関係がある。

協セクターによる介護事業には、とりわけNPO論者が強い関心を向けてきた［安立 1998, 田中・浅川・安立 2003］。介護保険はNPOの「追い風」となり、多くはボランティアから出発した財政基盤の弱いNPOに経済的な安定を与えた。田中尚輝・浅川澄一・安立清史は「介護系NPO」を次のように定義する。

「特定非営利活動促進法（NPO法）にもとづいて法人格を取得し、（介護保険発足にともない）介護保険指定事業者となって介護保険や枠外の地域福祉で活動している団体」（かっこ内引用者）［田中・浅川・安立 2003：36］であり、福祉NPOのうちでも高齢者の生活支援を中心に介護保険サービスおよび枠外のサービスを有償で提供するものをいう。

この定義にみられるように、介護系NPOの成立には、NPO法（一九九七年成立九八年施行）と介護保険法（一九九七年成立二〇〇〇年施行）という「ほぼ同時期に成立した」ふたつの法律が条件となった。というのも、❶NPO法はボランティア活動などを行ってきた任意団体に法的契約の可能な法人格を与え、❷介護保険法は民間事業者の参入を前提とした介護の有償化によって、NPOに持続可能な事業体としての存立の根拠を与えたからである。安立によれば「日本においてはこれまで社会運動的な側面と、市民事業体という側面の双方を兼ね備えたNPOらしい組織や団体はきわめて少なかった」〔田中・浅川・安立 2003：40〕が、介護保険は、日本のNPOが成り立つ条件を大幅に変えた。田中は介護保険こそ、NPOの「真骨頂」〔田中・浅川・安立 2003：7〕を発揮できる場であり、NPOの「先頭を走る」のは介護系NPOであると、熱い期待を寄せる。

◉労働市場のなかで生き残れるか

NPO論者がNPOこそ介護サービスの「真の担い手」〔田中・浅川・安立 2003：12〕と主張するのは、NPOが❶公共性と❷当事者性の担い手と見なされているからである。NPOはその活動の「公益性」を社会的に公認された特定法人である。細内信孝によれば、「私たちが主役であることを忘れてしまったパブリック（公《おおやけ》）の分野の一翼を担う、真の意味の〝市民〟をつくりだすもの」〔細内 1999〕である。彼がコミュニティ・ビジネスと呼ぶ事業がはじめて現実性を持って可能になったのが、介護系NPOであった。

田中らの調査によれば、介護系NPOのサービス利用者の評価は概して高く、「事務的に仕事をしない」「よく気がつく」「頼みやすい」「やさしい」「ホームヘルプサービス以外のことも考えてくれる」などの声があがっている。NPOは「その存在そのものが地域密着型」であり、「NPOの事業には地域の目が光っている……この緊張感がサービス水準を高める要因になる」［田中・浅川・安立 2003：16］。田中の卓抜な表現によれば、「夜逃げのできない」団体である。

NPOは「運動でもあり事業でもある」とはよく言われるが、そのあらわれがケアワーカーの経営参加である。ワーカーはNPOと雇用関係を結ぶだけでなく、NPOの構成メンバーとして意思決定にも関与する。働く者が自分の主人になれるという同じ方式は、労働者自主管理型のワーカーズコレクティブや高齢協などにもみられる。

だが、「疎外なき労働」として理想化されたこの「新しい働き方」［天野 1997, 2005］も、介護保険下で急速に変化しつつある。利用者にとって介護系NPOがサービスの選択肢のひとつであるように、ワーカーにとってもNPOは労働市場のなかで選択肢のひとつにすぎない。介護系NPOにとっては介護保険制度のもとでの対等な競争のなかで、利用者、ワーカー双方に選ばれて生き残ることが問われている。

5 介護保険と生協福祉

◉介護保険の牽引者

介護保険はNPOにドラスティックな変化をもたらしたように、生協福祉にも大きな変化をもたらした。協セクターの担い手として、生協に高い期待を寄せる論者は多い［川口 1999, 京極 1998, 2002, 2003］。わたし自身も同じ関心から生協福祉の事例研究を実施してきた［上野 2002, 東京大学社会学研究室・グリーンコープ福祉連帯基金 2001]。NPOが登場するずっと以前から生協は、「市民参加型福祉」の担い手としての経験と実績を積んできた。歴史的にはその存在がなきに等しかったNPOに比べて、生協系福祉事業にはそれ以前からの歴史があり、介護保険の制度設計者の側からも、生協は期待をかけられていた。

介護保険施行にあたって、生協にとっての大きな制度的変化とは、在宅介護サービスに限って、生協系福祉サービスの「員外利用」制限がはずされたことである。これは従来、生協に対して都道府県の境界を越えないことや、員外利用の制限をするなど、さまざまな規制をかけてきた行政の姿勢からは例外的な決定であった。介護保険のスタートにあたって、十分な数のサービス提供事業者を確保できるかどうかは、政府にとって死活問題であった。生協系の福祉事業はその不足を埋めるために要請されたものである。事実この期待はあたり、介護保険初年度の開設事業者別分類では、生協を含む協同組合が三・四%を占めるに至った。

介護保険の施行にあたって、❶生協が市民福祉の担い手として十分な自覚を持っており、❷そのためにすでに早い時期から独自の事業をスタートさせていたこと、❸制度設計者（政府・厚生労働省）の側でもサービス提供事業体として生協に期待を持っておりそのために員外利用を可能にする制度の変更まで行った。それに加えて、❹生協の組合員（そのほとんどが既婚女性）にとってはサービスの利用者としても提供者としてもニーズを持っていたことがあげられる。

◉ワーカーズコレクティブの発展

生協福祉事業で特徴的な事例はワーカーズコレクティブ活動である。ワーカーズコレクティブは協セクターの社会的企業のモデルケースのひとつであろう。社会的企業 social enterprise とは、大沢真理が紹介するボルザガとドゥフルニ［Borzaga & Defourny 2001＝2004］によれば「経済的・起業家的には以下の四つの基準（(1)財・サービスを継続的に生産・供給する、(2)一定の人々が自発的に創設し自律的に管理する、(3)経済的リスクを負う、(4)有償労働を最低限は組み込む）で定義され、……社会的側面からは次の五つの基準（(1)コミュニティへの貢献という明確な目的、(2)市民グループが設立する組織、(3)資本所有にもとづかない意思決定、(4)活動によって影響を受ける人々による参加、(5)利潤分配の制限）から把握される」事業体である［大沢 2007：22］。社会的企業の以上のような基準は、協セクターの市民事業体と多くの点で共通している。

『日本型ワーカーズ・コープの社会史』の著者、石見尚［2007］もまた「社会的企業」に言及して、ワーカーズコレクティブ（またはワーカーズコープ）とは「行政には手が届かない部面に手を差し伸べること」ができ、また「民間企業が果たすことのできない社会機能を備える」「市民社会にとって公益性のある事業を担う……柔軟な事業組織」であり、「社会的企業……の中核としてワーカーズ・コープを育成することは、世界の共通認識になっている」と言う［石見 2007：252-253］。

ワーカーズコレクティブの先行例である生活クラブ生協神奈川では、八七年に生協傘下の家事介護ワーカーズコレクティブが二団体設立、八八年には福祉クラブ生協設立趣意書がつくられ、準備期間を経て八九年に一〇二〇名の賛同を得て設立総会を開催、同年に神奈川県から生協として認可を受けた。その後ワーカーズコレクティブの団体数もメンバー数も拡大し、二〇〇三年度実績で団体数五八、メンバー数二二二五人、総事業高三四〇億円、福祉事業に限れば四五億円にのぼる巨大な事業体となった。二〇〇〇年の介護保険施行以後は、三四団体が四年間で五八団体へとほぼ倍増。それ以前の一一年間の伸び率と比べて、急速な伸張を示している。

生活クラブ生協千葉は七六年設立。九四年からワーカーズコレクティブによるホームヘルプ事業を開始、九五年実績で一三事業所、利用時間二万一三三八時間、事業高五二〇〇万円だったものが、介護保険施行直前の九九年に二一事業所、事業高約二億五〇〇〇万円に。介護保険施行後の二〇〇五年には一一事業所、事業高七億九〇〇〇万へと急成長している。

九州のグリーンコープ連合は、九州、山口、広島にまたがる一一の地域生協の連合組織であり、本部は福岡に置かれている。九五年にグリーンコープ福祉連帯基金を設立。呼びかけに応えてふたつの家事介護ワーカーズコレクティブが産声を上げたあと、介護保険前夜の九九年末までに五四団体、メンバー一五九二人、利用時間一七一四万六〇〇〇時間にのぼっている。二〇〇三年には社会福祉法人煌（きらめき）を設立。法人化してからの実績は、二〇〇五年度で三一団体、メンバー二一三六人、利用時間六一万四〇〇〇時間、事業高九億六〇〇〇万、うち介護保険事業が八億円にのぼる。

ワーカーズコレクティブの順調な発展が、日本経済の長期にわたる不況期にかさなることを考えると、この時期の生協福祉事業の成長は特筆されてよい。

6 協セクターの相対的優位

◉利用者からもワーカーからも選ばれるか

利用者にとって協セクターの市民事業体がサービスの選択肢のひとつであるように、ワーカーにとっても協セクターの市民事業体は、さまざまな職業機会の選択肢のひとつにすぎない。NPOや生協に限らず、協セクターのどの市民事業体も、介護保険のもとでは、❶利用者にとっては公定価格のもとの準市場において❷労働者にとっては労働市場のもとで、いずれも他の事業者と対等な条件（イクォール・フッティング）のもとで競争に勝ち抜き、選ばれる必要のある選択肢のひとつである。つまりサービスの購入先としても、労働者の働く場としても、そのいずれにおいても、協セクターの市民事業体が他のセクターの事業体にくらべて相対的に優位にあるかどうか、つまり利用者からもワーカーからも選ばれるかどうか、そしてそのことによって持続可能な事業体として存続できるかどうかが問われている。

福祉多元社会のもとで、「介護の社会化」の担い手として、官／民／協／私の四セクターのうち、協セクターが他の二セクターに対して相対的優位にあると判断するのは、以下の理由による。田中尚輝ら［田中・浅川・安立 2003］が営利事業者にくらべてNPOの相対的優位を主張する点は、(1)当事者性に加えて、(2)地域密着型、(3)自治体との協働（コラボレーション）、(4)経営参加方式、(5)ネットワーク型の五点であるが、事例研究にもとづくわたし自身の以下の発見もほぼそれとかさなっている。田中らの先行研究の結果をも参照しながらまとめてみると理念、経営、労働、連携・協働の四つの分野にわたって、以下の七点に集約できるだろう。それは❶理念性、❷ニーズ中心、❸市民参加、❹労働者の自己決定・経営参加、❺経営効率、❻労働分配率、❼自治体・行政との協働である。順に説明していこう。

◉協セクターが優位でありうる七つの理由

❶理念性

市民事業体は、福祉や社会連帯などの「公益性」をともなう理念を掲げて活動してきた。介護保険枠外事業や保険外利用等にも柔軟に対応し、ボランティアもしくはボランティア価格でサービスを提供してきた。営利を目的としないため、経営者や出資者の利益を優先する必要がなく、事業のほんらいの目的にそった展開ができる利点がある。

❷ニーズ中心

多くの市民事業体はもともとニーズを創出し、そのニーズの充足を追求してきた運動体としての経歴を持つ。これを「当事者主権」や「当事者性」と言い替えてもよい。たとえば自立生活支援センターは「もっとも重度の障害者のニーズを優先する」という目標を掲げているし、NPOの小規模多機能施設「このゆびとーまれ」は「利用者のどんなニーズにも対応する」という理念を持っている。

❸市民参加

ここで言う「市民」とは、活動の担い手でもあり、受け手でもある。市民事業体の担い手は生活圏と通勤圏がかさなっており、自分の居住する地域を拠点としているため、地域に密着しているだけでなく、営利企業のようにかんたんに撤退できない事情をかかえている。担い手の多くは自ら介護経験を持つ中高年の女性であり、介護経験をつうじて、利用者ニーズにもっとも近いだけでなく、彼女たち自身が家族介護の当事者でもある。また「社会的企業」の定義要件のうちに、「活動によって影響を受ける人々の参加」が含まれているが、それは利用者の経営参加と言い替えてもよい。支援費制度のもとでサービス提供事業を実施している自立生活支援センターのように、「理事会の構成メンバーの半数以上を障害当事者とすること」という規定のような、当事者参加の制度的保証を持つ事業体もある。

❹労働者の自己決定・経営参加

NPOや労働者生産協同組合（ワーカーズコレクティブ）のような経営方式を採用しているところでは、労働者の経営参加と労働の自己決定が可能であり、これが雇用労働との大きな違いである。このような働き方のもとでは、意欲と健康さえあれば、年齢や性別にかかわりなく働くことができる。

❺経営効率

運動やボランティアから出発した市民事業体に経営感覚がないことはよく指摘されてきた。だが官と比べても民と比べても、協セクターの経営コストが相対的に優位であることを証明するデータがある。それについては次節で論じよう。

❻労働分配率

介護事業のような労働集約型の産業では、経営効率は直接に労働分配率に反映する。だが、営利企業と違って、株主や経営者の利益を考慮する必要がなく、また営業や宣伝に経費をかけることがないために、経営側にとってはコスト、ワーカー側にとってはベネフィットとなる労働分配率を相対的に高くすることができるのが市民事業体のメリットである。

❼自治体・行政との協働

市民事業体は公益性の観点から行政との関係を築くのに熱心で、かつ行政も助成金等で市民事業体を支援してきた。先進的な介護事業体や障害者団体のように、現場のニーズにもとづいて、行政が追随するモデル的な事業を創出してきたところも多い。協働のなかには、たんに自治体のつごうのよい下請け機関となる可能性も含まれるが［田中 2006］、それ以上に、新たなニーズを発掘し、それを実現可能な実践として提示し、制度や政策の提言能力、さらにそれを実行する政治力を蓄積してきた市民事業体は多い。

以上を総合して結論を先取りすれば、介護保険制度のもとのサービス提供事業において、官／民／協の三つのセクターのうち、官および民と比較しても協セクターの事業体が、相対的に優位にある、すなわち利用者にとってもワーカーにとっても利益が高く、かつ経営的にみても持続可能な選択肢である、と判定する根拠がある。

7 協セクターの経営コスト

◉官セクターと比べてみる

介護保険は官／民／協のセクターの事業体を、出来高払いという同じ条件のもとの競争に投げこんだ。そのうち官セクターと協セクターの介護事業体経営コストを、九四年に首都圏（川崎市）で比較調査したデータがある。神奈川生活クラブ運動グループ福祉協議会に設置した「福祉政策懇話会」が、九四年に調査し、九五年の同会の総会議案書に紹介したものである。このデータによると、一時間あたりのホームヘルプ事業にかかる事業コスト（人件費、施設費、備品費、その他［★3］の合計）は高い順に川崎市九七七五円、川崎市社会福祉協議会二五一五円、横浜市ホームヘルプ協会二一四五円、ワーカーズコレクティブ「たすけあいだんだん」（川崎市）九四〇円となっている。

こういうデータをみると、自治体直営事業なるものがいかに非効率でコスト感覚がないかがよくわかる。官セクターは自治体に初期投資もランニングコストも負っているから、そのコストを背負わずにすむ。「三セク」の社協にあるのが、おそらく役人から天下りしたであろう「管理職人件費」であろう。他方、自治体直営事業に「管理職人件費」が計上されていないのは、公務員給与に含まれているからで、実際には市民は税金でコストを負担していることになる。

他方ワーカーズコレクティブのコストはいちじるしく低いが、管理コストが無償労働で維持されている

★3——「その他」とは管理職人件費および福利厚生費である。

からであろう。事実、このレポートには「ワーカーズコレクティブの考える必要経費モデル」として利用時間年間六〇〇〇時間、月間に換算して五〇〇時間という事業体のコストが試算されている［★4］。それによるとモデル経費は二二三五円。一見したところ社協と接近している。だがこれには事務所経費が含まれているために、実際には社協よりもコストは安くついている。このデータからは、官セクターに対して、協セクターが経営コストのうえでも相対的に優位にあることが証明される。

◉時間コストでシャドウワークを測定する

多くは有償ボランティア団体から出発した市民事業体は、経営コスト意識にしばしば欠けている。実際には経営上発生している膨大なシャドウワークを経費として計上する習慣がない。そのため経営コストを貨幣費用で算出することが困難なケースが多い。

介護保険施行前に、わたしたちが独自に調査した

図2　グリーンコープ連合福祉ワーカーズコレクティブの経営時間コスト

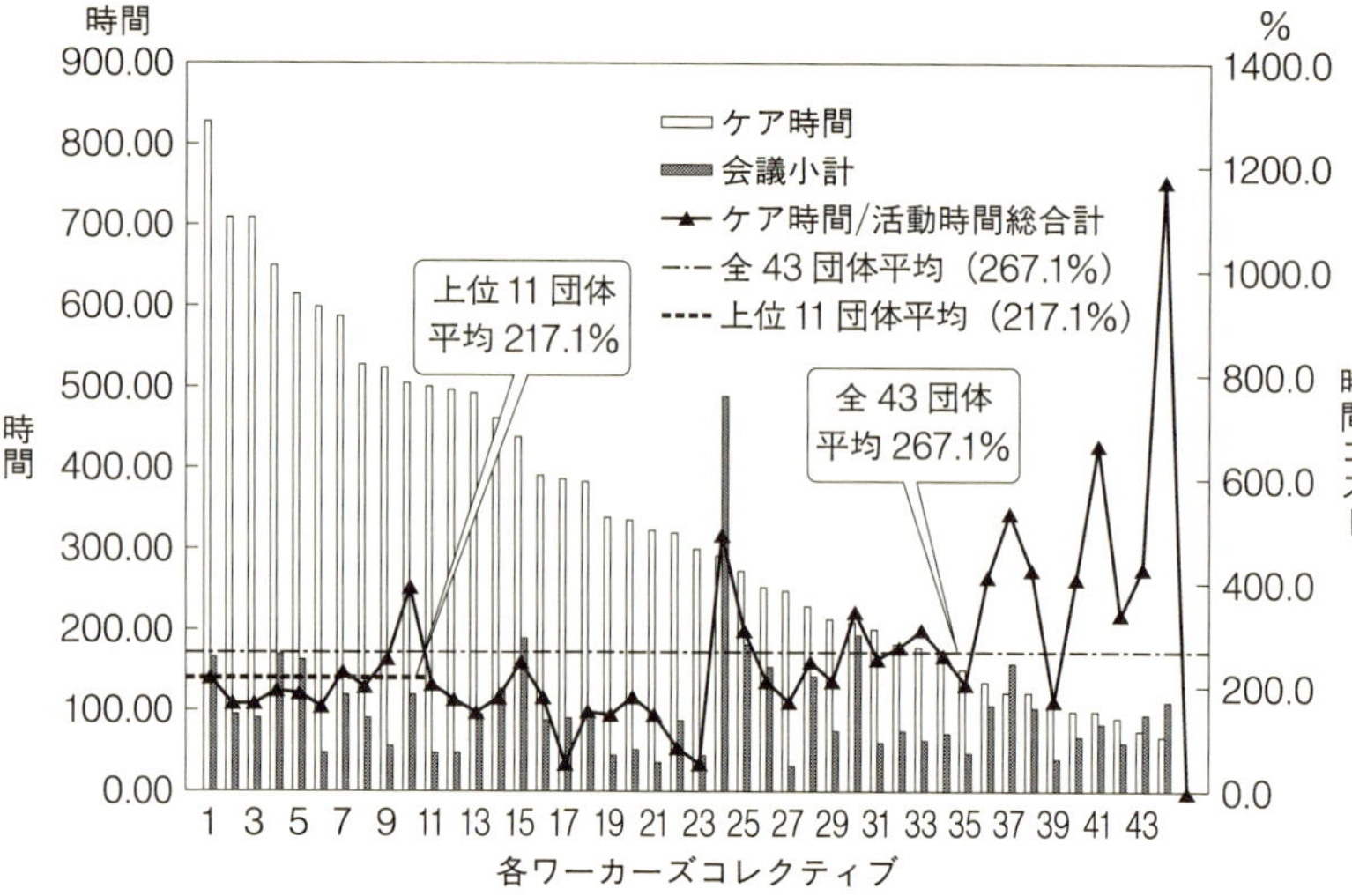

九州のグリーンコープ連合に属するワーカーズコレクティブでは、経営コストを、貨幣費用ではなく時間費用で測定した。四三団体の時間利用調査から一時間あたりの利用時間を提供するためにかかる時間費用の単価を算出した。実際に利用者のもとでサービスを提供している時間に加え、それ以外にコーディネート、事務所当番、事務処理、会議、研修等にかかる事業収入の発生しない時間を総計して、それを利用時間の合計で割ったものである。その調査結果が図2である。一時間を一〇〇%としたときの時間単価の平均は二六七・一%だが、利用時間五〇〇時間を超える上位一一団体に限れば平均は二一七・一%、事業高が大きく、経験を積んだ団体では経営効率が上がっていることがわかる［グリーンコープ福祉ワーカーズ・コレクティブ研究会 2000］［★5］。

ワーカーズコレクティブにとって特異なコストは、会議時間という合意形成コストである。これについては民間企業並みに会議参加者数×会議時間のトータルで算出してもらった。図2には会議時間を表示したが、なかには事業時間の合計よりも会議時間が長い事業所すらみつかった。だが、市民事業体の優位性の根拠である「労働者の経営参加」を確保するためには、会議時間は「短ければ短いほどよい」経営コスト削減の対象とはならない。むしろ市民事業体にとっては不可欠な合意形成コストと考えたほうがよい。

★4――この調査データの表3には以下の説明が付記されている（「W.Co」とはワーカーズコレクティブの意）。「右端の表はW.Coが活動を円滑に進め、発展させていくために必要な経費を神奈川W.Co連合会が試算しモデルとして表したものである。人件費の内訳は、事務局一名、コーディネーターは五〇〇〇事業時間につき一名と考え計算上一・二名、活動経費（ワーカー報酬のこと）はW.Co「結」の実績をもとに一時間七二〇円として計算した。」

★5――独自調査によるデータだが、算出の仕方がまちがっていたことが判明し、一次データから計算しなおしてあらたに数値を出した。調査レポート［グリーンコープ福祉ワーカーズ・コレクティブ研究会 2000］、および既発表論文［上野 2002］で示した「一九八・四%」という数値とは異なっていることをお断りしたい。

会議の内容には利用者の事例を供給するケアカンファランスの機能もあり、研修の役割も果たしている。意思決定への参加と研修とは、ワーカーのモラル（士気）を高めるには欠かせない「コスト」であり、このコストこそが、協セクターの理念性を維持していると考えれば、経営合理化とはたんなるコスト削減と同じではないことがみてとれよう。

◉民と比べても低コスト

民間企業についてはは経営コストの入手がむずかしいが、介護保険以後の事例で、経営コストは約三〇〇%、人件費比率が七割を超すと経営を圧迫するというA社の内部情報がある。

公定価格が一定ならば、先述した経営コストの差は、そのまま逆算して労働分配率の差としてあらわれる。とはいえ、労働市場は流動的だから、各セクターのあいだでケアワーカーの賃金差を大きくすることはむずかしい。

厚生労働省は民間企業に介護保険に参入してほしいという期待のもとに、利用料金を高めに設定した。だが保険施行後、誤算が起きたのは、利用が単価の安い家事援助（当時の名称。現在は「生活支援」に変更）に集中したことだった。家事援助の利用料はスタート当初一五三〇円。ワーカーの報酬七〇〇円台なら経営コスト二〇〇%でも十分にやっていけるが、民間企業ならこの時給でワーカーは集まらない。経営コスト三〇〇%を前提にすれば、身体介護四〇二〇円でようやく時給一二〇〇〜一五〇〇円台のワーカーを維持することができる勘定である。

その結果、民間企業は単価の高い身体介護にシフトし、単価の低い家事援助は非営利の事業体に集中するという傾向も生まれた。その後二〇〇三年の改定で、家事援助は「生活援助」と名を変え、単価二〇七

○円に上昇したが、これまで見てきたように二〇〇%を超える経営コストを考えると、これでもワーカーに十分な時給を払うことはできない。それに加えて移動や待機の時間が無給だということを考えれば、ホームヘルプのうち生活援助は不当に低い評価を与えられた労働だと言わざるをえない。この分野を協セクターの非営利事業体が担うケースが多いのは、最初から採算性を度外視しているか、さもなければワーカーの報酬を民間企業に比べていちじるしく低く抑えることができるからにほかならない。そのワーカーの多くが中高年の既婚女性であることは、ワーカーの報酬を抑制する条件となっているのが実情である。

8　協セクターの創業支援システム

●インキュベーターとしての生協

生協福祉について特筆すべきは、協セクターの市民事業体にとってなくてはならない創業支援システムを自覚的に採用していることであろう。市民事業体には、理念と意欲だけあって、資金力もノウハウもともなわない場合が多い。だからこそ、NPOのような市民事業体は資本集約型でもなく知識集約型でもない労働集約型の産業部門（ケアワークはそのひとつである）に集中しているのだが、ワーカーズコレクティブが雨後の筍のように育つには、たんに利用者ニーズの拡大という市場の変化だけでなく、生協本体からのソフトとハードにわたる創業支援が背後にあった。巨大な組織力を持ち、資金力にまさる生協がワーカーズコレクティブのインキュベーター（孵卵器）であったという歴史的経緯の重要性は、もっと強調されてよい。

初期の神奈川のワーカーズコレクティブが、生協との「業務委託」契約から出発したことも一種の創業支援と言える。経営にはしろうとの組合員女性たちが、事業継続の不安なくスタートできたのは、生協に依存することができたからである。

神奈川は九二年に生活クラブ運動グループ福祉協議会を発足。「市民参加」型の「地域福祉」をめざして、生活クラブ運動グループ五団体のあいだをつなぐのが目的だった。二〇〇二年にはそれを発展的に解消して、生活クラブ運動グループ福祉事業連合に改組、「非営利・協同」の旗印のもとに「コミュニティ・オプティマム」福祉を実現することをめざしている。

ワーカーズコレクティブが事業展開をすすめるにつれ、ただちに直面したのが資金不足である。創業資金のみならず、あらたな事業展開に際しても初期投資の資金力が市民事業体にはない。神奈川の生活クラブ運動グループ福祉事業連合は「生き活き未来ファンド」という市民バンク、市民の福祉事業への融資と助成のシステムを持っている。生協の福祉活動への初期投資を最初にうながしたのは、九三年の社会福祉法人藤雪会の設立による。設立にふかく関わった又木京子は「市民資本」の必要性を痛感し、その後NPO法人MOMOが二〇〇〇年にサービスハウスポポロを開設するにあたって、二五〇人の会員から四億円を調達するなど、抜群の資金調達力を発揮した［又木 2007］。

グリーンコープの福祉事業戦略は、はるかに自覚的である。九四年に全組合員から月額一〇〇円の無償の拠出を受ける福祉連帯基金を設立。初年度で原資は組合員拠出金に、共同購入の割戻金一％を加えての計四億円にのぼる巨大な資金力を持つに至った［★6］。福祉連帯基金の設立にうながされて、九五年にワーカーズコレクティブがふたつ産声を上げた。福祉連帯基金はすべてのワーカーズコレクティブに規模と事業高の大小を問わず、年間六〇万円の助成を無償で行っている。グリーンコープでは創業支援システムがワーカーズコレクティブを活性化させた。

さらにワーカーズコレクティブの事務所開設にあたって各単協が「母屋の庇を貸す」インフラ支援を行っていることが判明した。全四六団体のうち、事務所の設置場所は生協デポ（店舗）や活動センターなど生協施設の一角を利用したものが三五（七六％）、独立した事務所を構えている団体が六、個人宅が四である。生協施設を利用している団体は一件を除いて家賃負担をしていない。起業に不可欠な「事務所三種の神器」、ファックス、コピー機、パソコンのうち、ワーカーズコレクティブが独自に所有しているのはファックス機能のついた電話機のみ、それも自己所有率は四割程度であとは生協から借用しているばかりか、電話代の負担まで生協に依存している。コピー機、印刷機も生協所有のものを借用。机、椅子等の什器類も生協からの借用物や中古品を使っている。水道・光熱費負担もなく、インフラのみならずランニングコストも生協への依存度が高いことがわかった［グリーンコープ福祉ワーカーズ・コレクティブ研究会 2000］。

◉自治体に先立つ生協の支援

NPO法が成立したのは九八年。今日では各地に自治体のNPO支援センターなどの設置が相次ぎ、市民事業体の創業支援、とりわけ事務所インフラの無償もしくは低額利用の重要性が認識されている。九五年のワーカーズコレクティブのスタート時にはまだその認識は広まっていなかった。母体の単協は、実質的にワーカーズコレクティブの創業支援を手厚く行っていたことになる。

★6――二〇〇三年に社会福祉法人煌（きらめき）にワーカーズコレクティブ事業を移管してからは、法人資産は固定資産と流動資産とを合計して四億五四〇〇万円という資金力を持っている。

協セクターの市民事業体にとって生協がとくべつ重要な位置を占めるのは、この資金力、組織力、インフラ、人材の結びつきによる。この「基礎体力」があるからこそ、生協は行政の支援や制度の変化を待たなくとも、独自に先駆的な福祉事業を実践することができたのである。

うらがえしに言えば、このような基礎体力を持たないふつうの市民が、理念と意欲だけで市民事業に乗り出す際の物心両面の負担は重い。NPOの小規模多機能事業所、富山型の先駆的モデルと言われる「このゆびとーまれ」の場合は、創業者である日本赤十字社の看護師ふたりが私財を投じた。土地は親からの遺産、建物は退職金を投入し、維持費に金融機関からの融資を求めたが断られ、篤志家が率先して小規模寄付金で二〇〇〇万円を集めて乗り切った。のちに県が創業支援の助成金システムをスタートさせたが、その利益は後発組の事業者が「フリーライダー」として享受することとなった。

協セクターの事業体の成長を望むなら、なんらかの公共的な創業支援システムが必要であろう。生協は実績主義で先行投資をしようとしない自治体に対し、市民事業体の創業支援という「公益」事業を、ある意味で肩代わりしたことになる。

9 協セクターの福祉経営

これまで非営利の団体には「経営」が想定されないばかりか、営利事業を想起させるという理由で忌避すらされてきた。経営とはまず第一義的に「経営効率」という名のコストパフォーマンスの追求を意味し、利潤の極大化をめざすものと考えられたからである。

福祉事業に「経営」概念を積極的に持ちこみ、「福祉経営」の概念をもっとも先駆的に導入したのは、京極高宣である。一九九八年に彼は「ビジネス感覚と福祉の心の調和」としての「福祉経営」を提唱し、福祉経営を「福祉サービスの生産過程の経営管理」であると定義する［京極 1998：121］。朴姫淑は、「福祉経営」という概念を分析に積極的に取り入れ、それを「事業体の目的である福祉と存続の条件である経営とをともに視野に入れた経営」［東京大学社会学研究室・建築学研究室 2006：225］と定義する。

以上を参照したうえで、わたしは「福祉経営」を、❶ケアの受け手とケアの与え手双方の利益が最大化するような、❷持続可能な事業の、❸ソフトとハード両面にわたる経営管理のありかた、と定義したい。

というのは、これまで議論してきたように、ケアとは受け手と与え手との相互行為であるという前提から、またケアという特殊なサービス財がワーカーが生産するその時・その場で利用者によって消費されるという性格から、相互行為に関与する複数のアクターのうち一方だけの利益になるようなケアをよいケアとは言えない、という立場に立つからである［★7］。言い替えれば、ケアが、一方で受け手のニーズが満たされ、他方で与え手にとって「まっとうな仕事」となるような、制度的な条件整備がなされなければならない。そのための官セクターの責任は、少しもなくなっていない。

このような問いの背後には、当事者にとって「よいケア」とは何か、どうすれば「よいケア」が手に入るのか、という究極の問いが存在する。公定料金のもとで複数の選択肢があるところでは、「よいケア」

★7――同じことをNPO研究者の田中尚輝は、介護系NPOにはサービス利用者という「第一の顧客」のほかに、メンバーでありワーカーである「第二の顧客」があり、NPOは「第二の顧客を対象としたマネジメントの能力を高めなければならない」［田中・浅川・安立 2003：25］と表現する。「運動であり事業である」［Salamon 1999］という二重性を持つNPOは、運動論にいう人的資源の動員に成功しなければならない。

は「賢い消費者」にしか選べない、というのが真理であろう。協セクターの市民事業体が福祉経営のうえで、他のセクターの事業体に比べて優位にあるということは、「よいケア」を達成することにおいて協セクターが優位にあると期待するからこそなのである。

■文献

安立清史 1998『市民福祉の社会学―高齢化・福祉改革・NPO』ハーベスト社
―― 2003「第二章 介護系NPOとは何か」［田中・浅川・安立 2003］
天野正子 1997『高齢者と女性を中心とする新しい「働き方」についての研究』平成七-八年度科研費基礎研究研究成果報告書
―― 2005「女性と高齢者担う『働く人びとの協同組合』―その可能性と困難」現代生協論編集委員会編『現代生協論〈現状分析編〉』コープ出版
石見尚 2007『日本型ワーカーズ・コープの社会史―働くことの意味と組織の視点』緑風出版
上野千鶴子 2002「ケアワークの市民事業化―福祉ワーカーズ・コレクティブの新しい展開の可能性を求めて」『ユニベール財団助成金報告書』ユニベール財団
―― 2005-「ケアの社会学」『季刊 at』一-九号（連載中）
右田紀久惠 2005『自治型地域福祉の理論』ミネルヴァ書房
大熊一夫 1973『ルポ精神病棟』朝日新聞社
―― 1985『新ルポ精神病棟』朝日新聞社
―― 1988『ルポ老人病棟』朝日新聞社
―― 1992『母をくらないで下さい』朝日新聞社
大沢真理 2007『現代日本の生活保障システム』岩波書店
川口清史 1999『ヨーロッパの福祉ミックスと非営利・協同組織』大月書店

川村匡由編著 2005『地域福祉論』ミネルヴァ書房
京極高宣 1984『市民参加の福祉計画─高齢化社会における在宅福祉サービスのあり方』中央法規出版（『京極高宣著作集3 福祉計画』中央法規出版、所収）
──── 1998『改訂 社会福祉学とは何か─新・社会福祉原論』全国社会福祉協議会
──── 2002『生協福祉の挑戦』コープ出版（『京極高宣著作集6 福祉政策の課題』中央法規出版、所収）
──── 2003『京極高宣著作集6 福祉政策の課題』中央法規出版
グリーンコープ福祉ワーカーズ・コレクティブ研究会 2000『グリーンコープ福祉ワーカーズ・コレクティブ研究会報告書 思いから自立へ ワーカーズの挑戦』グリーンコープ福祉連帯基金
住谷かおる・右田紀久恵編 1973『現代の地域福祉』法律文化社
田中尚輝・浅川澄一・安立清史 2003『介護系NPOの最前線─全国トップ16の実像』ミネルヴァ書房
田中弥生 2006『NPOが自立する日─行政の下請け化に未来はない』日本評論社
東京大学社会学研究室・建築学研究室 2006『住民参加型地域福祉の比較研究』
東京大学社会学研究室・グリーンコープ福祉連帯基金 2001『地域福祉の構築 福祉ワーカーズコレクティブ研究会2000年利用者調査報告書─地域に根づくか ワーカーの挑戦』東京大学社会学研究室／グリーンコープ福祉連帯基金
又木京子 2007「一〇章 厚木市における市民の協同の実践」［大沢 2007］
細内信孝 1999『コミュニティ・ビジネス』中央大学出版部
Borzaga, C. & Defourny, J. eds. 2001, *The Emergence of Social Enterprise*. London: Routledge.＝2004 内山哲朗・石塚秀雄・柳沢敏勝訳『社会的企業─雇用・福祉のEUサードセクター』日本経済新聞社
Daly, M. ed, 2001, *Care Work: The Quest for Security*. Geneva: International Labour Office.
Pestoff, V. A. 1992, "Third Sector and Co-operative Service─An Alternative to Privatization, *Journal of Consumer Policy*, No. 15.＝1993 岩田正美訳「ソーシャル・サービスの第三部門─社会福祉の民営化に対するもうひとつの選択肢」『スウェーデンの福祉と消費者政策』（『生協総研レポート』五号）
Salamon, L.M. 1997, *Holding the Center: America's Nonprofit Sector at a Crossroads*. The Nathan Cummings Foundation.＝1999 山内直人訳『NPO最前線─岐路に立つアメリカ市民社会』岩波書店

第6章

福祉事業における非営利・協同セクターの実践

生活クラブ生協千葉の事例から

池田徹

1 非営利・協同セクターとは

私は、生活クラブ生協千葉での実践を通して、福祉事業の担い手は非営利・協同セクターであるべきだと考えている。その理由をこれから述べていくわけだが、まずは、非営利・協同セクターという用語を私なりに定義してみたい。

結論を先にいえば、本章で使う「非営利・協同セクター」は、わが国の法律で規定された法人形態とは異なる概念である。株式会社等のいわゆる営利法人を含めて、官セクター（国、地方自治体）以外のすべての法人形態に「非営利・協同セクター」たる資格があるとの立場に立つ。その際、「非営利」は Non Profit ではなく Not for Profit の訳なのだが、「非営利・協同セクター」の法人形態とは別の定義づけについては、のちに述べることにする。

また、非営利セクターではなく非営利・協同セクターと呼ぶのは、三五年間、生活協同組合に身を置いて活動してきたので、協同組合に深い思い入れがあるからではあるが、非営利セクターにおける協同組合、なかでも生活協同組合の役割はきわめて大きいとの認識にもとづいている。

1　労働者協同組合と「新しい協同組合」

◉協同組合における労使の関係とは?

協同組合は、「出資、運営、利用」の三位一体性が最大の特徴といわれる。私がいたのはいわゆる地域生協だが、その場合、地域住民有志（多くは家庭の主婦）が出資金を拠出して組合員になる。その組合員のなかから理事、監事等の役員を選出し、事業を利用するのも原則的には組合員に限定される。それが三位一体ということである。しかし、協同組合が大規模化するにしたがって、雇用労働（職員）が発生する。理事者と職員の関係は雇用関係-労使関係であり、その構造は株式会社のそれと基本的には変わらない。

協同組合における労使の関係をどう考えればよいのかが、生協に就職して以来の私の大きなテーマであった。

そんななか、七〇年代後半から八〇年代にかけて、労働者協同組合という事業形態に出会い、協同組合の本質は労働者協同組合であると考えるようになった。労働者協同組合は、事業資金を出し合った組合員が従業員となり、従業員のなかから経営陣=理事を選ぶ。出資、経営、労働が三位一体になり、企業的な労使関係が存在しないのである。

とくに、当時わが国でも紹介されはじめていたスペインのバスク地方におけるモンドラゴン協同組合群の存在は驚きだった。労働人民金庫と呼ばれる金融部門を中心に、共済、学校、農業、工場、住宅、サービスなど地域経済のあらゆる分野の事業が協同組合方式で経営されている。

日本では協同組合といえば、生協、農協、漁協をイメージするが、これらはすでに述べたように、企業的な労使関係を内包している。モンドラゴンでは、たとえば「エロスキ」という生活協同組合の場合、意思決定機関の代議員や執行機関（理事会）の理事は、その半数を利用組合員から選出し、残る半数は職員から選出する。生活協同組合と労働者協同組合の組織性を混合して、利用組合員と職員の経営権を両立させているのである（複合協同組合）。労働者協同組合は、「ワーカーズコレクティブ」とか「ワーカーズコープ」とも呼ばれる。

わが国では、生活クラブグループや九州のグリーンコープグループなどによるワーカーズコレクティブの連絡会である「ワーカーズコレクティブネットワークジャパン」（三二四団体八〇〇〇人）と、日本労働者協同組合連合会による「ワーカーズコープ運動」（五六団体一万人、数字はいずれも各組織ホームページから）が、日本の労働者協同組合運動の二大勢力になっている。

●ベーク報告の影響

さて、ＩＣＡ（International Co-operative Alliance：国際協同組合同盟）は、一九八〇年にいわゆるレイドロー報告で、協同組合には歴史的に三つの危機の段階（信頼の危機、経営の危機、思想の危機）があり、現代は、大規模化、株式会社化した協同組合の「思想的危機」の状態にあると警告した。そして、これを受けて一九九二年東京大会では、いわゆるベーク報告が提出された。そこで提起された「新しい協同組合」という概念が、生協を仕事の場としてきた私と生活クラブ生協千葉に大きな影響を与えることになった。

生活クラブ生協千葉は、一九九四年に策定した第四次中期計画のなかで、次のように規定した。

ベーク氏の指摘する「新しい協同組合」とは、自らの生き方─働き方を捉え返し、企業社会・官僚社会の一員になっていくことを拒否した結果として、いかなる権威にも身を委ねず協同して出資し、働く場を創出し、協同して働く、生きる表現としての協同組合運動を指します。私たち生活クラブは、「生き方を変えよう」というスローガンを見るまでもなく、誕生から歴史、問題意識など、この「新しい協同組合」の文脈の中に位置づけられます。……いわば「生き方を表現する場としての協同組合運動」を私たちはすすめます。それは「協同組合の基本的価値」に根ざす「新しい協同組合」をこれからもつくり続けるということです〔生活クラブ生活協同組合 1994〕。

生活クラブ生協千葉は、まず、自らを「新しい協同組合」と規定したうえで、ワーカーズコレクティブなど「新しい協同組合」を生み出す拠点として位置づけた。労働者協同組合を中心とした多様な協同組合が地域経済の主要な担い手になる、協同組合地域社会をめざしたのだった。

2 社会的経済と社会的企業

◉現状は圧倒的な少数派

しかし、わが国には「出資し、経営し、労働する」働き方を認める協同組合法制がないということもあり、労働者協同組合運動は圧倒的な少数派である。一方、阪神大震災を契機に法制化されたNPO法人(特定非営利活動法人)は大きな広がりを見せており、二〇〇七年四月現在NPO法人の数は全国で三万一〇〇〇を超えている。しかし残念ながら、経済活動としての規模は圧倒的にマイナーであり、ボランティア的な地域資源としての有効性に比して、起業モデルとしての成功例はまだ稀である（少ない起業成功例のなかでもっとも多いのは、介護保険法や自立支援法の指定事業者であり、後に触れる社会福祉基礎構造改革の理念にもとづくこれらの制度は、ＮＰＯの経済基盤づくりという意味でも評価されるべきである）。

大規模化してその思想的存在意義が問われている生協、農協（その経済的シェアもヨーロッパの協同組合先進国とは比較にならないくらい低いが）等の既存協同組合、爆発的に増加しつつも経済活動母体としての発展性に課題をもつＮＰＯ法人、そして、事業的には一定の成功例をもちながらも広がりをもてないでいる労働者協同組合、さらに財団法人、社団法人、社会福祉法人などの伝統的な公益団体を含めて、わが国における公益法人や協同組合の経済的シェアと社会的影響力はきわめて低い。しかも、法人格の違いを超える共通の理念や位置づけがないために、相互の連帯意識は低いのが現状である。

そこで私は、上記の公益団体、協同組合に一部の営利企業も含めて、共通の理念にもとづく広範な社会連帯を構築する軸として、ヨーロッパを中心に広がりつつある「社会的経済」と「社会的企業」に注目する。

◉社会的経済とは

経済のグローバル化が進み、資本が国家の枠を超えて移動するようになるにともない、世界的なレベルで地域経済が衰退し、地域社会の自立性が喪失しつつある。これに対してＥＵは、国家の枠を超えた市場統合をすすめる一方で、地域社会の活性化のために、地域の自発的・自律的な経済活動を支援している。それらは「社会的経済」と総称される。

富沢賢治［2000］は、ＥＣ委員会（ＥＵ委員会の前身）が一九八九年に設置した社会的経済部会が、社会的経済を次のように規定していると紹介する。

- 定義：社会的経済の組織は、社会的目的をもった自立組織であり、連帯と一人一票制を基礎とするメンバー参加を基本的な原則としている。一般的に、これらの組織は協同組合、共済組合、あるいはアソシエーションという法的形態をとっている。
- 評価：（略）
- 政策：ＥＣは他の形態の企業が利用できる援助措置（情報提供、財政援助、職業訓練への援助など）を社会的経済組織にも提供し、社会的経済組織がヨーロッパ統合市場から利益を得られるようにする。ＥＣ加盟国の国内法がそれを阻害する場合は、その改正に努める。

ＥＵは、この規定にもとづいて、現在に至るも社会的経済セクターの発展を支援している。

◉社会的企業とは

また、社会的経済と重なる部分がありながらも異なる概念として社会的企業がある。

『社会的企業の日本における展開を求めて』［茂呂 2005］によると、ジャック・ドゥフルニは、社会的経済や非営利セクターという概念は静態的であり、企業家的行動や経済リスクを明示的に表現できないので、「イノベーション行動としての企業家活動」や「新しい生産」の諸要素、「組織」「市場関係」「企業形態」等を戴《たい》した組織として「社会的企業」という概念を提起する。

そして社会的企業を共通に定義する基準として、経済的・企業家的な側面で❶財・サービスの継続的生産・供給、❷高度の自律性、❸経済的リスクを負う、❹最少量の有償労働、の四つを挙げ、社会的側面の基準として、❶コミュニティへの貢献という明確な目的、❷市民グループが設立する組織、❸資本所有にもとづかない意思決定、❹活動によって影響を受ける人々による参加、❺利潤分配の制限、の五点を挙げるのである。

社会的企業の活動分野としては、「労働市場への統合」と「社会サービス／コミュニティサービスの供給」という二つの主要な分野に分類できるとしたうえで、この社会的企業の提起しているものは、近代の産業、福祉、雇用労働について、一九世紀以来研究され実験されてきた経済システムに対する壮大なパラダイム転換を促す実験であり挑戦である、と結んでいる。

社会的経済が、営利企業に対する非営利の活動を定義づける側面が強いのに対して、社会的企業は法人形態よりも地域社会に貢献する企業家的・起業的活動に注目しているが、ほぼ同じ対象を別の側面から位置づけているものといってよいだろう（一部、重ならない部分があるが）。「社会的経済の担い手としての社会的企業」という文脈で理解することにしたい。

この「社会的企業」という概念こそが、冒頭に定義づけを試みた「非営利・協同セクター」のことだというのが私の考えである。すでに述べたように、社会的企業＝非営利・協同セクターは、法人形態としての株式会社、有限会社等のいわゆる営利企業を排除していないが、協同組合、共済組合、アソシエーション（NPO法人等）等がその主要な担い手であることが望ましく、なかでも協同組合、とくに労働者協同組合への思い入れを込めて、社会的企業を非営利・協同セクターと呼ぶことにしたい。

3 非営利・協同セクター（＝社会的企業）の再定義

しかし私は、ドゥフルニによる前項の社会的企業の定義のうち「経済的リスクを負う」「市民グループが設立する組織」はあいまいな基準で社会的企業の範囲を狭めてしまうのではないかという懸念から、また「最少量の有償労働」を基準とすることには反対であることから、さらに「利潤分配の制限」はむしろ利益率自体に制限をかけるべきではないかという観点から、これらの項目を私の基準から除外する。

そして、ドゥフルニのいう「財・サービスの継続的生産・供給」「高度の自律性」「コミュニティへの貢献」という基準に加えて「事業エリアが限定的であること」「利益率が限定的であること」「利益の一部がコミュニティ（地域社会）への貢献に使用されること」をもって、非営利・協同セクター（＝社会的企業）の定義とする。社会的企業は、一定の範囲の地域を事業エリアとし、当該地域社会に密着した事業展開を行うべきだと考え、「事業エリアが限定的であること」を基準に加えた。

2 生活クラブ生協千葉における福祉事業の歴史と現況

◉生協として全国で初めて直営のホームヘルプ事業を開始

生活クラブ生協千葉は、一九七六年に設立された。生活クラブ生協グループとしては東京、神奈川、埼玉に次いで四番目にできた生協である。

生活クラブ生協は、日本にワーカーズコレクティブ運動を紹介し、広げた組織である。地域に有用な仕事を、自ら出資し運営する労働者協同組合組織として創出し、地域と自らの生活を企業に委ねない生き方、働き方を広げようというのがワーカーズコレクティブの理念である。東京、神奈川の生活クラブ生協を母体として、組合員によるさまざまなワーカーズコレクティブが雨後の筍のようにできていった。なかでも家事援助サービスを提供するいわゆる「たすけあいワーカーズ」が各地に誕生した。

千葉においても、組合員によるたすけあいワーカーズが相次いで誕生し、一九九四年時点で一〇団体になっていた。この年、生活クラブ生協千葉では、他の生活クラブ単協と異なり、生協本体の事業として、たすけあいネットワーク事業と名づけたホームヘルプサービス事業を開始した。その際、一〇のたすけあいワーカーズコレクティブに合流を呼びかけ、結局五団体がワーカーズコレクティブを解散して生活クラブ生協の職員としてホームヘルプサービス業務に従事する道を選んだ。

●なぜ直営事業にしたのか

生協の直営事業としたのには二つの理由がある。

生活クラブ生協千葉は、ホームヘルプサービス事業を始めるに際して「食の不安と老いの不安に応える生協」を旗印とした。やがてくる超高齢社会において、生協は「食」の問題と同等の重みをもって高齢者介護の事業に取り組むべきだと考え、事業の二本目の柱にしていくことをめざした。そのためには生協本体がこの問題に取り組み、ノウハウを蓄積し、地域社会に信頼される持続的な事業構造を構築することが必要だと考えた。これが直営にした第一の理由だ。

また、私は当時、生活クラブ生協グループのなかで、生協業務の一部をワーカーズコレクティブに委託する動きを広げつつあることに強い違和感をもっていた。

前述したように、生協は協同組合でありながら、理事者と職員の関係は企業における労使関係と変わらない。これに対してモンドラゴン協同組合群におけるエロスキ生協では、職員集団に利用組合員と同等の権限を与える複合協同組合の組織とすることで、職員の協同組合員としての位置を明確化した。私は、生活クラブ生協においてもエロスキと同様の仕組みができないかと考え、その第一歩として「専務理事候補者の信任投票制度」を試行した。わが国の消費生活協同組合法では、職員にエロスキのような権限を付与することはむずかしい。そこで、協同組合的な職場運営の基本は「自分のボスは自分で選ぶ」ことだと考え、職員集団のトップたる専務理事候補者を実質的に職員自身が選任する仕組みをつくったのだ。

こうした取り組みをとおして私は、生協の職員集団自体のワーカーズコレクティブ化をめざした。組合員が中心になって結成したワーカーズコレクティブへ生協業務を委託することは、生協内の企業的な労使関係の矛盾のすり替えであり、職員集団が空洞化していくことにつながらないだろうか。そういう問題意識が、直営での事業を選択した二つ目の理由である。

生協本体が介護事業に取り組むのは、生活クラブ生協千葉が全国初のことであった。コープこうべ、コープかながわなどの大手生協が続き、二〇〇〇年の介護保険制度施行後は多くの生協が介護事業を開始するところとなった(現在四九の地域生協、一一五の医療生協が介護保険事業に取り組んでいる)。生活クラブ生協が直営事業として経営モデルをつくった経験が、生協の介護事業を広げるうえで大きな力になったと思う。

生協の職員集団自体をワーカーズコレクティブ化したいという思いは、次項に述べるとおり、介護事業を後に社会福祉法人に移行し、道半ばで私自身が生協を離れてしまったが、事業を引き継いだ社会福祉法人で、その思いを実現したいと考えている。

さて、生活クラブ生協千葉では一または複数の市町村を単位にケアグループという自治組織をつくり、それぞれ二〇～三〇人程度のヘルパーによるホームヘルプ事業を開始した。年々ケアグループが増加し、介護保険前夜の一九九九年には二二グループが活動し、全体で年間一四万時間余のケアサービスを提供する規模になっていた。措置制度時代であり、生協の福祉サービスには一円の補助金も委託費も出ない。利用者からの料金一時間あたり一〇〇〇円、ヘルパーの時給が九〇〇円での事業は当然ながら赤字が累積し、九四年から九九年までの累積赤字は一億五〇〇〇万円を超えた。

もともと介護保険制度の施行を射程に、それまでの先行投資は覚悟しての出発だったが、介護保険法の制定、施行には紆余曲折があり、一時は成立が危ぶまれたこともあった。介護保険制度が施行されなかったら、あるいは、施行が数年遅れただけでも、生活クラブ生協千葉の介護事業は継続できなかっただろう。

◉介護保険事業に参入

一九九八年に厚生省（当時）が発表した「社会福祉基礎構造改革中間まとめ」（以下「基礎構造改革」）には、次のようにきたるべき二一世紀の福祉理念が謳われている。

これからの社会福祉の目的は、従来のような限られた者の保護・救済にとどまらず、国民全体を対象として、このような問題が発生した場合に社会連帯の考え方に立った支援を行い、個人が人としての尊厳をもって、家庭や地域の中で、障害の有無や年齢にかかわらず、その人らしい安心のある生活が送れるよう自立を支援することにある。社会福祉の基礎となるのは、他人を思いやり、お互いを支え、助け合おうとする精神である。その意味で、社会福祉を作り上げ、支えていくのは、全ての国民であるということができる。

当時この一節に感動したことを、私はいまもはっきりと覚えている。協同組合の理念を表す「一人は万人のために、万人は一人のために」という標語があるが、福祉は保護、救済ではなく、すべての国民が支え、助け合う、まさに「協同」なのだと、私は理解した。

わが国では、「公」という言葉は、「官」とほぼ同義で使われ、公的とは官＝お上が下々《しもじも》に行う施策を意味してきた。これに対して、私たちは、「公」とは（プライベートに対する）パブリック＝公共、社会一般のことであり、市民、国民がお上に身を委ねず、一人が万人のために、万人が一人のために協同する「公共」領域を広げることをめざして活動してきた。「基礎構造改革」の理念は、私たちがめざしてきた思想をわが国のありようとして提起したものであり、国民一人ひとりが社会連帯（協同）の考え方に立って福祉の担い手になることを呼びかけるメッセージと受けとめた。

一九九八年は、特定非営利活動促進法（通称ＮＰＯ法）が制定された年であり、翌年制定された情報公開法、地方分権一括法などを合わせ、「公共」概念がようやくにして変わろうとしている分水嶺といえる時期だったのである。

「基礎構造改革」は、こうした理念を踏まえて、福祉サービス事業への多様な主体の参入を促進することとし、二〇〇〇年の介護保険制度の導入を機に、介護・福祉サービスの市場化につながっていくのだが、その理念が「公共領域の拡大」であるからには、生協をはじめとする協同組合陣営やＮＰＯ法人等の非営利組織には、その先頭に立ってこの事業に取り組む社会的使命がある。私たちは、そういう思いで介護保険事業に積極的に参入したのだった。

◉社会福祉法人を設立し、事業を一元化

生活クラブ生協千葉は、一九九八年に社会福祉法人たすけあい倶楽部（現在は社会福祉法人生活クラブに改名）を設立した。それは、特別養護老人ホームを建設するために社会福祉法人設立が必要だからであり、それ以外の理由はない。というよりも、社会福祉法人という着物は、一〇年近く経ったいまも着心地がよくない。福祉サービスの市場化にともない、新しい「公共」領域を広げようという時代におけるNPO法人などの公益法人や協同組合などの共益法人の使命と、社会福祉法人のそれとのあいだに、どういう共通点と相違点があるのかを見直す時期にきている。

生活クラブは、後述するように、生活クラブ生協で行ってきたホームヘルプ等の事業を社会福祉法人に移管した。その瞬間に、それらの事業が課税対象からはずれたのである。同じ利用者に同じサービスを提供するにもかかわらず、生協での事業は課税され、社会福祉法人になると税金を払わなくてよくなる。どう考えても理解できないことだった。

ともあれ私たちは、一九九四年から、生活クラブ生協の福祉事業として、ホームヘルプ、居宅介護支援、デイサービス事業を、社会福祉法人たすけあい倶楽部で特別養護老人ホーム「風の村」事業を行ってきたが、二〇〇四年に生協の福祉事業をすべて社会福祉法人たすけあい倶楽部に移管し、福祉事業を一元化した。合わせて、名称を社会福祉法人生活クラブと変更、生活クラブ生協は食・環境の事業を、社会福祉法人生活クラブは福祉・介護事業を担い、両者が連携して地域社会に貢献することとした。

二〇〇七年七月現在、社会福祉法人生活クラブでは次に述べる事業に取り組み、二〇〇六年度の事業高

はおよそ一五億円になっている。

訪問介護事業所一一か所、居宅介護支援事業所一一か所、デイサービスセンター五か所、在宅介護支援センター二か所、特別養護老人ホーム「風の村」、中核地域生活支援センター（県の委託の二四時間三六五日分野を問わない相談センター）、保育園二か所、さくら風の村訪問看護ステーション、スワンベーカリー柏店（生活クラブ生協との共同事業）、さくら風の村訪問診療所。

◉生協の福祉事業の特徴

先に、協同組合は三位一体が特徴だと書いた。生協、とくに地域生協は、その三位一体性と過去数十年にわたる組合員活動、地域活動の蓄積によって、福祉事業を展開するうえで他の事業者には真似ができない総合力を発揮することが可能である。

図1を見ていただきたい。生協組合員は、地域において、子育てや高齢者支援、障害者支援等の分野で、さまざまな無償の活動を行ってきた。また、たすけあいの会、ワーカーズコレクティブなどが低廉な価格での有償地域福祉サービスを活発に展開してきた。地域社会のたすけあい関係が徐々に希薄になるなかで、それらの活動は重要な地域資源である。

要介護高齢者、障害者などなんらかの支援が必要な人々が、介護保険、自立支援法などの制度サービスのみで満足な地域生活を営むことは不可能であり、無償、有償を問わず、いわゆるインフォーマルサービスがどうしても必要である。雨戸の開閉やゴミ出しができなくなったから施設に入所しなければならないという笑えない現実がある。組合員活動から生まれた多様な地域活動と制度サービスをともに供給できる生協の役割は実に大きい。

さらに、生協には、NPO法人など他の非営利・協同セクターとは比べものにならない資金力がある。生活クラブ生協千葉でいえば、組合員が拠出している出資金は三〇億円を超える。これからの時代は、自宅で暮らすことができず、介護保険施設などへの入居もむずかしい人々が増え、安心して移り住むことができるケア付き住宅などのニーズが急増していく。豊富な資金力をもつ生協、農協などは、こうした需要に応える力量をもっているのである（NPO法人、社会福祉法人等には出資が認められておらず、自前の資金確保を寄付によるしかないことが非営利・協同セクターの発展を妨げているのだが、紙面の関係で

図1　地域生協の活動

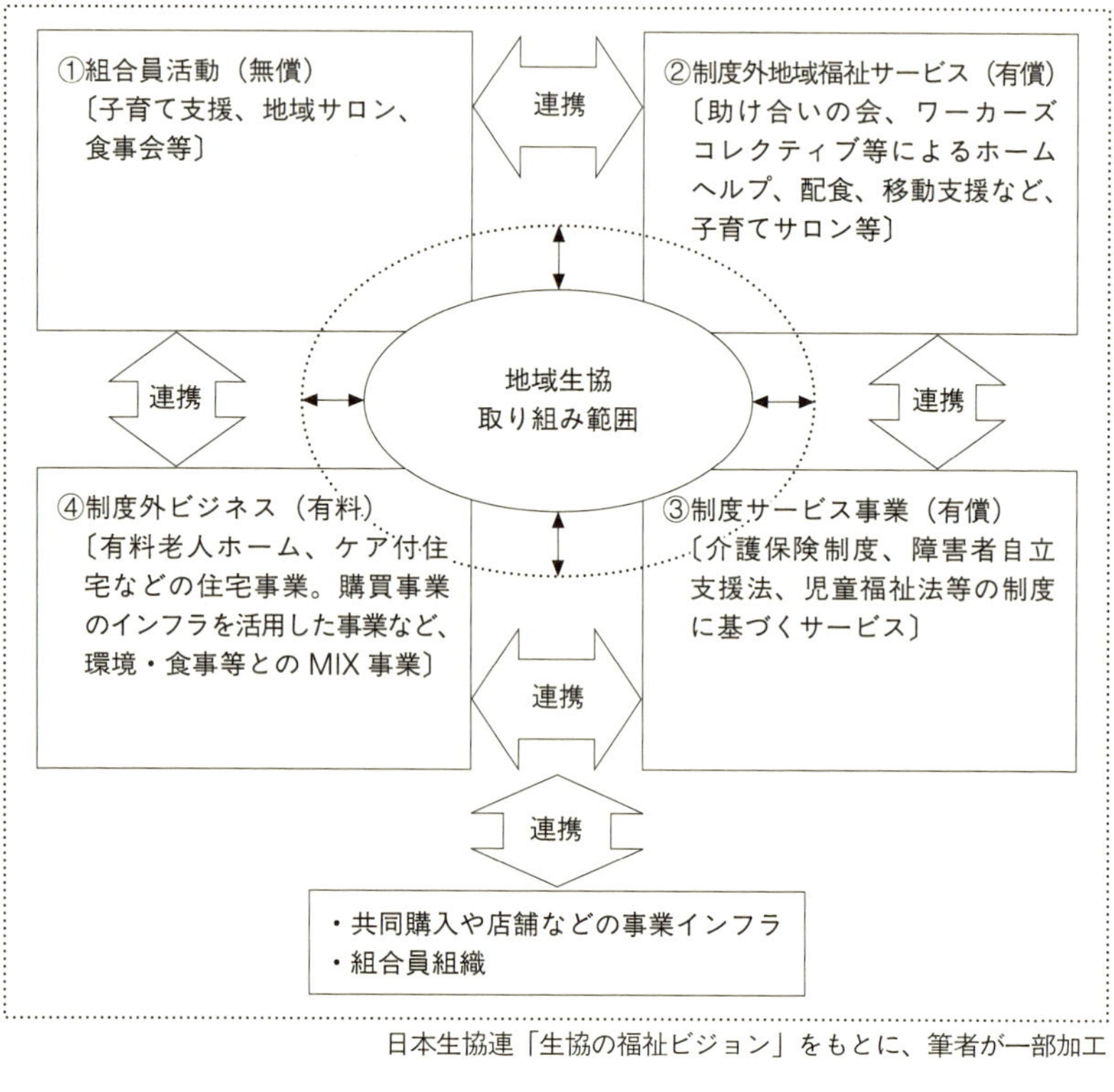

日本生協連「生協の福祉ビジョン」をもとに、筆者が一部加工

問題の指摘にとどめる)。

生協は、組合員による無償の地域活動から多額の資金を必要とする制度外ビジネスまでを自前で供給できる稀有な組織なのである。さらに生協は、その周辺に実に多彩な活動、事業を生み出している。それらを含めたポテンシャルは非営利・協同セクターのなかで飛び抜けた存在だと思う。その力を福祉事業につぎ込み、非営利・協同セクターの先頭に立つことが求められている。

3 コムスン事件の衝撃
あらためて福祉事業における非営利・協同セクターの役割を考える

1 準市場としての介護市場における、行政、事業者、利用者の役割

◉起こるべくして起きた事件

介護保険や障害者自立支援法などの制度にもとづくサービスは純然たる市場ではなく、いわゆる「準市場」である。

超高齢社会を目前にして、選別主義から普遍主義へ転換し、介護の社会化を進めようとした「基礎構造改革」の理念は間違っていなかったと思う。介護保険制度はその最初の試金石であり、営利法人を含めて参入を認め、競争の原理でサービスの質を高めようとした。先に述べたように、わが国の非営利・協同セクターの力量はきわめてぜい弱であるから、担い手に営利法人を含めることは現実的で妥当な判断だったと思う。

しかし、準市場たる公的サービス事業が、上場企業によって担われていくことはあまりにもリスクが高いといわざるを得ない。極端な労働集約産業である介護市場、なかでもホームヘルプサービス事業は、本来、投資家にとって魅力ある収益率を上げることは困難である。しかし、不特定多数の投資家の資金を頼りに経営する上場企業にあっては、一定の収益率の確保が至上命題であり、コムスンの不正は起こるべくして起きた事件だといわざるを得ない。

準市場の担い手は、Non Profit である必要はないが、Not for Profit すなわち非営利・協同セクターでなければならないのではないか。少なくとも株主利益を優先することが求められる上場企業は排除することが必要だと思う。

◉事業者・利用者双方に求められる倫理性

コムスンなどの大手企業が、資本市場からの豊富な資金調達によって全国くまなくサービス基盤を整備したことで、介護保険制度施行で心配された「保険あって介護なし」の状態を回避できたのは間違いない。彼らの存在がなければ介護保険初期は大混乱しただろうことは想像に難くない。しかし今回の事件は、いわばそのしっぺ返しである。健全な準市場がそういうかたちで形成されるはずがないということがようやくわかってきたということではないか。公的に保障された準市場の事業者には、当然ながら高い倫理性が必要である。経営者から最前線の職員にいたるまで、利用者の最大利益のあり方に気を配る経営が求められる。

すでに示したように、私は「非営利・協同セクター」を法人形態とは異なる基準で定義したが、そのなかでも、社会福祉法人、NPO法人、協同組合等の純然たる Non Profit 組織には、準市場の倫理性を牽引する役割が求められている。

また、福祉事業には市場性、採算性になじまない領域が存在する。福祉事業は、大きくは三つの類型に分類できる。民間有料老人ホーム等の「市場サービス」、公的制度にもとづく準市場たる「介助・介護事業」そして、行政が責任をもって直接かかわる狭義の「社会福祉事業」である。この社会福祉事業領域を担うのも、Non Profit 組織の役割であろう（次項で千葉県の例を紹介する）。

利用者もまた、準市場におけるサービス購入者であることを意識することが求められる。介護保険制度施行以来、利用者のモラルハザードが指摘されている。九割の財源が税と保険料によってまかなわれる準市場において、「消費者は王様」を決め込むことはできない。利用者の振る舞いには制限があるのである。

2 「社会福祉事業」の担い手としての Non Profit 団体　千葉県の例から

◉中核地域生活支援センターの設置

千葉県では、三年前から、県内一四か所に中核地域生活支援センター（以下「中核センター」）を設置している。一か所年間二五〇〇万円の予算で二四時間三六五日あらゆる分野の相談に応じている。県の委託を受けて運営を行っているのは、社会福祉法人、NPO法人、医療法人である。社会福祉法人生活クラブは、そのうち一か所の委託を受けている。

中核センターはたとえば以下のようなケースに対応している。

- 生活貧困、母親は債務整理中。長男が遊ぶ金欲しさに母親に金を要求、お金をわたさないと暴力を振るう。妹も多重債務状態。

- 母親が統合失調症、長女は知的障害。次女は登校拒否。長男はネグレクト。家族全員の生活支援が必要。
- 夫の認知症が進行し、近所の金融機関への毎日の徘徊によるトラブル。妻も介護保険のことも知らずに困っている。
- 母子で父親のDVから逃げて、知り合いの家に身を寄せる。新しく生活したい。娘は登校拒否。
- 父子家庭。父が栄養失調と心臓病で入院、同居の息子が父の年金を使い込んで多重債務の借金返済にあてている。

◉重要性を増す社会福祉事業

「基礎構造改革」の理念にもとづく介護保険制度、障害者自立支援法等の施行は、福祉を救貧主義から普遍主義に転換し、利用者と事業者の対等の関係を構築するものといわれる。しかしこの改革が、そこから落ちこぼれる人たちへのていねいなケースワークシステムを置き去りにしてきたことは否めない。また、構造改革の名のもとに、いわゆる「格差」が拡大し、「新しい貧困」が広がる現代の日本において、狭義の社会福祉事業は以前にも増して重要性が高まっており、行政が税金を投入して支援体制を整備しなければならない。

そして、社会福祉法人をはじめ、NPO法人、協同組合などのNon Profit団体は、この社会福祉事業に積極的に取り組むことが求められている。こうした社会福祉事業は行政が直営で行うべきとの考えから、行政事務の民間委託に反対する人たちが少なくないが、私の考えは異なる。実際の業務は行政組織内で行うよりも、民間のNon Profit団体に委託したほうがはるかに機動的な活動ができる。中核センターの三年間の実践は、行政と民間の最適な役割分担のモデルといえよう。

Non Profit 団体は、自らが社会福祉事業の担い手であることを自覚することが必要である。準市場たる介助、介護事業の担い手としての非営利・協同セクターは Not for Profit 組織であり、いわゆる営利法人も含まれる。当然ながら、それらの参入条件はイコールであるべきであり、法人形態で優遇措置等の格差があることには根拠がない。Non Profit 団体が税制等で優遇される根拠があるとすれば、社会福祉事業の担い手であること以外にはないのではないだろうか。

3　非営利・協同セクターの力で新しい地域福祉の風を吹かせよう

◉分野横断的な政策提言

千葉県では、「健康福祉千葉方式」と名づけた福祉改革が進められてきた。

二〇〇一年の県知事選挙で、当初泡沫候補といわれた前参議院議員の堂本暁子さんが奇跡的に当選したのは、既成の政党政治に飽き足らない市民、県民の力だった。それまでも無党派、市民党を掲げる候補者を損得抜きで市民が応援し、当選するということは少なからずあった。しかし選挙が終わると、結局は当選した首長、議員に政治をお任せし、自らは評価、評論する側にまわるのが常であったと思う。

千葉県では選挙の後が違った。福祉、環境、農業などそれぞれの関心分野で夢を描いて堂本さんを応援した人はもちろん、選挙では他の候補者を応援した人も含めて、広範なネットワークが形成されはじめた。とくに福祉分野ではそれまでには考えられなかった大きなうねりが起きた。

「健康福祉千葉方式」には二つの特徴がある。一つは、従来、高齢、精神、知的、身体障害、児童などの分野ごとに縦割りで行われてきた施策を、分野を横断して個々の当事者の個別ニーズに応えること、もう一つは、施策をつくる最初の段階から、実行段階にいたるまで、県民と行政が協働して取り組むことである。

私たちは、二〇〇一年の知事選挙後、「自分らしい地域生活支援研究会」（自分研）という組織を立ち上げた。堂本知事を支える福祉政策づくりの民間シンクタンクとして、千葉県に対して福祉施策の提案をすることが目的だった。集まった人たちはまさに分野横断で、高齢、障害、子どもなどさまざまな分野の当事者や支援者だった。

この研究会をつくってわかったことは、よく行政の縦割りが問題になるが、それは当事者側も同じだったということだ。高齢と障害分野はもちろん、たとえば、精神と知的とか、知的と身体という分野でも、お互いの交流がほとんどなかったのだ。自分研がめざしたのが、まさに、分野横断の視点と市民の政策提案だった。

●ソーシャルアクションの先頭に

この思想が「健康福祉千葉方式」を生み、福祉分野でのまったく新しい手法での施策展開がはじまったのである。計画づくりのために設置する委員会メンバーは基本的に公募で決まり、役人は一切原案をつくらず、まさに白紙の段階から委員が侃々諤々《かんかんがくがく》の議論を行う。委員会で提案されるプランを実現可能な施策、計画に落とし込むのは制度づくりの職人たる役人の腕の見せどころである。

地域福祉支援計画、障害者計画、高齢者福祉計画、次世代育成支援計画などの福祉計画がこの手法で作成されたのみならず、実施段階においても引き続き計画の進捗管理をする作業部会が公募委員によって設置されている。前項で紹介した中核地域生活支援センターも、一委員の提案が年間三億円を超える県単独事業につながった例である。

千葉県で、首長をつくり、行政とともに住民主体の地域福祉をつくってきた活動の中心は市民、県民であり、非営利・協同セクターであった。非営利・協同セクターには、介助、介護事業や社会福祉事業の担い手になることのほか、制度づくりへの関与や、誰もがその人らしく地域で暮らすことができるような地域福祉システムを構築するために、汗を流すソーシャルアクションの先頭に立つことが求められている。

■文献

池田徹 1997「食の不安と老いの不安に応える生協をめざす」『生活協同組合研究』二五五号
—— 2007「生協と福祉」『生協の本』コープ出版
大沢真理 2007『生活の協同—排除を超えてともに生きる社会へ』日本評論社
社会福祉法人経営研究会 2006『社会福祉法人経営の現状と課題』全国社会福祉協議会
生活クラブ生活協同組合 1994「第一八回通常総代会議案書」
富沢賢治 2000「社会的経済の広がりと現代的意義」『協同の発見』九九号
—— 2006『勃興する社会的企業と社会的経済』同時代社
日本生活協同組合連合会 1980『西暦二〇〇〇年における協同組合』
農林漁業研究所 1992『協同組合の国際化と地域化 21世紀の協同組合像を展望する』
茂呂成夫 2005「社会的企業の日本における展開を求めて」『連合総研レポート』一九八号

制度

第7章　三つの福祉政府体系と当事者主権

大沢真理

1　課題と狙い

本章は、ニーズ中心の福祉社会を実現するために、あらためて「福祉政府」を構築する必要性を述べ、また福祉政府の実現可能性を論じる。まず、本章が、福祉「国家」ではなく福祉「政府」を主題とする理由を簡単に述べよう。

国際連合が設定した基準にもとづき、各国が年々の生産および消費・投資や資産・負債といった経済状況を記録する国民経済計算 System of National Account: SNA では、「一般政府」が「中央政府」、「地方政府」(地方公共団体)および「社会保障基金」の三つに分類される。社会保障基金 Social Security Funds は、実際の制度では、中央政府の特別会計のうち社会保険特別会計(厚生保険、国民年金、労働保険、船員保険)、共済組合(国家および地方公務員共済組合等)、そして健康保険組合などにあたる。

本章が、福祉国家ではなく福祉政府に焦点を当てるのは、第一に、「主権」を代表する中央政府の役割に視野を限定することなく、住民の暮らしに近いレベルにある地方政府が、住民の自己統治の機関として、果たすことを期待される役割、およびそれに必要な権限を強調するからである。第二に、社会保障基金を中央政府の特別会計にとどめるのでなく、民主制を要求される「政府」としての実質をもたせようとすることも、福祉国家でなく福祉政府を論じる理由である。

福祉政府は、質的には、的確な収入調達力にもとづいて住民のニーズに即応する「強い」政府であること、量的には、「大きな政府」／「小さな政府」という二分法を超えた「ほどよい」規模であることを、特徴とする［神野・宮本 2006：185］。

以下ではまず第2節で、本章が用いる「ニーズ」の定義を示したうえで、福祉や社会政策の論議につきまとう二分法のうち、自立／依存、市場／規制の二つをとりあげて、それらを相対化する。第3節では、従来の日本政府が中央でも地方でも、福祉政府であるよりは「土建」政府だったこと、一九九〇年以降、小さな福祉政府の規模がさらに削減され、同時にいっそう弱められてきたことを見る。最後に第4節で「三つの福祉政府体系」のビジョンを示し、当事者主権論と接合させる。

2 ニーズ、自立／依存、および市場／規制

◉ニーズとは「潜在能力」の欠損

アマルティア・センは、人の状態（○○であること）や行動（○○すること）が、その人の「暮らしぶりのよさ」すなわち「福祉 well-being」の現状を直接に表すとして、「機能 functioning」と呼ぶ。各人が選択する

ことのできる機能の集合が、その人の「潜在能力 capability」である［Sen 1992＝1999］。つまり潜在能力は、個人が選択できるあり方や行動の幅であり、その意味で「自由」を表す。

たとえば貧しいために十分な食事ができない人と、まったく任意に食事を制限している人とは、空腹であるという現下の「機能」では類似であろう。しかし、前者には所得が不足するためにそれ以外の機能を選択することが困難であり、後者がいつでも満腹の状態を選択できるのであれば、両者の「潜在能力」は大きく異なっている。本章では、人として生活が成り立ち社会に参加できるという「潜在能力 capability」を考え、その潜在能力の欠損を「必要（ニーズ）」と定義する。

人はあれこれの機能を実現するうえで種々の財・サービスを利用し、それらの財・サービスを市場で購入するために所得（購買力）をもたなければならない。ちなみに、「財 goods」は文字通りの現物であり、「サービス」とは、他者の活動によって人間か財の状態に生じる「変化」であって、サービスの生産とはその変化を生じさせる「過程」である［★1］。注意するべきは、同じ所得があり、同じ種類と程度の自由や機会を確保できても、実現できる機能は、種々の要因によって異なってくる、という点だ。ややいいかえると、財・サービスや機会を利用してどのような機能を発揮しているかという「変換」には、さまざまな要因が介在する。

その変換に介在する諸要因には、性別、年齢、健康状態、障害の有無・種類・程度、エスニシティなどの個人の属性もあれば、外的な要因（交通・医療・ケアといったサービスへのアクセス、ひいては気象条件）もある。センは例として、妊娠しているか乳幼児を世話している女性にとって、同年齢で同等の所得と基本財をもつ男性が育児を担っていない場合とくらべれば、自分個人の目的を追求する自由は小さいと述べている［Sen 1992＝1999：34-35］。

栄養状態という「機能」にそくして妊娠の場合を敷衍すると、悪阻などで普段の食事をしにくくなったり、同じ食事をしても消化吸収に変調があったり、あるいはたんに胎児に栄養を分け与えるために、母親自身が達成できる栄養状態は低くなる。栄養状態を回復するには、悪阻を軽減したり消化吸収を助長する保健サービスや、カルシウム剤などの財の追加摂取が必要となる。

そのようなニーズが本人によって認知され表出されるとは限らないという点にも、留意が必要だ（1章で上野が類型化するところでは、「庇護ニーズ」と「非認知ニーズ」）。これに関連してセンは、主流の経済学の「効用utility」アプローチを批判する。すなわち、不利な状況にある人は自分の手が届きそうなものしか欲さず、第三者から見てきわめて不十分な配分にも満足（高い効用）を表明する場合が少なくない。現実には他人の効用が本人の効用を左右し、とくに女性は子どもや夫の効用を自分の効用と同一視して行動しがちなため、効用アプローチは、「階級、ジェンダー、カースト、コミュニティにもとづく持続的な差別がある場合」に「誤った方向に導く」からである［Sen 1992＝1999：9］。

◉「人並み」であればよいわけではない

さて、本章が「ニーズ」としてとらえる潜在能力の欠損には、たんに「人並み」の財・サービスを欠くという場合があり、その要因は、ニーズをもたない者（仮に「並の人」と呼ぶ）にくらべて所得が低いか、所

★1――ある活動が「サービス」であるか否かを識別する基準に、他人がそれを代行できるかという点がある［Hill 1979］。学習や趣味活動、睡眠・食事のような生理的欲求の充足は、他人が代わることができないか代行しては無意味なので、サービス生産ではなく、財・サービスの「享受」である。

与の価格で財・サービスを購入する機会が乏しいことなどだろう。このような場合には、所得を補塡したり財・サービスを整えればニーズが充足される。貧困や相対的剝奪の研究が示すように、一般的にどのような財・サービスや機会が「人並み」の生活に必要不可欠であるかは、それぞれの時代の社会でゆるやかに合意されている［阿部 2006］。社会・経済が変化すれば、必要不可欠とされる事項も変化する。

センが問題にするのは、「人並み」の所得ないし財・サービスだけではニーズを充足できない場合が少なくないことである。「並の人」をどのように措定するかという点も重要である。従来は、その社会で優勢な立場をもつ人、たとえば中以上の教育や稼得力をもつ健常な壮年の男性で、優勢なエスニックグループや宗派に属する人が、暗黙のうちにも、「並」とされがちだった。ジェンダーバイアスをはじめさまざまなバイアスがあり、「並」でない人の追加的な財・サービスや機会へのニーズは、ニーズというより「甘え」や「贅沢」とみなされてしまう。これにたいして潜在能力アプローチをとれば、各人が財・サービスや機会を機能に変換する諸条件におうじて、「人並み」以上の種類と量の財・サービスを提供することも、ニーズの充足である。

◉自立と依存の相対性

私たちが暮らしている資本主義社会では、労働力、土地、資本という本源的な生産要素までが市場化されている（本源的生産要素の市場化に限界があることは後述する）。なかでも労働力の市場化について図式的に説明すれば、工業化前の社会では、生産者大衆が小農民などとして生産手段である土地と結びつけられており、自己の労働力以外に売るべきものをもたない〝プロレタリアート〟が大規模に労働市場に売り手として登場することはなかった。移動の自由や職業選択の自由をもち、土地などの生産手段から切り離される（自由にされる）という、労働者の「二重の意味での自由」（マルクス）が、労働力の商品化の条件だった。

労働力が商品化された社会では、労働者は労働市場という要素市場に労働力を販売して賃金を得る。農林漁業者や自営商工業者は、収穫物や製品を製品市場に販売して事業所得を得る。大規模な土地や貨幣の所有者は、土地（貸借）市場や金融市場という要素市場に土地・資本を提供して、代金・地代や利子・配当として所得を得る。資本主義社会では、これらの各市場に参加することを通じて獲得された所得をもって、製品市場で購入する財・サービス、および世帯内で家族が無償で供給する財・サービスによって、生活が成り立つべきだという規範があり、また成り立っているケースが少なくない。市場で財・サービスを購入し、市場を通じて所得を稼ぐことが「自立」とされる。逆に、ニーズにたいして（購買力の裏打ちなしに）財・サービスを提供されたり、市場を通さずに所得を移転されたりすることは、上記のように「甘え」や「依存」と呼ばれる。

だが、そもそも自分が必要とする財・サービスを完全に自給自足できる人は誰ひとりとしていないし、健康で十分な所得があっても、本人が意識しないニーズが第三者の関与によって初めて充足されるというケースは少なくあるまい（1章で上野が類型化するところでは、「庇護ニーズ」）。また購買力に裏打ちされた需要にしても、それに応じる財・サービスを生産してくれる他人がいて、実際にそれらを売ってくれるのでなければ、満たされない。しかも、市場がどんなに発達しても、購買力に裏打ちされないニーズは市場では充足されない。

つまり、個人が需要し、または必要とする財・サービスと、自給、購入、交換、贈与などのチャネルを通じて、当人にとって利用可能になる財・サービスとのあいだには、ギャップがあり、そのギャップは一部の「弱者」にのみ生じるのではなく、〝ユニバーサル〟である。もちろん、「ギャップ」の性質と程度は、性別、ライフステージ、健康度、労働市場で求人されやすいかという雇用可能性 employability、本人が生産した財の売れゆき、土地・資本の所有（にもとづく購買力）、などに関連している。とはいえ、自分で財・サービスを生産する能力が十分ではなく、所得がない乳児や要介護高齢者も、なんのサービスも生産していないわけではない。たとえば、保育者・介助者にたいして快・不快の感覚を伝えようと、泣き声をあげたり、うなずいたりする活動は、保育者・介助者などの「状態」を変化させるのであり、サービスの生産である（快・不快を感じること自体は、他人が代行できない「享受」の活動であるが）。社会的分業のなかですべての人が相互に依存しあっており、自立と依存の別は相対的なものにすぎない。

●労働力は「腐りやすい」

上記の「ギャップ」は、かつては家族や共同体のメンバー間の自発的な互酬や贈与によって、ある程度埋められただろう。しかし、金子勝や神野直彦が論じるように、市場経済の発達により、従来の大家族や共同体は解体してきた。ニーズを充足する機能が、より高次の、主権国家を中心とする公共的団体に移されるとともに、強制力を賦与され、進化するというのが、近代から現代にかけての先進工業国の動向だった［神野・大沢 2004，金子・児玉 2004］。ようするに福祉国家の成立である。では、福祉国家と市場はどのような関連をもつのか。

金子勝が強調してきたように、労働力、土地、貨幣（資本）という本源的な生産要素の市場化には限界がある。なかでも労働力の市場化の限界はきわめて厳しい［金子 1997］。対価を払って入手した商品は、一般には煮ようと焼こうと思いどおりに購入者が処分できるが、労働力はその所有者である生身の人間から切り離せず、買い手である雇用主が自由に処分しきれない（思いどおりに働かせることができない）。いっぽう売り手の側は大方の商品については、供給が過剰で価格が生産費用に満たないならば、商品の出荷を控えたり生産を中止したりする。供給の調節ができないために投げ売りが生じるのは、生鮮食料品やホテルの客室などであり、これらを「腐りやすい perishable」財という。労働力は最も腐りやすい商品といえる。

◉市場が労働力の保護を要請する

労働力を（再）生産するとは、短期的には人が心身の調子を保って暮らすことそのものであり、中長期的には次世代を生み育て教育することである。就職する意思と用意がありながら労働力が売れないときでも（失業）、傷病で雇用可能性が一時停止しても、人間は生きているかぎり衣食住その他の財・サービスを消費しつつ労働力を再生産しており、次世代の扶養も含めて衣食住その他の財・サービスを必要とする。衣食住のみならず、技能や知識を保ち更新するための教育訓練投資を必要とし、また交際や社会的政治的諸活動への参加も欠かせず、むろん傷病なら保健医療サービスを必要とする。次世代の養育を含むそうした生活費用のすべてが、労働力の（再）生産費用である。

労働者は、価格（賃金）が生産費用（生活費用）を下回っても、生きるということ、すなわち労働力を生産することを止められない。賃金では賄えない生活費用がなんらかの形で保障されなければ、現役世代の労働力が消耗し、次世代を教育する費用が保障されなければ、次世代の労働力が劣化することになる。その意味で、労働者の生活が保障されることは、資本にとっても関心事である。では、労働力として買い手がつきそうにない高齢者や障害者の生活保障はどうか。買い手がつかない労働力はのたれ死んでもかまわないという使い捨て社会では、人々は子どもを生み育てる費用を切り詰めても必死に貯蓄するだろうから、労働力の世代的再生産が危うい。そのような社会ではまた、略奪や物乞いを正統性をもって制裁したり規制したりすることができず、所有権を保護するために法外な費用を要することになるだろう。そして、いうまでもなく所有権の保護は資本主義にとって不可欠の条件である。

そこで、生存権などの社会権の確立を待たずとも、各種の規制や給付にかかわる社会政策が登場したと考えられる。たとえば、現役の労働者の最低賃金や最長労働時間等を規制する労働（基準）立法、労働組合を公認して労働条件の規制を制度化する労使関係政策、公的な職業教育訓練や資格認定、公的職業紹介、社会保障や税制による所得移転、公的な福祉サービスなどである。つまり、市場はひたすらに規制や社会政策の撤廃を求めるわけではない。もちろん労働者大衆が政治的権利をもつようになれば、労働基本権や社会権の保障は、資本の関心事の範囲を越えていく。資本は、規制撤廃により可動性を増し、社会権を「過度に」保障する国から脱出するケースも出てくる。

3 日本では福祉政府でなく土建政府

◉もとより小さな政府である

以上は、二〇世紀後半に主として欧米諸国で建設された「福祉国家」を、論理的に説明する。ただし、二〇世紀福祉国家では、ニーズとは、典型的に、おもな稼ぎ手である男性の所得が、失業や傷病、老齢退職などのリスクにより、家族の生活費にたいして不足することであるととらえられていた。二〇世紀福祉国家は、本来個別的で多次元的であるニーズを、所得の不足という一次元に還元し、その原因についても、主要には就労しているか否かで割り切ってしまったのだ［大沢 2007：34-36］。

「男性稼ぎ主」にたいする所得移転を中心とするという特徴は、日本の従来の福祉国家では、諸外国以上に強い。しかも、政府による福祉の規模は抑制されてきた。政府の規模については、公務部門雇用者の比重、租税と社会保障負担の合計（財務省の用語では「国民負担」）や政府総支出が国内総生産GDPに占める比率などを代理指標とすることが適当だろう。まず日本の「公務員」を、政府企業職員、独立行政法人・国立大学法人・特殊法人等の職員、公益法人職員や地方政府の非常勤・臨時職員等を含めてとらえ、その人数が全就業者に占める比率や、その人件費の対GDP比などをとると［中村 2004，鈴木 2005］、日本の公的部門がOECD諸国のなかで最も小さいグループに属することはまちがいない［大沢 2007：108–109］。

では、租税と社会保障負担の合計がGDPに占める比率はどうか。これは個人と企業の側からは拠出であり、政府にとっては収入（税、労使の社会保険料、および事業主の児童手当拠出金からの収入）である。二〇〇〇年のデータでは（日本は年度、諸外国は暦年）、日本は三七・二％で、OECD諸国のなかでメキシコ、韓国、スイス、アメリカなどについで低い。二〇〇六年には実績見込みで三九・二％と三九％台に乗ったが、OECD諸国のなかでメキシコ、アメリカ、韓国、スイスについで低いというポジションに変化はない［財務省ホームページ］。日本の数値が三九％台に乗ったことを特筆するのは、この約二〇年のあいだで二〇〇五年度までは、一九八九（平成元）年度の三八・四％が最高だったからである（最低は九四年の三四・八％）。

●租税負担率の低下と逆進性の進行

だが、合計は微減微増であっても、内訳には小さくない変化があった。すなわち租税負担率（対国民所得比）が二〇〇四年度までほぼ一貫して低下したのにたいして、社会保障負担率は八九年度の一〇・八％から二〇〇五年度の一四・五％まで一貫して上昇したのである。社会保障負担（政府にとっては拠出による収入）は九八年度から国税収入に匹敵するようになり、二〇〇一年度には国税収入を上回るようになった［財務省ホームページ］。ＯＥＣＤ諸国の状況を見渡すと、一九九〇-二〇〇二年に一貫して租税負担率が顕著に低下したのは、日本だけである［生活経済政策研究所 2007：13］。

その租税負担率の低下はほとんど国税で起こった。金額では租税収入のピークは一九九一年度の九八兆二八〇〇億円であり、それが二〇〇三年度には八割弱の七八兆円あまりまで低下した。国税収入では、ピークの九一年度の六三兆円あまりが二〇〇三年度には四五兆三七〇〇億円まで収縮した（地方税収は三四兆円前後で推移、二〇〇三年度以降国税は増収）。

九一年度から二〇〇三年までの国税収入の収縮は、おおむね前半期の自然減収と後半期の減税による。バブル経済の破綻による所得の喪失や伸び悩みが、自然減収をもたらした。九八年度以降は、「構造改革」の一環としての減税がおこなわれ、法人課税が大幅に軽減されてきた。すなわち九八年度に法人税（国税）の基本税率を三七・五％から三四・五％に引き下げて一兆三八〇〇億円の減税、九九年度には基本税率をさらに三〇・〇％に引き下げ、租税特別措置を拡大したことにより合計で二兆三四〇〇億円の巨大減税となった。同年には地方税でも、法人事業税の基本税率が一一％から九・六％へと引き下げられるなど、合計二兆円あまりが減税されたのである。個人所得税では、九九年度に所得税・住民税の最高税率が引き下げられ（所得税では五〇％から三七％へ、住民税では一五％から一三％へ）、資産所得にたいする優遇措置が拡充され、贈与税が軽減された［生活経済政策研究所 2007：15-16］。

ようするに、九〇年代末から企業と高所得者・資産家への課税を軽減することにより、国税のなかでも直接税収が削減された。国税収入に占める直接税の割合は、九〇年代初めの七四％程度から九八年度以降は六〇％程度となり、比重を増した間接税収は、いうまでもなく消費税を中心とする（国税収入の七％程度から二〇％へ）。

以上の変化の意味を、税制と社会保障負担の所得再分配効果という面で再確認しよう。当初所得にたいして、当初所得から税と社会保障負担を減じ、かつ社会保障の現物および現金給付をくわえたものを再分配所得と呼ぶ。当初所得分配の不平等度（ジニ係数）にたいして再分配所得のジニ係数がどれほど変化しているかが、再分配効果である。橘木俊詔が紹介しているように、一九九〇年代なかばの日本の税・社会保障の再分配効果は、OECD主要国のなかで際立って小さかった［橘木 2006：192–193］。

税・社会保障負担、とくに税負担が軽いから、再分配効果も薄いのは当然と判断することはできない。時系列的に目立つのは、八〇年代およびとくに九〇年代に税制の再分配効果が相当に低下したことである［橘木 2006：8］。上記のように最高税率の引き下げなど所得税の累進性が弱められたこと、逆進性をもつ消費税の比重が増したことなどが背景にある。いまや国税収入を凌駕する比重をもつにいたった社会保障負担には、所得比例の拠出ながら最上限（雇用者社会保険の標準報酬最高限）があること、国民年金第一号被保険者の保険料や国民健康保険料の均等割のように、所得によらない定額部分があることにより、逆進的になっている。日本の小さな福祉政府のわずかな所得再分配機能は、社会保障の給付面に不釣合いなまでに依存しているのである。

◉小さな福祉、大きな土建

他方、政府の総支出はどうか。これは、個人や企業にとっては、公務員による公共サービス、政府が民間から調達する財・サービスの売り上げ、そして社会保障給付である。日本の二〇〇一年の政府総支出はGDPの三六・六％を占め、中央政府は七・八％、地方政府は一三・八％、社会保障基金は一五％である。

イギリス、アメリカ、ドイツ、フランスの四か国平均は、総支出が四〇・二%のうち、中央政府一六・〇%、地方政府一一・四%、社会保障基金一二・七%である。日本では（社会保障基金を除く）政府支出の六割以上が地方政府によるものであり、中央政府がきわめて小さいことがわかる。社会保障基金の支出は相対的に大きく見えるが、支出目的別に見ると、年金給付・失業給付等（健康保険の医療給付を中心とする現物社会移転以外の社会給付）は、四か国平均のGDP比一五・二%に対して同一〇・五%と小さい［財務省 2003：9］。

逆に、一般政府総固定資本形成はGDP比四・八%と、四か国平均の同二・四%にたいして突出して大きい［財務省 2003：9］。総固定資本形成に純土地購入をくわえれば「公的資本形成」となり、さらに純資本移転等をくわえて固定資本減耗を控除すれば「純資本支出」、すなわち公共投資＝公共事業となる。日本では公共事業の規模が突出していることがわかる。ようするに小さな福祉政府で大きな「土建」政府なのである。しかも、中央と地方の公的資本形成に占める地方政府分の割合は、九七年には八割、最近の数年でも七割である。地方政府支出に占める公的資本形成の割合もかつては四割以上と、中央政府での三割を上回っていた［http://www.soumu.go.jp/iken/zaisei/hikaku.html］。日本の地方政府は中央政府以上に土建政府だったのだ。ここから、もっぱら中央政府に着目して「小さな政府」か「大きな政府」かの択一を迫る二分法では、事態を的確にとらえられないことは明らかだろう。

中央政府以上に地方が「土建」に傾いていた背景には、国と地方の比重が収入面と支出面でねじれているという事情がある。すなわち、支出面では地方政府が六割以上を占めるのにたいして、国税と地方税を合計した租税収入では、国税収入が最も小さかった二〇〇三年でも国税の占める割合が五八%だった。このギャップを埋めているのが、地方交付税交付金と国庫支出金（国庫補助負担金）および地方債である。この仕組みのもとで、中央政府は少額な補助金でも地方政府の支出を誘導することができ、地域住民のニーズに合わない大規模な「土建」がおこなわれることにもなった［木村・宮崎 2006］。

◉経済環境の変化が政府体系の変革を迫る

以上のような土建政府でも、一定の生活保障機能が果たされていたとすれば、「先進」諸国のなかでもとりわけ日本で、重化学工業を中心とする経済成長が一九八〇年代まで持続し、大量失業が回避されて、半熟練の男性労働者も安定的な雇用と相応の賃金を得られたからである。パフォーマンスの高い労働市場が福祉国家を機能代替したことから、財政余力も生じ、それが地方公共事業、農業や中小企業の保護などに投じられた。

しかし、二〇世紀第四4半期以降の資本主義では、サービス経済化、さらに知識経済化が進むとともに、財・サービスの生産・交換・消費という実物経済にくらべて貨幣経済が極限まで肥大化した。ヘッジファンドなどによるグローバルな貨幣の暴走は、従来の福祉国家を機能不全にさせ、また規制を撤廃し、いっそうの自由化・市場開放をおこなうように政府に迫ってきた（"welfare (state) retrenchment"）。だがこの道は、グローバルな労働力の再生産を危うくさせ、結局は市場メカニズムそのものの麻痺にいたる。ニーズ中心の福祉社会を実現するとともに、市場メカニズムにそのメリットを発揮させるためにも、「強い福祉政府」を、「三つの政府体系」として実現しなければならない。

4　三つの福祉政府体系と当事者主権

神野直彦、金子勝とともに私が提唱してきた「三つの福祉政府体系」とは、住民の多様なニーズにこたえてサービスを含む現物給付をおこなう地方政府、稼得を代替する所得移転をおこなう社会保障基金政府、そして全国的にミニマム保障の責任を負う中央政府の三つからなる［神野・金子 1999］。

◉地方政府の役割

地方政府には、住民のニーズにおうじて財・サービスを「ユニバーサル」に提供する第一義的な責任を付与する。

従来のシステムが「男性稼ぎ主」への所得移転を偏重してきたのにたいして、多様な個人の多様なニーズにおうじるサービス保障へと重心をシフトさせるのであり、地方政府は中央政府と社会保障基金政府にたいして従来よりも大きな比重をもつ。そうした責務の遂行に見合う税源を地方政府に移譲し、地域住民の自己決定・自己統治力を高める必要がある。国税である所得税から個人住民税に移譲すること、消費税の大部分を地方税とすることなどによって、地方交付税制度を廃止し、国庫補助負担金制度にかえて、中央政府と地方政府の代表が協議して管理運営する「地方共有税」制度を創設するのである［木村・宮崎 2006］。

◉社会保障基金「政府」の役割

社会保障基金については、民主制を要求される「政府」としての実質をもたせることがポイントである。歴史的には社会保障基金は、職場や職域で労働組合や友愛組合の共済活動という協力が自発的に展開したうえに、法的強制力を付与して誕生した政府である。実際、フランスやドイツでは社会保障基金を管理運営する代表者も選挙で選ばれている。自発的な共済活動が対象としたのは、疾病、失業、老齢退職といった「不本意な」事由で労働者の稼得力が一時的または恒久的に失われた際に、喪失した賃金所得を代替するような所得移転だった。これに法的強制力を付与して成立する社会保障基金政府も、賃金代替の所得移転をおこなうことが任務である。

現行の日本の社会保障は、拠出面で逆進性がありながら、給付面では福祉政府全体の所得再分配機能をほぼ一手に担わされている。まず拠出面で、定額拠出を廃止し、「報酬比例」保険料を単純な所得比例とすることにより、逆進性を解消して社会保障収入の調達力を高めるべきである。給付面では、地方政府によるニーズの充足が薄ければ、財・サービスを市場で賄うに見合う所得移転が必要となり、高所得者から低所得者への垂直的再分配も強めざるをえない。基礎にあるべき協力と自治が認識できなくなり、制度への「ただのり（フリーライディング）」や高所得者の福祉嫌悪により社会保障が侵蝕される。

地方政府によるユニバーサルなサービス提供を拡充することと並行すれば、社会保障基金政府の現金給付も、垂直的再分配よりも水平的再分配、つまり協力してリスクをシェアする社会保険の元来の性格を強めやすくなる。単純な所得比例拠出を財源とする社会保障の現金給付は、拠出に見合うことが妥当であるが（給付期間の長短により、給付総額は拠出総額と一致しない）、具体的な「ほどよい」水準は社会保障基金政府の民主制により決定されるだろう。

◉中央政府の役割

中央政府は、社会保障基金政府による所得移転にもかかわらずなんらかの事由で所得が不足する個人に所得を移転し（たとえば最低保障年金）、また地方政府による財・サービスの保障水準が、ニーズにたいする財政力の不足によってナショナル・ミニマムを下回る場合に、これを担保する。この任務を的確に果たすためにも、税制において、所得税の垂直的再分配機能を回復して税収調達力を高めることが急務である。九九年度に五〇％から三七％に引き下げた最高税率をあらためて引き上げ、低率の分離課税の対象となっている金融資産性所得（配当、利子、株式譲渡益）などに総合課税をする必要がある。

消費税の税率引き上げに先立って、「インボイス方式」を導入することは不可欠である。インボイスとは、税額が別記された請求書等であり、各事業者が売上げに係る消費税額から仕入れに係る消費税額を控除して自己の消費税納税額を算出するうえで、インボイスを仕入れ税額控除の要件とすることを、インボイス方式という。日本の現行消費税では、課税仕入れ等の事実を記載した帳簿を保存し、個々の取引の事実を証明する請求書等の書類を保存すれば、仕入れ税額を控除できる「請求書等保存方式」が採られている。ところで日本の消費税制では中小事業者にたいする特例として免税事業者制度があり、免税事業者からの仕入れについても税額控除を認めることが、「益税」になるという批判を免れない。税率引き上げに先立ってインボイス方式を導入しなければ、消費税制度の信頼はいっそう損なわれるのである［森信2003：151–154］。なお、逆進的な消費税を最低限所得保障の財源とすることは、論理的にも倫理的にも整合性を欠く［関口・伊集2006］。

◉ユニバーサルサービスとは

こうして、地方政府によるサービス保障と中央政府によるナショナルミニマムの担保があいまって、ユニバーサルサービスが図られる。ではユニバーサルサービスとはなにか。従来、所得保障論や社会行政論で用いられてきた「普遍主義（ユニバーサリズム）」は、「選別主義（セレクティビズム）」と対になるタームで、現金給付やサービス給付において、職業や居住地域、家族関係や、とりわけ所得によって、受給資格を限定したり区分したりしないことをいう。とはいえ、表面的な普遍主義にもとづく給付が、人々の多様なニーズを充足できず、差別的で排除的にすら機能しかねないことは、第二次世界大戦後の初期から福祉国家論のなかで指摘されていた。イギリス社会政策学のパイオニアというべきリチャード・ティトマスは、すでに一九七〇年代に、特定のグループや地域、あるいはなんらかの範疇に属する人々を積極的に優遇する「積極的選別主義」を提唱していた［Titmuss 1976: 114］。

これとはやや異なる文脈で、一九九〇年代前半から使われるようになった「ユニバーサル」は、モノや環境・サービスのデザインにかかわり、年齢や性別、身体の状況などによらず誰もが安全に使いやすく、わかりやすいように設計することをいう。バリアフリーが、高齢者や障害者、妊婦、幼児をつれた人などを、「特殊なニーズ」をもつ人々として念頭において、そのバリア（障壁）だけを解消しようとするのにたいして、ユニバーサルデザインでは、あらかじめあらゆるタイプ・状況下の人々のニーズに対応することが基本とされる［Mace 1998］。当初はモノのデザインが中心の考え方だったが、自治体による「まちづくり」「人づくり」にもとりいれられてきた。

これと並行して、電気通信、電気、都市ガス、水道、鉄道、郵便などのネットワーク産業について、「ユニバーサルサービス」の提供義務が強調されるようになったのが、一九九〇年代後半からである。電気通信審議会の二〇〇〇年の答申によれば、その定義は、❶国民生活に不可欠なサービスであって、❷誰もが利用可能な料金など適切な条件で、❸あまねく日本全国において公平かつ安定的な提供の確保が図られるべきサービス、とされる［電気通信審議会 2000］。

このように定義されるユニバーサルサービスには、保育や保健医療、教育、介護などが含まれて当然と思われる。現実の日本では、義務教育サービスは、ともかくも無償かつ全国機会均等に提供されるように政府と自治体によって図られてきた（近年では機会均等を悪平等と批判する動きもある）。しかし、たとえば保育サービスの利用には、いまだに「保育に欠ける」、すなわち児童福祉法第二四条第一項の規定により、保護者が児童を保育することができず、同居の親族も保育できない場合、という要件があり、また中央政府からの補助にもかかわらず、地域によって供給体制に大きな差異がある。医療にも「無医村」に代表されるように供給体制に大きな地域格差があり、介護サービスも同様である。

サービス供給の量だけでなく質を問えば、ニーズにおうじるサービスが、〝誰もが利用可能な料金など適切な条件で、あまねく日本全国において公平かつ安定的な提供の確保が図られる〟という状態への道のりはさらに遠い。また、ティトマスがつとに注意したように、所得や居住条件をはじめとする個人の多様な条件、気候条件などの地域差を無視して機械的に画一的な条件で提供しても、〝あまねく公平かつ安定的な提供〟を確保することにはならない。

◉参加と協同で「当事者になる」

これにたいしてユニバーサル化は、諸個人が相互に多様であるだけでなく、一個人も時間の経過のなかで変化し、誰もが多種多様なニーズをもつことを、モノや制度の設計に織り込もうとする。そうした設計は、人生の一時期にたまたま「並みの人」（健常な壮年男性）である人にとっても、使いやすいものとなる。

だが、全知全能でない設計者が、あらかじめあらゆるタイプ・状況下の人々のニーズに対応するような絶妙のサービスを、デザインできるのか。暗黙のうちにもある種のニーズを念頭に置いたデザインが、別種のニーズをもつ人にとっては「並みの」設計以上に使いにくいということはないのか。本来、多様な形態と程度をとるニーズは、政府や組織の側から簡略に規定できるものではない。種々のタイプや状況にある人々が設計のたんなるエンドユーザーとされるなら、設計者はまさに全知全能でなければならず、神ならぬ人の身にそれはありえないから、ユニバーサル化も夢物語ということになるだろう。夢を現実にするポイントは、種々のニーズをもつ人々自身が設計の主体となることにある。

つまり、多様な住民が主体として地域運営に参加する機会を徹底的に保障することであり、福祉政府としての地方政府は、その意味で住民の自己統治の機関でなければならない。ニーズの種類によって、また交通・通信等のあり方によって、ニーズの充足が図られるべき「地域」の地理的範囲は異なるから、ここでの「地域」は現存する自治体の区域にしばられるものではない。

ユニバーサルサービスが保障されれば、より多様な住民がより高度に参加することが可能になり、設計がよりユニバーサルになる、という好循環が現れる。福祉サービスにおいて、従来はサービスを「措置」する対象などとみなされてきた人々が、サービスの設計・運用に主人公として参画し、福祉政府の「ほどよい」規模を決定するのである。そうした当事者主権にむけて、まず本人自身がニーズを認知し表出するためにも、当事者に寄り添ったレベルでの「協同」の契機が欠かせないだろう。

■文献

阿部彩 2006「相対的剝奪の実態と分析―日本のマイクロデータを用いた実証研究」『社会政策学会誌第16号 社会政策における福祉と就労』法律文化社、二五一-二七五頁

大沢真理 2007『現代日本の生活保障システム―座標とゆくえ』岩波書店

金子勝 1997『市場と制度の政治経済学』東京大学出版会

金子勝・児玉龍彦 2004『逆システム学―市場と生命のしくみを解き明かす』岩波新書

木村佳弘・宮崎雅人 2006「第一章 地方分権改革への道程」神野直彦・井手栄策編『希望の構想 分権・社会保障・財政改革のトータルプラン』岩波書店、四一-九四頁

財務省 2003『財政の現状と今後のあり方 平成一五年九月』http://www.mof.go.jp/jouhou.shukei/sy014.htm

神野直彦・大沢真理 2004「財政と年金制度―ジェンダーへの財政社会学的アプローチ」大沢真理編『福祉国家とジェンダー』（叢書現代の経済・社会とジェンダー 第四巻）明石書店、四一-六四頁

神野直彦・金子勝編 1999『「福祉政府」への提言 社会保障の新体系を構想する』岩波書店

神野直彦・宮本太郎編 2006『脱「格差社会」への戦略』岩波書店

鈴木準 2005「公務員人件費の国際比較」ＤＩＲ資本市場調査部情報二〇〇五年九月三〇日

生活経済政策研究所 2007『税制改革に向けて―公平で税収調達力が高い税制をめざして』生活研ブックス25

関口智・伊集守直 2006「第三章 税制改革の将来構想―「公平」と「効率」を調和させる」神野直彦・井手栄策編『希望の構想 分権・社会保障・財政改革のトータルプラン』岩波書店、一四七-一九一頁

橘木俊詔 2006『格差社会 何が問題なのか』岩波書店

中村圭介 2004「多すぎるのか、それとも効率的か―日本の公務員」『日本労働研究雑誌』二〇〇四年四月号、一八-二一頁

電気通信審議会 2000「ＩＴ革命を推進するための電気通信事業における競争政策の在り方についての一次答申」

森信茂樹 2003『日本が生まれ変わる税制改革』中央公論新社

Hill, T. P. 1979, "Do-It-Yourself and GDP," *The Review of Income and Wealth*, 25 (1), 31-39

Mace, R. 1998, "Last Speech A Perspective on Universal Design," an edited excerpt of a presentation made by Ronald L. Mace, FAIA, at "Designing for the 21st Century: An International Conference on Universal Design" on June 19, 1998, http://www.design.ncsu.edu/cud/about_us/usronmacespeech.htm

Sen, A. 1992, *Inequality Reexamined*, Oxford: Oxford University Press＝1999 池本幸生・野上裕生・佐藤仁訳『不平等の再検討―潜在能力と自由』岩波書店
Titmuss, R. 1976, *Commitment to Welfare*, London: Allen and Unwin.

第8章 これからの社会保障政策と障害福祉

高齢者ケアとの統合を含む社会サービスの可能性を視野に

広井良典

1 障害をめぐる課題をどうとらえるか

最初に、障害（ないし障害（者）福祉）をめぐる諸課題をそもそもどうとらえるかについての基本論を考えてみたい。

結論から述べれば、私自身は、障害をめぐる諸問題は現在の日本社会におけるさまざまな問題が凝縮して示されている課題であり、その意味では、障害問題を他から切り離された独立したものとしてとらえるのではなく、より普遍的な文脈のなかでとらえることが重要であると考える。この場合、いま述べた「現在の日本社会におけるさまざまな問題」とは、とくに以下の三点に集約されるものである。

❶生産主義的思考からの脱却
❷個人の孤立と社会的関係性の喪失
❸「再分配」への合意づくり

◉生産主義的思考からの脱却

このうち❶については、とくに説明は不要かとも思われるが、人や事象が「生産(ないし〝経済成長〟)に寄与する限りにおいて」価値をもつとする考え方、あるいはより広く「生産(あるいは労働)に一次的な価値を置く」考え方からの脱却という趣旨である。こうした考え方は、とりわけ高度成長期に強固なものになったともいえるが、物質的な豊かさが飽和し経済が成熟化・定常化する時代を迎えるなかで、その克服が大きな課題となっている。たとえば、過労死や長時間労働をめぐる問題もこうした文脈に位置するし、より広くは環境や自然をめぐる課題群も同様の性格のものである。

◉個人の孤立と社会的関係性の喪失

次に❷は、人と人との関係性に関わるものである。これについてここで詳述する余裕はないが、戦後の日本社会とは一言でいえば「農村から都市への人口大移動」の時代だったといえる。そして本来ならそこで、〝ムラ社会的な関係性〟——集団の「ウチ」と「ソト」を明確に区別し、集団の内部には過剰といえる気遣いを行う一方、その「ソト」に対しては無関心または潜在的な排他性・敵対性が支配するような関係のあり方——からいわば〝都市的な関係性〟——独立した個人が、普遍的なルールないし規範にもとづきつつ開かれた関係を結ぶようなあり方——へと転換すべきであった。実はこれは、見知らぬ他者への「ケア」のあり方の転換ということとも言い換えられるものである(「(最広義の)ケア＝関係性」という理解については[広井 2005]参照)。

しかしながら、都市に移った日本人は、むしろ「会社」と「核家族」という〝都市のなかのムラ社会〟をつくっていったのであり、しかもそうした〝ムラ社会の単位〟がそれぞれの利益拡大を求めて競争するというあり方が、高度経済成長ないしパイの絶え間ない拡大という当時の時代状況と相乗的な関係をもったため、ある種の予定調和的な状況がしばらく続き、先ほど述べた関係性の転換という課題が先送りされ続けたのである。パイの継続的な拡大という状況に陰りが見られるようになった一九七〇-八〇年代前後からそうしたあり方には次第に矛盾が蓄積するようになり、九〇年代以降はそうした矛盾はいっそう顕著なものになっていった。

しかも現在では「カイシャ」や「核家族」さえ流動化し、比喩的にいえば個人一人ひとりが孤立した〝ムラ社会〟の単位となっている（「ウチ-ソト」の区別の主要な境界線が個人の「ウチ-ソト」になっている意味において）。

図1は「社会的孤立」の度合い（具体的には家族や同僚以外の者とのかかわりの度合い）に関する国際比較の一例であるが、日本がもっともそうした孤立が高いことを示している。実際、首都圏など現在の日本の大都市圏において、見知らぬ者同士が日常生活のなかで声をかけ合ったり道を譲り合ったりするということは稀である。たとえば私がもし電車のなかで、隣に座っている人に「今日はこの

図1　OECD 加盟国における社会的孤立の状況　2001 年

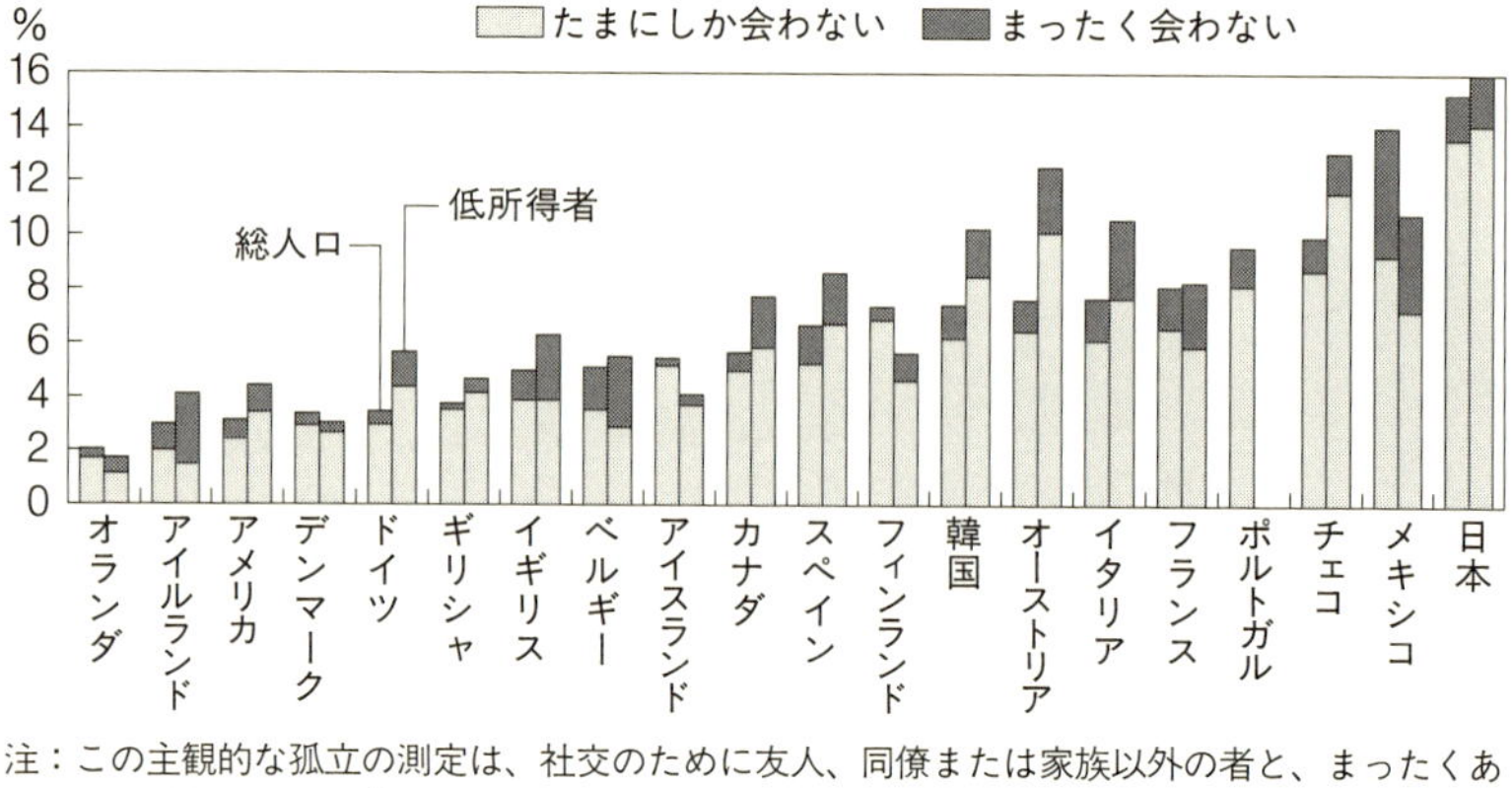

注：この主観的な孤立の測定は、社交のために友人、同僚または家族以外の者と、まったくあるいはごくたまにしか会わないと示した回答者の割合をいう。図における国の並びは社会的孤立の割合の昇順である。低所得者とは、回答者により報告された、所得分布下位 3 番目に位置するものである。

World Values Survey, 2001.

時期にしてはずいぶん寒いね」と話しかけたりしたら、奇異な目で見られてしまう。私はこうしたことを、海外に行ったりするときでもよく意識するのだが、（現在の）日本ほど、「見知らぬ者同士がコミュニケーションをとったり声をかけ合ったりする」ことのない社会、見知らぬ他者とのあいだにどうしようもなく大きな〝壁〟がある社会は稀だろう。そして、このような人と人とのあいだの疎遠さ（あるいは無関心ひいては潜在的な排他性・敵対性）やコミュニケーションの希薄さは、障害をもつ者-もたない者という場面で増幅したかたちで現われるということがたしかにあるが、しかしこれは最終的には見知らぬ者とのコミュニケーション一般の問題に根ざしている。

◉「再分配」への合意づくり

最後に❸の「再分配」である。障害をめぐるテーマを制度論ないし政策論として考える場合、そのかなりの部分はこの「再分配」というテーマに収れんする。要するに、公的な障害福祉サービスや障害（者）に関する所得保障について、人々がどれだけの税（ないし社会保険料）を支払うことに同意し、制度の創設や実施についての社会的合意が得られるかという点である。

図2および図3は社会保障給付費の国際比較であるが、日本がアメリカと並んでその規模が小さいことに加えて、とりわけ障害関係の給付が日本において小さいことが示されている（障害関係の給付のGDP比は、スウェーデン六・〇％、イギリス二・五％、ドイツ二・〇％、フランス一・七％、アメリカ一・三％、日本〇・七％で、OECD加盟国三〇か国平均は二・五％）。これは第2節で見るように、日本の社会保障における「再分配機能」の弱さ、とりわけ〝生産部門からはずれた者〟に対する再分配（ないし生活保障）の弱さを背景にするものであるが、給付ないしサービスの拡大には当然その「財源」の問題は不可避であり、文字通り「再分配」とそれへの合意とい

図 2　社会保障給付費の国際比較（対 GDP 比）　2003 年

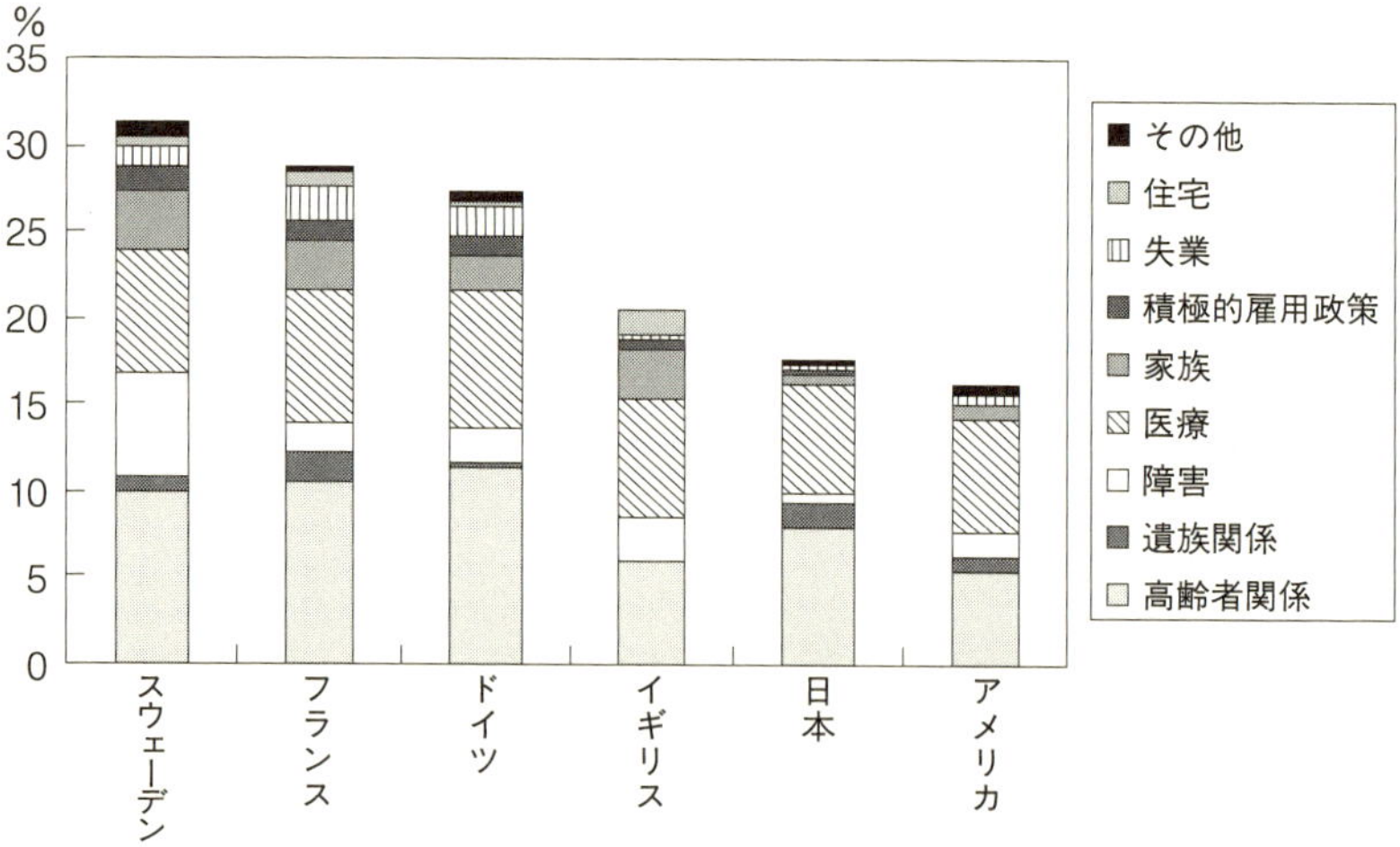

OECD, Social Expenditure Database.

図 3　障害関係の社会保障給付費の国際比較（対 GDP 比）　2003 年

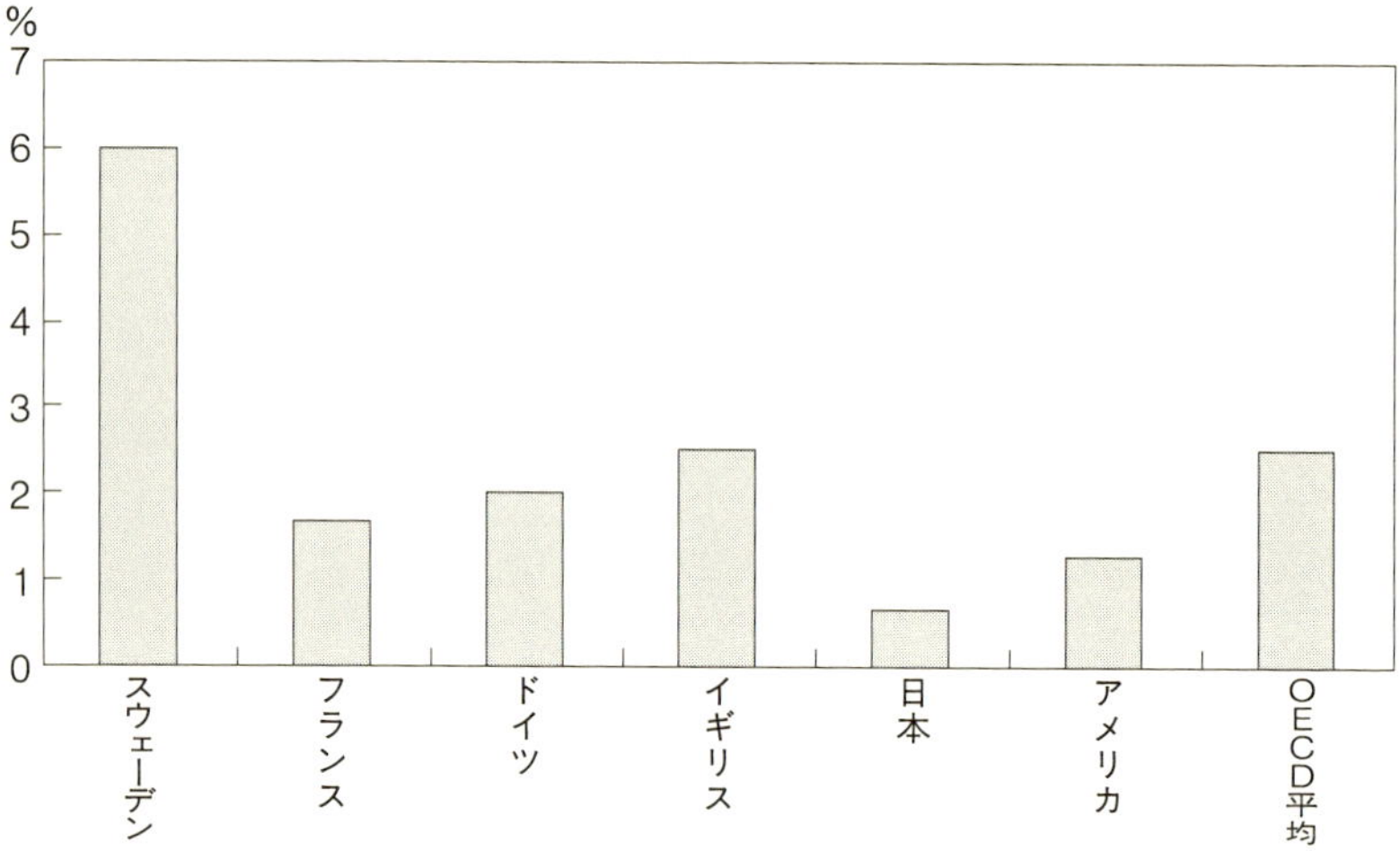

図 2 と同じ

うテーマが本質的となる。そしてこの点もまた、障害に限らず（たとえば現在活発に議論されているさまざまな「格差」をめぐる課題を含め）現在の日本社会における普遍的な性格の問題である。

なお、国立社会保障・人口問題研究所「社会保障給付費」によれば、日本における社会保障給付費八七・九兆円（二〇〇五年度）のうち、障害関係は約二・〇兆円であり、その内訳は障害年金一・七兆円、現物給付（障害福祉サービス）約二三〇〇億円となっている。もし日本がＯＥＣＤ平均並みの上記二・五％の給付を行うとすれば、障害関係に約一三兆円を投入すべきことになる。

2 社会保障政策のあり方

1 基本認識

◉社会保障による再分配がもっとも小さい国

以上、障害をめぐる課題をそもそもどのように位置づけ理解するかという点について議論したが、これらを踏まえてこれからの社会保障政策について次に考えてみたい。

社会保障政策をめぐる課題や今後の方向のすべてについてここで詳しく論じることは不可能なので、重要と思われる点にしぼって簡潔に述べたい。まず、先ほど日本の社会保障給付の「低さ」について確認したが、その背景は、

（ａ）会社・家族が〝見えない社会保障〟として機能したこと

（b） 公共事業を含め、戦後日本においては社会保障以外のさまざまな政策（農業補助金、地方交付税交付金、中小企業保護等）が「再分配」において大きな役割を果たしたこと（＝いわば〝生産部門を通じた再分配〟）

という二点にあったと考えられる。

社会保障制度のもつ再分配機能はもともと非常に弱かったのであり、その主たる機能は「リスクの分散」にあった（医療保険などが典型）。しかし（a）（b）ともに以前のような状況は既に失われており（（b）に関してはいわゆる小泉改革以降、既得権の固定化といった弊害が指摘されるなかで大きく〝壊されて〟いった）、その結果、社会保障制度以外の部分でかろうじて保たれていた側面が大きく喪失されていった。そうした帰結として、しばしば議論の対象となった図4に示されたように、日本は先進諸国（OECD加盟国）のなかで「もっとも社会保障給付が小さく、相対的貧困率が高い」国の一つとなっている。

●戦後はじめて「再分配」に直面する

したがって日本にとっての基本的な課題は、高度成長期あるいは産業化の時代においては一定の役割を果たした〝生産部門

図4　相対的貧困率（労働年齢人口）と社会支出の相関（国際比較）

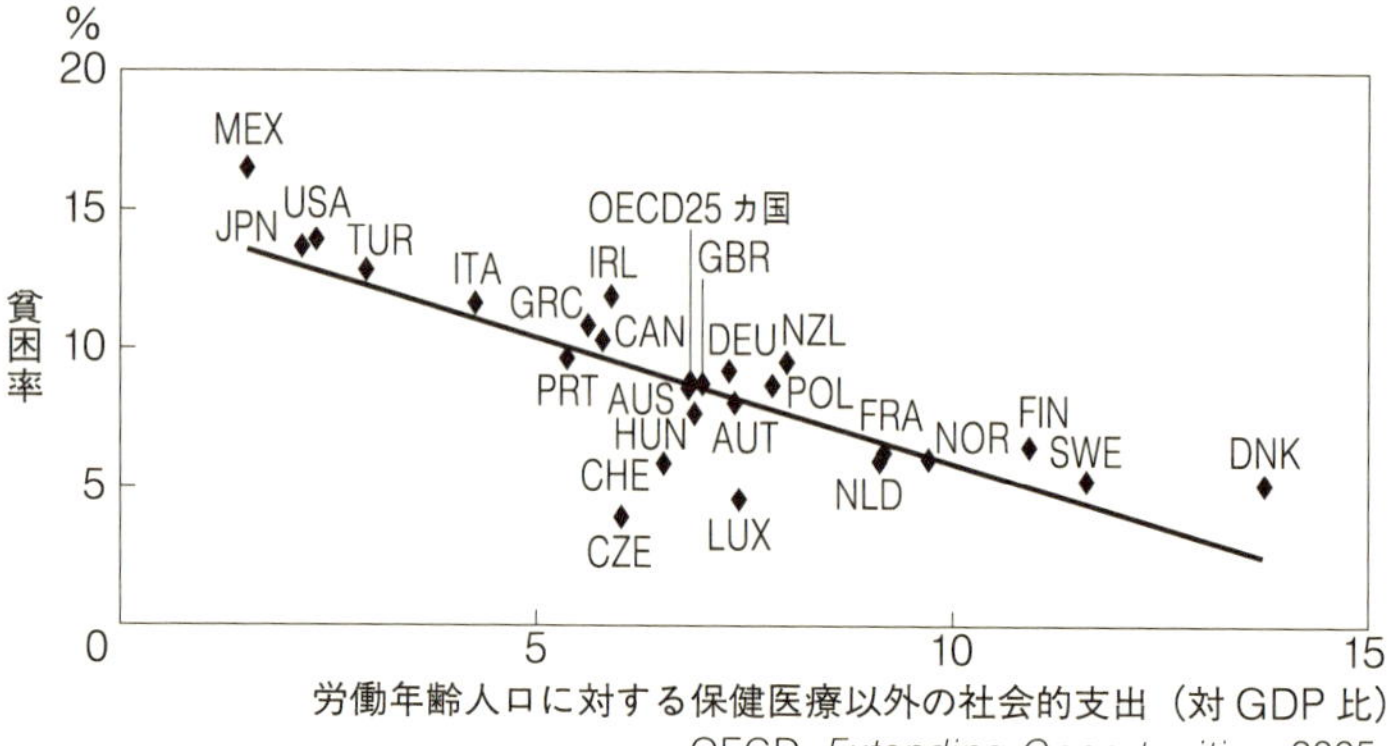

OECD, *Extending Opportunities*, 2005.

を通じた再分配〟(＝いわば「成長の果実の分配」)という政策のあり方から、経済の成熟化に対応した「社会保障制度そのもののもつ再分配機能」を強化していくことにある。このなかには障害関係のほか、子ども、若者、生活保護等の分野が含まれる。

社会保障全体として、やや概括的な表現をするならば、ヨーロッパ並みの水準を志向すべきものと私は考える。その理由は、上記のように生産部門内部で行われていた再分配メカニズムが崩れた現在、それに代替する生活保障システムを構築していく必要があること、また、農村から都市への人口大移動をへて、しかも経済が成熟化している現在、個人を社会の基本的な単位としてとらえ、その生活保障と分配の公正を図っていくことが求められるからである(理念的にはエコロジズムないし脱生産主義と結びついた社会民主主義ともいうべき姿、これについては[広井 2003]参照)。いずれにしても、これは本来の意味での「再分配」という課題に戦後日本がはじめて直面するという性格のものともいえる。

以上のような基本的な方向のなかで、制度の現象面にそくして見れば、基本的に「医療・福祉重点型の社会保障」というべき方向が妥当と考える。これは、リスクの予測が困難でかつリスクの個人差が大きく、市場の失敗が起きやすい医療・福祉分野については公的な保障を厚くする一方、そうした性格の弱い年金については、再分配機能は現在よりも強くする(＝税を財源とする厚めの基礎年金)とともに、(高い所得の人が高い保険料を払った見返りに高い年金を受け取るという)報酬比例部分については移行期間を設けつつ最終的に民営化していくという方向である。

2　いくつかの新たな課題

あわせて、障害を含む社会保障全般に関する新たな課題として、

（a）「人生前半の社会保障」の強化（……「事後から事前へ」）

（b）「ストックをめぐる社会保障」の重要性（……「フローからストックへ」）

（c）「心理的・社会的 psycho-social ケアに関する社会保障」の充実

という諸点が挙げられる。

このうち（a）に関しては、九〇年代の日本の社会保障論議はほぼ高齢者関係に集中していたが（実際に社会保障給付費八七・九兆円〈二〇〇五年度〉のうち高齢者関係が七〇・二％〈六一・七兆円〉を占めている）、会社や家族の保障機能が弱体化し、いわばリスクが人生全体に広く及ぶようになるこれからの時代には、雇用や教育を含めた「人生前半の社会保障」がきわめて重要となるという背景からくるものである。またもう一つの背景は、現在の日本では資産面を中心とする経済格差が広がりそれが世代を通じて累積する傾向が強まっているため、各人が人生の初めにおいて「共通のスタートライン」に立てるための対応が求められているという点である。このため、機会の平等の確保や世代を通じた格差累積を避けるためにも、たとえば相続税を強化して（人生前半の）社会保障にあてるといった政策を実現していく必要がある。

（b）については、近年の日本においては、年間収入（二人以上の一般世帯）のジニ係数が〇・三〇一であるのに対し、貯蓄におけるそれは〇・五四二、住宅・宅地資産額におけるそれは〇・五七七となっており（全国消費実態調査〈平成一一年〉）、所得よりむしろストック（資産）における格差が大きくなっているという状況を踏まえてのものであり、これは大きくは「フロー」が拡大を続ける時代からの経済構造の変化と関わって

いる。

（c）は社会保障に関するニーズが従来のような比較的定型的・画一的なものから、より個別的で多様なものに変容しているという状況にも関わるものであり、これは同時に、「一対一モデル」的な給付のあり方から、コミュニティといったより広い文脈を視野に入れた対応への変化と関わるだろう。

障害をめぐる社会保障を考えるにあたっては、以上の（a）〜（c）とも関連づけながら構想していくことが重要と考える。

3　財源をどうするか

◉税に比重を置かざるを得ない

以上のような社会保障の方向を可能にするための財源についてはどうか。これについてはまず基本認識として、❶高齢化等を背景に保険原理（拠出と給付の均衡）が成り立ちにくい層が増えているという点からも、❷社会保険が前提とする共同体的基盤や企業（雇用）・家族の画一性が揺らいでいるという点からも、社会保障財源における「税」の比重を高めていかざるを得ないと考えられる。

実際、ヨーロッパ諸国においても社会保険財源→税財源へのシフトの傾向が見られる（たとえば、ドイツにおける環境税の社会保障財源化や消費税引き上げ〈一六→一九％：二〇〇七年一月〉や、フランスにおける一般社会税〈九一年導入。資産を含むすべての所得に課税。実質的な社会保障目的税〉など）。

◉「累進性の強化」以外の税財源

やや話題を広げることになるが、検討されるべき税財源としては、所得税の累進性の強化と並び、❶消費税、❷相続税、❸環境税、❹土地課税等を重要な財源として議論し実現していくべきである。

❶についてはヨーロッパ並みの水準（一五％以上）は不可避と考える。

❷についても先にも言及したが、生まれた時点で〝共通のスタートライン〟に立てることを保障するという意味でも、また世代を通じた格差の累積・固定化を制限するという意味でも重要である。

❸については、ドイツのエコロジカル税制改革（九九年）において実施されており（環境税を導入しその税収の一部を社会保障にあて、そのぶん年金保険料を下げる〈二〇・三％→一九・五％〉という政策。デンマーク、オランダ等も実施）、そのねらいは「環境負荷を抑制しつつ、福祉の水準を維持し、かつ企業にとっての社会保険料負担を軽減し、失業率上昇を抑えるとともに、国際競争力の強化に資する」という複合的なものであるが、より根本的には、「労働生産性」→「資源〈環境〉効率性」へのインセンティブの転換（「労働への課税」から「資源消費への課税」へ）という思想がある。

❹は公共的性格を有する自然資源から利益を得ていることに対する課税という趣旨のものである。ちなみに、イギリスの経済学者のジェイムズ・ロバートソンは、「共有資源 common resources への課税」という考えのもと、土地やエネルギー等への課税の重要性を主張しているが、そのベースとなっているのは「人間が（労働を通じて）加えた価値」よりも「人間が（自然から）引き出した価値」に対して課税するという興味深い理念である［Robertson 1999＝1999］。

以上のような税財源のシフトに関する基本認識を示したのが図5である。

図５　経済社会システムの変化と〝富の源泉〟および税制

前産業化時代	土地	（→地租など）
	↓	
産業化時代・前期	労働（〜所得）	（→所得税・法人税）
	↓	
同・後期（消費社会）	消費	（→消費税）
	↓	
ポスト産業化	資産、相続（ストック）	（→相続税等）
（〜定常化）	自然資源消費・環境負荷	（→環境税・土地課税）

図６　これからの社会保障（ないし生活保障）の全体的イメージ

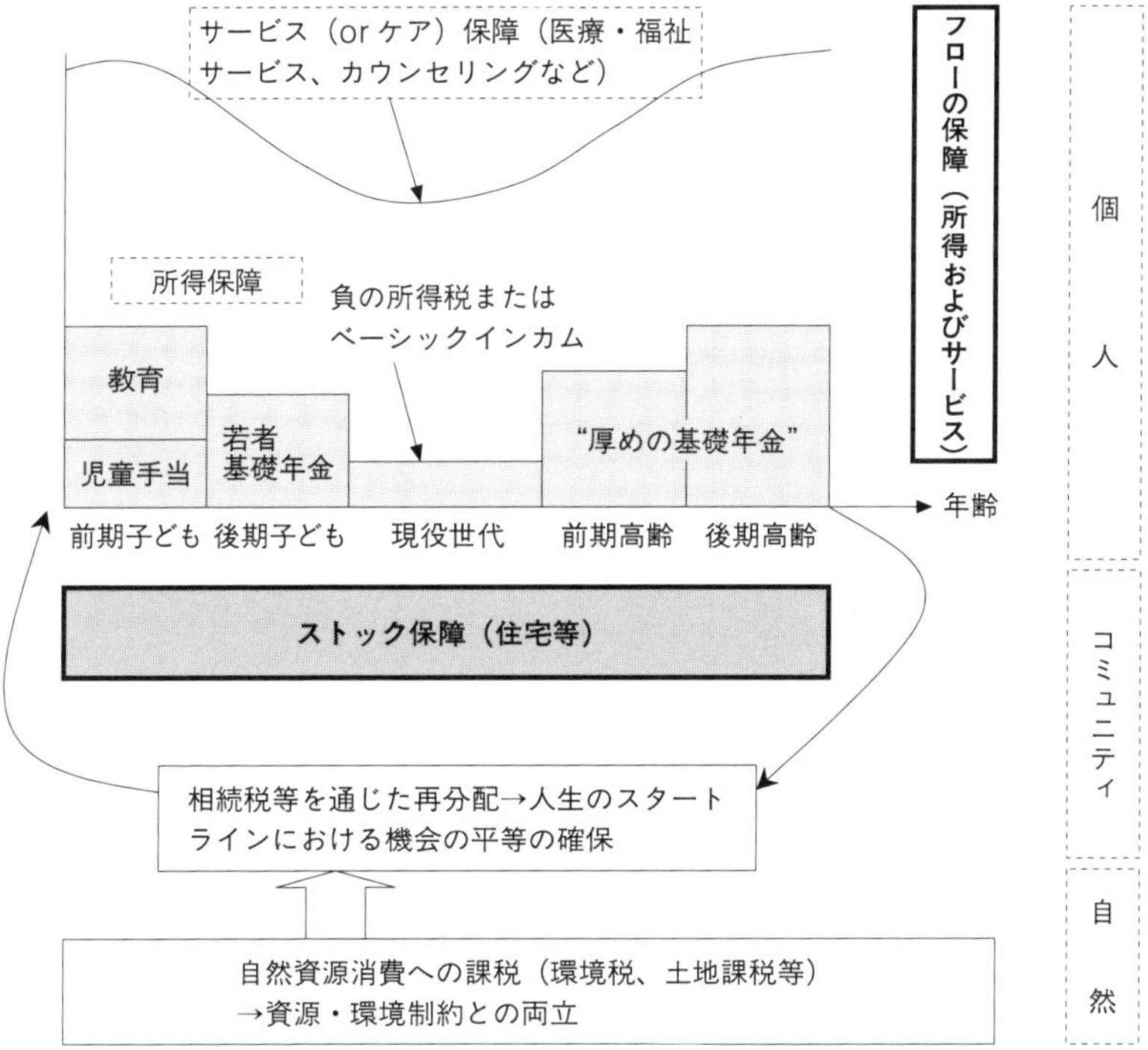

4　社会保障／生活保障システムの全体ビジョン

以上、社会保障の今後の方向として「医療・福祉重点型の社会保障」という制度面にそくした姿を述べた後、(a)「人生前半の社会保障」の強化、(b)「ストックをめぐる社会保障」の重要性、(c)「心理的・社会的 psycho-social ケアに関する社会保障」の充実という新たな三つの課題を指摘し、その財源について簡潔に論じた。

以上のような基本認識を踏まえ、これからの社会保障ないし生活保障システムのあり方をごく簡潔にまとめると、その全体的なイメージは前頁下の図6のようなものとなる。

これらのうち「フロー」については「所得保障」と「サービス（ないしケア）保障」に分かれるが、所得保障については、基本的にライフサイクルを軸としつつ「人生前半の社会保障」（含教育）の強化が求められるとともに、（基礎年金の強化とパラレルに）障害に対応した所得保障の底上げが必要である。サービス保障については、「ケア」の視点を踏まえ、一方において対象の個別性やニーズの多様性を重視した対応が求められるとともに（含心理的ケア）、普遍的・分野横断的な「社会サービス」としての再編・統合が重要となる（後述）。

3 障害(者)政策について

介護保険および社会サービス体系との関連を中心に

●税財源の「社会サービス」に介護保険を接近させる

以上、社会保障政策のこれからの方向について議論を行ったが、これらを踏まえながら今後の障害（者）政策について最後に考えてみたい。

まず、医療、介護、福祉サービスの体系をごく大まかに国際比較してみると図7のようになる。概観すると、まずイギリスとスウェーデンは基本的に似た構造（税財源主体）であり、比較的制度が統合されている。一方、日本とドイツの基本的な違いは、（すでに論じられてきたように）

（1）ドイツが年齢を通した制度であるのに対し（＝医療保険と介護で「タテ」に切る）、日本は年齢と医療・介護で二重に分離された制度であること

（2）ドイツの医療保険・介護保険には税財源が使われていないこと（そのぶん、公的扶助で対応する部分が大きい）

という点にある。なお日本の制度の構造は意外にアメリカと似ている面があることにも留意されたい。

そして、日本の今後の方向については、まず現在の姿はいかにも過渡的な形態（分断が目立つ）であり、なんらかの形での統合が必要であることはたしかであろう。

しかしながら、現行の介護「保険」との単純な統合は、❶（社会保険とはいえ）保険原理（＝拠出と給付の連動性）からくる、また❷医療保険との接続性からくる（＝医療モデルに流される）、マイナスの側面が無視できない。

図7　医療・介護・福祉をめぐる制度体系の比較

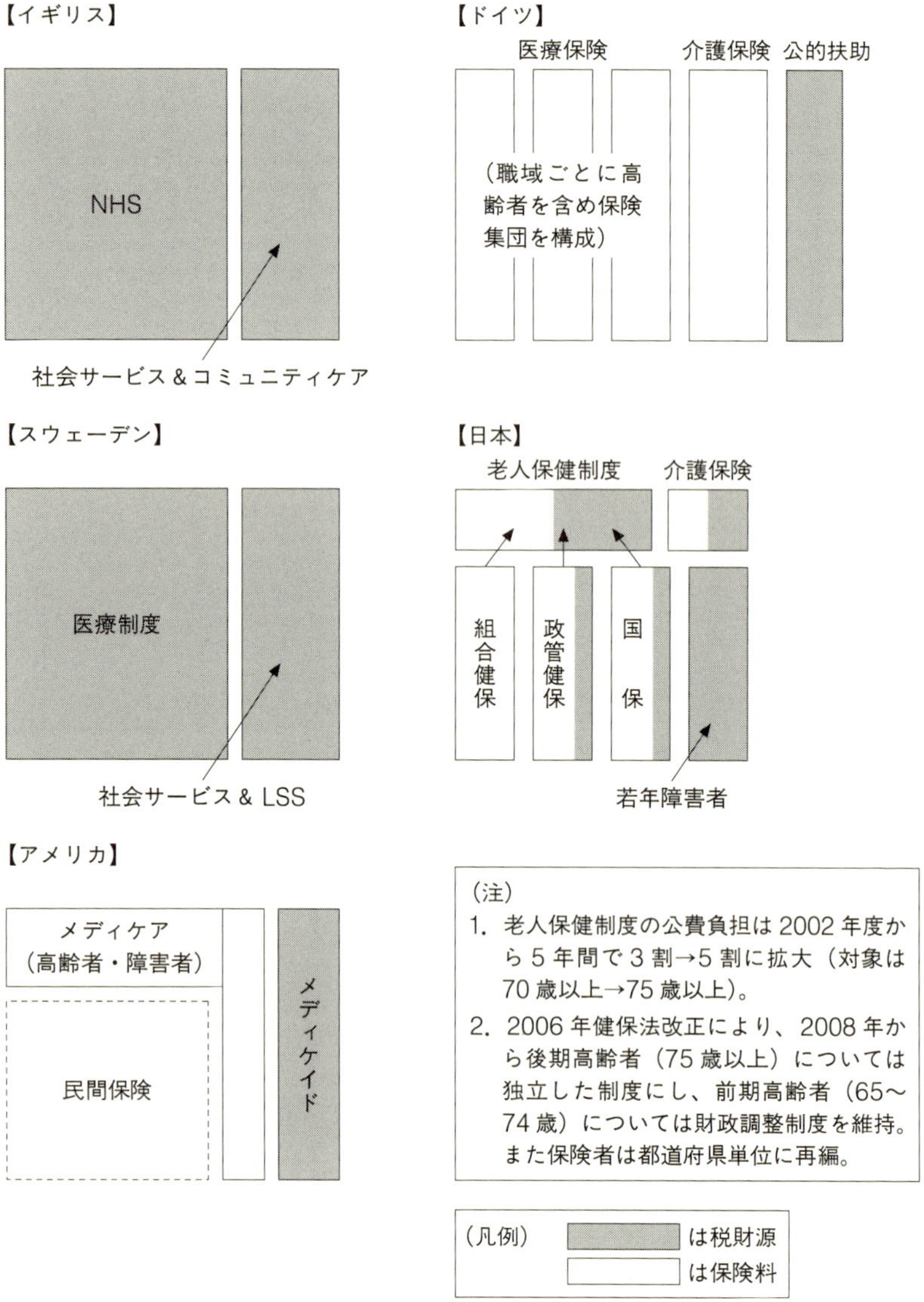

（注）
1. 老人保健制度の公費負担は2002年度から5年間で3割→5割に拡大（対象は70歳以上→75歳以上）。
2. 2006年健保法改正により、2008年から後期高齢者（75歳以上）については独立した制度にし、前期高齢者（65〜74歳）については財政調整制度を維持。また保険者は都道府県単位に再編。

他方、財源的には、第2節で論じたように、今後はむしろ（社会保険より）税財源を拡充させる方向が大きな趨勢となっている。

したがって考え方としては、むしろ若年障害者等に関する施策は税財源を主体とする社会サービスとして充実させ（スウェーデンの社会サービス法〈一九八二年〉を参照）、むしろそのなかに介護保険を接近させていくという理念ではないか（なお介護保険についても、今後税財源の拡大が課題となることが予想される）。こうした方向の行き着く先は、イギリスないしスウェーデンの構造に比較的近いものとなるだろう（ただし医療については社会保険の仕組みを維持）。

こうした社会サービス体系と介護保険との関連について、やや図式的となって恐縮であるが、いくつかのありうる方向を示したのが図8である。

以上のような考え方からすれば、一つの理想形はこの図の案1であり、普遍的かつ包括的な社会サービス（法）のイメージである。この方向を実現するための最大の課題は税財源（増税）についての社会的合意だろう。案2は介護給付の部分のみ介護保険と若年障害者サービスを統合し、それを超える部分について社会サービス法をつくるもので、いわば〝生活モデル的部分は介護保険で対応しつつ、社会モデルについて独立した仕組みをつくる〟といった整理となる。案3は給付範囲を拡充した介護保険制度としたうえで若年障害者と統合するものである（税財源の割合が五割を超えてなお「保険」といううるか議論の余地あり）。

なお、高齢者と若年障害者を比較した場合、後者について、より「社会参加」的なサービスの重要性が議論されてきたわけだが、高齢者ケアについても次第に（狭い意味の生活モデルを超えた）社会モデル的側面（コミュニティや環境との関わりなど）が注目されるようになってきている状況を踏まえると、ある意味で障害福祉のモデルが高齢者ケアに先駆してきたという面も存在しているのであり、こうした意味でも統合的な（年

図８　社会サービス法のイメージ（介護保険との関連を視野に）

【案１　社会サービス法への統合】

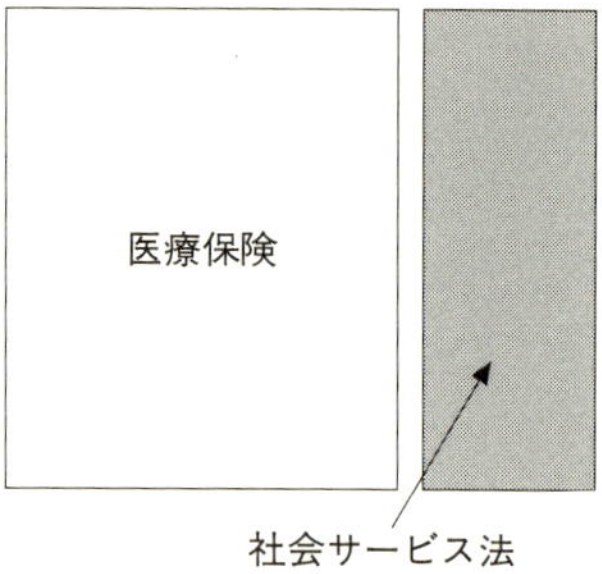

・介護保険は包括的な社会サービス法へと吸収。
・社会サービス法は地域生活支援事業等を広く含む。
・課題は（税）財源の確保

【案２　介護保険と社会サービス法の並存】

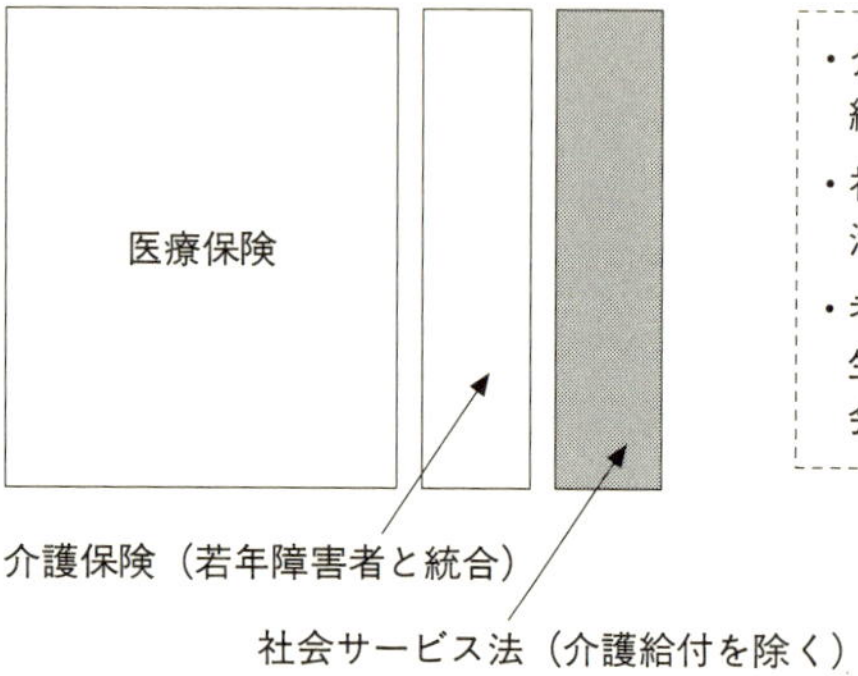

・介護保険は若年障害者の介護給付部分と統合。
・社会サービス法はより広い部分（地域生活支援事業等）のみを対象。
・考え方としては、医療モデル→医療保険、生活モデル→介護保険、社会モデル→社会サービス法、という整理か。

【案３　給付範囲を拡充した介護保険への統合】

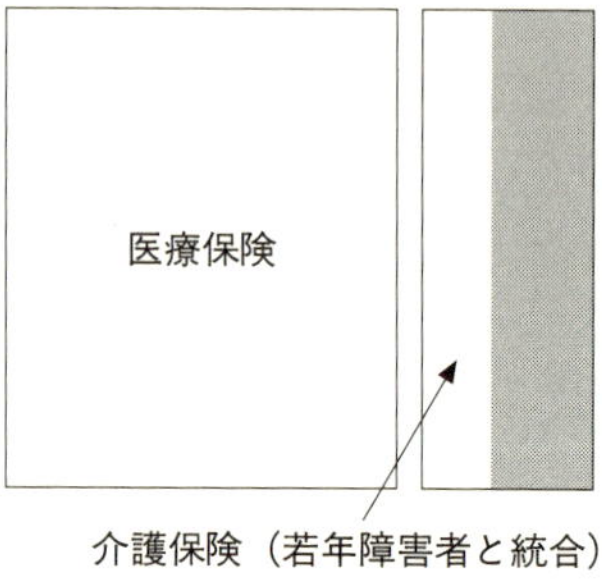

・介護保険の給付範囲を拡充しつつ若年者と統合。
・給付は訓練、地域生活支援を広く含む。
・財源は 6～7 割程度を税に。

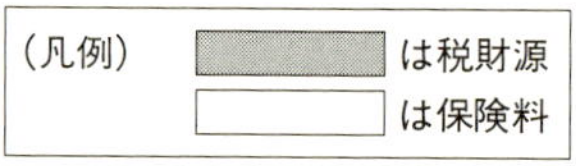

齢で区切らない）社会サービス体系は意義をもつだろう。

また以上とあわせて、障害概念（ないし定義）の日本における狭さや問題点（医療と福祉の〝谷間〟となる領域の存在など）、そしてその改善の方向についても並行して検討していく必要がある（これについて詳しくは［広井2000］第Ⅴ章参照）。

●介護保険への単純な統合は避けるべき

戦略的にいえば次のようになる。現状の日本の社会保障は、残念ながら「社会保険中心主義」ともいうべき体系になっている。最近の歴史としては、（八九年のゴールドプランである意味で萌芽を見せかけていた）高齢者介護を「税」で充実させるという〝北欧的〟な道が、細川政権時の九四年の国民福祉税構想の挫折で閉ざされ、やがて介護保険ができたことでこの方向がある意味で強まったのだった。そのため、そこでの税財源のサービスは「残余型モデル」としてきわめて限定的なものになってしまっている（現在の障害福祉はその典型）。

現状のままでは今後ますます制度の発展が阻害されるおそれがあるので、一つの妥協として介護保険への統合という方向がありうるわけだが、現行の介護保険への単純な統合は先述のように問題が多い。ひるがえって、もともと望ましいのは案1のような本来の「社会サービス法」の方向である。ここで、それだけの税負担ないし再分配への社会的合意が現実においてもし仮に困難とした場合に、案2や案3のような方向（または単純な介護保険との統合案）を次善のものとして受け入れるか否かという点が残るが、基本的には案1の方向を追求していくべきであろう。

最後に、限りない成長の時代が終わったいま、再分配のあり方にしても脱生産主義（成長志向―定常志向という選択）にしても、いずれも基本的な「価値の選択」に関わる問題であり、それは（官庁あるいは行政レベルではなく）政治レベルにおいて、国民が選挙を通じて選び取っていくものである。したがって政策決定プロセスとしては、財源論を含めて官庁（厚生労働省はもちろん、財務省を含めて）の判断を大きく超える性格の課題が中心となっているのが現在の時代である。こうした意味で、障害福祉や社会保障を含む政治・政党レベルでのビジョン（理念・政策）の提示・実現や、より包括的な社会モデルの構想がいっそう重要になることを指摘しておきたい。

■文献

DPI日本会議 2007『障害者・高齢者の自立生活支援制度 社会保障政策研究事業事業報告書』
馬場寛・シャシティーン馬場・加藤彰彦訳編著 1997『スウェーデンの社会サービス法／LSS法』樹芸書房
広井良典 2000『ケア学』医学書院
——— 2003『生命の政治学―福祉国家・エコロジー・生命倫理』岩波書店
——— 2005『ケアのゆくえ 科学のゆくえ』岩波書店
——— 2006『持続可能な福祉社会―「もうひとつの日本」の構想』筑摩書房
Robertson, J. 1999, *Transforming Economic Life: A Millennial Challenge*, Resurgence Books＝1999 石見尚・森田邦彦訳『21世紀の経済システム展望―市民所得・地域貨幣・金融システムの総合構想』日本経済評論社

アクション

第9章

楽観してよいはずだ

立岩真也

1　何が起こってきたのか?

●高齢者の制度vs.障害者の制度

公的介護保険が二〇〇〇年に始まった。多くの人が知らないことだが、障害者の運動はその制度に組み入れられることに反対した。理由は簡単だ。その介助——障害者の世界ではこの語を使うことが多い。さほどの思い入れはないが以下この語を使う——サービスの量があまりに少ないので、そうなったら暮らしていけないからだ。そして、その介護保険の制度は心配した通りの制度になった。つまり、施設で暮らしたくなく家族による介助によらず暮らそうとする人にとっては使えない制度だった。べつにこの制度を否定しようというのではない。ないよりはよほどよいものではあった。しかしそれだけではどうにもならなかったということだ。

それ以前から、一九七〇年代から、障害者の運動は制度を獲得してきた。それはごく限られた場での、そしてわずかなものとして始まったが、やがて最大一日二四時間×三六五日の制度を実現させ、さらに広がりをつくってきた。その後のことは、この成功に対する反応であったとも言える。つまり、供給に枠を設定しようとする動き、実質的には使えない介護保険（のような制度）のほうに吸収しようとする動きがあって、続いてきた。障害者の側は、サービスの水準の低い制度を受け入れられなかったから、その動きに反対した。だが、紆余曲折あったうえ制定された「障害者自立支援法」は、枠をはめ、利用の「膨張」を抑制しようとするものであり、そしてこれからさき、さらにその動きが強くなることが懸念されている［★1］。

一つには、この危機感から、この本もまた企画されたのだと思う。

基本的な方向ははっきりしている。高齢者用に今ある制度によってすべてをくるんでしまうのではなく、もっとまともな制度を実現させることであり、その実現の道筋を構想することである。しかしそれが困難に思える。高齢者も対象者に含めた今の制度よりもまともな制度となると、利用者の数が少ない間はよかったとして、もっと大変なことになるのではないか。そんな重さがあたりを覆っている。大変なこと

★1——以下紙数の制約のために記せないことが多くある。他で筆者自身が書いた文章を列挙することによってそれを補う。GCOE「生存学創成拠点」のホームページ http://www.arsvi.com に掲載可能な文章や資料を掲載している。本章の題で検索するとそれらをご覧いただける。

二〇〇〇年以降の制度と運動の動向に関連して書いた文章として［2003a］［2004d］［2005a］、これらと重複する部分のある概説的な文章としては［2003b］［2004a］。それ以前の運動と制度の進展については［1990］［1995］。自立支援法制定に至る動きについての資料集として立岩・小林編［2005］。

介助することが社会にどのようにあるべきか、その基本的な方向については［2000b］。また「ケア」を主題として刊行されるシリーズの一冊に収録される文章［2008b］にもこの主題に関して筆者が書いた文章を列挙した。

のように思える。しかしそうでもないというのが本章で言いたいことだ。

2 人の心配について

●「負担が増える」はほんとうか

必要な人が必要なものを使い、つつがなく暮らせるようになったらよいという意見に、総論としては誰も――に近いほど多くの人が――反対しない。「しかし予算が」、と言われる。「お金の問題」が残る。今に始まったことではない。そんなことばかりずっと言われてきた。

「国民負担率」が持ち出され、その上昇が心配される。それでは大変だ、だからその率を一定以下にしたほうがよいといった議論があり、実際そのようにことが運ぶ。しかしそれはおかしいと思う。反論しなくてはと思う。そう思う人が言えることは幾つかある。

一つは、日本という国が実際にはあまりに金をかけていないことを示すことである。一つには、もっと金をかけている国々の人の暮らし、経済状態を見ても、問題なくうまくやれていることを実証的に示すことである。以上は本書では前の二つの章で明確にされており、ここでそれに加えることはない。別の二つのことを言う。

まず一つ、負担が増えるという認識がたんに間違いである場合がある。無償の活動としてなされていたものが有償化され、そしてそれが税金や保険料でまかなわれるようになるとしよう。するとたしかに税金は増え、「国民負担率」は増える。しかしそれは今まで働いていたが受け取っていなかった人に払われるものである。そのぶん負担する人は使える分が少なくなるが、それと同じだけ払われる分は受け取られ、使われる。全体は、増えるのでも減るのでもない。

つまり、社会的負担への移行、有償化とは、まずは出す人もいるが受け取る人もいて、差し引きはゼロというだけのことである。だれだってそんな単純な間違いはしないと思うかもしれない。しかし、このきわめて単純なことが時に見失われてしまう。だからいちおう確認しておく必要がある。

次に、そんなことはわかった、あるいは最初からわかっているとしよう。けれどももう一つ、実際に仕事、ここでは介助の量が増える場合はどうか。

◉人は足りている

まずはお金のことを考えずに人手で考えたほうがよい。するとすこし冷静になることができる。一つに、介助の必要な人がこれからも同じ割合でずっと増えていくわけではないということ、やがては頭うちになるということだ［★2］。もう一つ、するべき仕事の量が増えたとしても、やっていける。その仕事をこなす人の数が足りないことはないし、これからもないはずだ。

人を世話する仕事をしようとすると他の生産を減らさねばならないという状態があるなら、それはいくらかは大変なことかもしれない。そんな場合を想定することは論理的には可能である。そしてその場合でも、この世にはもうたくさんのものがあるのだから、ありすぎるぐらいなのだからだいじょうぶと、言え

★2――現在とこれからしばらくの高齢者の割合の増加は、出生率が高い時期がかつてありそのあと出生率が低い時期に移ったことによるものである。現在の出生率が維持されるとして、やがて一定の割合に落ち着くことになる。

なくはない。だがそれ以前に、他の仕事を減らさねばならないほどになることを示した数字を見たことはない。私たちは足りない足りないとすぐ言うのだが、どんな意味で足りないのか、多くの場合、あまりわかって言っているわけではないのだ。

もちろんここで「人はいる」と述べるときには、政府の失業統計に現れる人たちだけのことを考えているのではない。退職の時期が決まっているためにさらに早められてしまったために退職した人もいるし、短い時間、短い期間しか仕事が得られない人がいる。いちばん忙しい時期がすぎて比較的時間のある主婦もいる。そうした時間がどれほどあるのか試算したものを見たことはないが、足りないはずはない。そして世界を見渡せば、さらにたくさん人がいる。

誤解はないと思うが、今この社会にいて余力のある人たちがこの仕事をする（べきだ）と主張しているのではない。言いたいのは、全体としてたくさん人がいるということ、そのなかに介助等の仕事をする人がいて、その仕事が増えても対応できるだろうということだ。ただ、事態を見やすくするために、ここでは今まで（支払いのある）仕事がなかった（少なかった）人がこの仕事に就くとしよう。他の仕事・生産の量は変わらないものとしよう。すると、介助を得る人は以前より多くの介助を受け取り、それを提供することになった人は以前より多くのお金を受け取り、そのお金を（税として）払う人々が受け取る（手取りの）お金はその分だけ減ることになる。

ここでも、全体として、支払いと受け取りとは差し引きで同じである。そしてすべきことが以前よりもなされている。むろん負担の増える人（手取りが減る人）はいるが、その人たちは、それならと思って、今までより多く働くかもしれない。他方、その仕事をすることになった人たちも今までなんとか生きてきたのだから、なにがしかは得ていた。ただ少なかった。その人たちが新たに得るもの（負担する人が新たに支払うもの）は、仕事から得るものからこれまで得ていたもの（たとえば生活保護費）を差し引いたその差額ということになる。そしてその結果、所得の格差は小さくなるだろう。それは所得の再分配のことを考えるならよいことである［★3］。

このようなことを言うと、今度は、ほんとうに人がいるのかいないのかといったことを言いたいのではない、今いる手勢では絶対に不可能なのかといったことを問題にしているわけではなく、介助に人が取られお金が使われることの経済に対する「波及効果」を問題にしているのだと返されるかもしれない。たとえば他のことに（より多くの）お金と人をかけられなくなって、その分よくないことが起こるというのである。しかしこれも怪しい。次にそのことを述べる。

3 金の心配について

実際にお金はかかる。具体的な財源はどうするのか。所得税だと自営業者からうまく取れないから消費税で、という理屈はわからないでもないが、多くの人が指摘してきたようにこの方法は、基本的に（消費に対して）定率の負担を求めるというものだから、政治が行うべき数少ない仕事の一つ――この社会の経済

★3――より詳しい説明は［2000a］。また［2005-2007］の第一五回「犠牲でなく得失について」、第一六回「得失と犠牲について・続」でも（［2000a］で明示的に述べなかった部分も含め）すこし考えている。「尊厳死」についての連載で「人的資源」について考えるのは奇妙なことではない。この主題についても結局はこの話になる（なってしまう）のである（この主題については［2008c］［2008d］。また［2008a］にこれまでに書いた文章の幾つかを列挙した）。

の仕組みのもとでたくさんあるところからそうでないところに渡す仕事――はうまく実現されない。「保険」という仕組み――実際には税による支出がかなりを占めている――を維持するのであれば、保険料支払い開始の年齢を引き下げる等々はすぐに思いつくし、私は実施したほうがよいと思うが、そもそも、各自が定額を支払い、必要な事態が起こったら引き出すという民間の保険のような仕組み――公的介護保険はそのような宣伝のされ方がなされた――をここで採用することはない（その理由については次々項「心配するより分配せよ」の第二段落）。

●まずは累進性をもとに戻す

とりあえずすぐにできることとして累進課税の累進性をもとに戻すことがある（具体的な金額等については7章の大沢論文を参照のこと）。多くの人は知らないか忘れていることだが、多く受け取った人からは多く（高い割合で）税を取るというその度合いを小さくして、そのままになってしまっている。だからそれをやめよう、まずは、すくなくとも、もとに戻そうということだ［★4］。

そのかつての税率の変更にいちおうの理屈は付されてはいた。負担を大きくするなら、それは生産を圧迫し、成長に負の影響を与えるといった話があった。理解できなくはないが、あまり信じる気にはなれない。

それはまず、税が多くなると多く払うことになった人はやる気がなくなって働かなくなるだろうといった話である。しかしそれはどうにも疑わしい。税の累進性が強くなったとしても、稼ぎが多くなるにつれ手取りが減っていくわけではないのだから、もっと得たい人はより多く働いて稼ごうとするということも十分にありそうなことである。

また、（お金のある人の）税を少なくしたら、そのお金が投資や消費にまわって景気がよくなるだろうといった理屈があった。しかし、税が別の人に渡ったら、こんどはその人が使うのだから、同じではないか。その疑問にも——金持ちにお金を持たせたほうが投資等のためにはよいといった——いちおうの答えは用意されてはいたが、これもそのままに受け取る必要はない。

もう一つ、税から逃れるための国外への逃亡が起こるという話は、それよりは筋の通った話ではある。だが、組織の所在地を名目上他国に移すといったことに比べ、さらに生産拠点を海外に移転するといったことに比べても、人の移動はやっかいだ。人間の国外移住についてどれほどの現実性があるかを考え、また対応策はないのかを考えればよい。

◉心配するより分配せよ

無用の心配を取り除くにはもうすこし説明を加える必要はあるのだろうが、基本は以上だ。多くあるところからは多く、少ないところからは少なく持ってきて、必要なところに使えばよい。国民の過半の同意は得られるはずだ［★5］。

すると、所得保障と社会サービスとは別の問題だと言う人がいるかもしれない。分けて分けられないこ

★4——「まん中あたりの所得階層にはあまり触らず、上のほうからもってくるというのがある種の多数派工作であることは認めよう。またこれは暫定案であって、とくに世界規模の格差を考えた場合にはそれではすまないことも認めよう。しかし、この社会での市場のあり方を見れば、税による格差調整の度合いを強めることに問題はない。だから基本的には間違っていない、ずるくはない、と言おう。むしろ、常に多数派の支持をとりつけながら、結局は多数の人にとってよくない状態をつくってしまうことのほうがずるい、と言おう」［2005b → 2006：89］

とはないが、別のことだと考える必要はない。多く受け取ることになってしまう人から多くを取って、たくさん必要な人にはたくさん給付するというだけのことである。そして、多く受け取ってしまうのも、必要なものが受け取れないのも、同じ仕組みのもとで生ずるできごとである。それに対する対応が一元的であってわるいことはない［★6］。さらに自分で払った分が戻ってくるというだけなら、あるいは自分の掛け金に応じた支払いがなされるということであれば、銀行に貯金するか民間の保険に入ればよい。そこでは果たされない機能があって、それが政治に求められている。

次に、徴収と支給の範囲について。地方分権はよいことだと言われるが、それは時と場合による。この場合には、徴収と給付の単位は、すくなくとも国の範囲で考えるべきである。まず、住んでいる場所によって受けられるものが違ってもよい理由を見つけることができない。そして介助を必要とする人の割合は地域で異なる。そしてそうした人の割合の高い地域は多くの場合、他に比べてお金を持っていない（それでここにはあなたにまわせるお金がないと言われ、そのために死なずにすむ人が死んでいる現実がある）。

むろん分権論者も地域間格差の調整の必要は認めるだろうが、そのための細々とした調整に労力を費やすことはなく、ほしい側と出したくない側双方の綱の引き合いに巻き込まれることはない。最初から、大きな単位をとって、その結果として、相対的に多いところから相対的に少ないところに自動的に渡るようになればよい。意義の定かでないものに「地域振興策」のお金を使うより、確実に人に渡り、その土地の人のためになり、また新たな人がやってくることもあるこの仕事にお金を使えばよい［★7］。

4 細切れの不合理

◉不合理な「合理化」

高齢者の「在宅」の介助では「巡回」という形態が普通のものとして採用されている。しかし、これもみながわかっていることだが、それは人の生活にふさわしくない形態である。人は定刻に便意を催したりはしないのだ。しかし、このようなかたちが主流になっている。すると介助者（ヘルパー）の移動のための時間のほうがかかることになったりする。お金も、人を配置したり、次の利用者の家に移動させたり、そちらのほうにかかる。そして実際に働く人の手取りは少なくなる。そして結局は家族の負担はそう減らない。

それに対して、（介護保険制度ではない制度のもとでの）障害者の介助では、そのすくなくとも一部では、「付き

★5――ではなぜ政権交代がないのか。まず、選挙ではある政策は他の政策とセットにされる（それをやめて一つ一つについて投票をするのがよいという案はあって、なかなかよいが、場合によっては政策の整合性、実現可能性の問題が生じうる）。そのことを考えに入れる必要がある。次に、この政策に限って考えた場合にも幾つかの要因がある。ただ、そのなかのかなり大きな部分は、私がここに書いているような当たり前な話が当たり前のこととして通用していないこと、別の話が流通してしまっていることにあると思う。

★6――暮らしていく人にとっても両者はそもそも別のものではない。ひとまず「平均的」な――実質的には「手間」のかかりようが少ない――人間を想定し、その人にかかる「普通」の費用を考えるのが「所得保障」であり、それに追加して必要の違いに応じた給付を行うのが「社会サービス」と呼ばれるものということになる。いずれも暮らしていくのに必要なものであって、その意味では違いはない。

★7――分配（とそのための徴収）の範囲を限るのがよくないこと、本来は国境で区切ることもよくないことについては［2000a］［2004b：27-30］［2005c］等に記した。

添う」「い続ける」というかたちが取られてきた。それは基本的には、障害が重くて身体の多くが使えず、始終人の手が必要だからということだった。何かをしようとすれば手伝ってもらう必要がある。呼吸を維持するだけのためにも常時人が必要なことがあることもある。ただ、常に何かしていなくてはならないというのでなければ、あいまあいまの時間はある。そこで「家事」をしておこうということになる。するとそこそこ時間をかけて食事をつくることも可能だった。だいたいそんなふうにやってきたのだ。

しかしとくに人手、というよりお金のことを心配する人たちは、なんとか「合理化」することを考える。すると、そこまでべったりと付いているのが必要でない人もいるだろうということになる。その言い分もわからないではない。さてどうするか。決定的な解決法はない。だが、ここで一気に介護保険でなされているような供給方法がとられてしまうなら、それはまったくよくない。

●「人や金を増やす」という合理化

誰もが考えつくのは、少人数で集まって住む、ごく近いところに住む、その人たちに最低一人の人が対応するという形態だ。そのかたちを否定する必要はない。それでやっていける部分、省力化できる部分もあるだろう。しかし同時にそれには限界があるのも明らかだ。二人の人が同時に人を必要とする時には、一人でそれに対応することはできないという単純なことである。

そしてその手前でふまえておくべきはさきに述べたことだ。細々とした節約をしなければならないほど人はいないのかである。いるのであれば、その人にやってもらえればよい。その人の暮らしは以前よりすこしよくなるかもしれない。そうでない人の持ち出しはすこし増えるかもしれない。それだけである。そして、受け取る人と持ち出す人は別の人と決まったわけではない。支払っていた人自らがその仕事に就いてもよい。

加えて、支払いのあり方が工夫されてよい。現在の介護保険制度のもとでの介助は、介助する人にとって、かなり高密度の慌しいものだが、そうでないかたちも必要であり、あってよい。それが実際になされるのであれば、その密度は一様ではなくなる。かなり消耗する疲れる仕事がある。そして普通の仕事がある。あるいは、長い時間滞在し呼ばれたときに隣室に出向いて仕事をするといった対応ですむ場合がある。その仕事のきつさに応じて支払いを変えることはあってよいだろう（現在も区分はなされている。ただ実際の介助者に渡る分が少なく、人の確保も困難になっている。問題は区分があることではなく、それぞれの対価が低いことにある）。

5　「過小申告」と家族のこと

◉申告の前になすべきこと

どれだけを提供するのかという問題がある。現実にはその査定の仕組みがある。要介護認定その他である。もちろんそれに対していろいろ不平不満は言われるのだが、判定・認定自体は当然のことだと、すくなくともやむをえないことだと思われている。しかしそうと決まっているだろうか。それは「たくさんとろうとする人」がいるから仕方がない、必要だとされる。ただ、他方に、「受け取ろうとしない人」がいる。つまり実際には「過小な要求」「過大な要求」と二つある。ものごとを実際に決めるのはお金を出す側だから、言われるのはもっぱら後者である。だがここでは前者のほうから考えることにする。

ひどく困っているようだが受け取ろうとしない人がいる。お金を出す側としては、そんな人がたくさんいるほうが出すお金が少なくなって都合がよいから、それを期待しているところがある。「ニーズ」が顕在化しないことを望んでいるからそっとしておきたい。他方で使いすぎのことは大きな声で言う。そこで後者のほうが目立つが、前者のほうが多いかもしれない。

届かないのは以前も今も同じだ。「措置から契約へ」という謳い文句、あるいは変化についての理解の仕方がある。措置の時代にはまだ放置されることが少なかったと言われることもある。だが過去の仕組みも現在の仕組みも各人にきちんと届くような仕組みではない。措置は行政側が行うものだが、それにしても本人から申し出ないと始まらなかったのである。生活保護といった所得保障制度についてもそうだ。制度利用における「当事者主権」と「公的責任」は両立するし、両立すべきなのだが、それが間違って分離され、とくに「契約」の仕組みのもとでは、本人がはっきり申し出ないことはしなくてよいことのようにされている。だがそんなことはない。

申告は仕方がないという人がいるかもしれない。しかしたとえば所得保障について、課税等の時点で所得は把握されるのだから、自動的に支給することも可能ではある。社会サービスについても、害にならない限り、基本的に提供するというやり方をとることはできる。そのうえで実際には使わないこともできるし、返したい人は返せばよい。

これは「当事者主権」と矛盾することだろうか。そんなことはない。本人が決めたほうがよい理由の大きな一つは、本人が決めるほうが本人にとって益があることにある。しかし実際には、他人の世話になってはならないといった価値を真に受けてしまうこと等によって、そうはならないことがある。そういう人は遠慮深いとか、慎ましい人だとほめられる。ほめるのはただだから、ほめるだけですめば周囲も楽ができる。楽になる人たちはそれでよいとして、その人自身にとってはよくない。障害者の運動では、そんなふうに思う必要はないことを、プログラムやピアカウンセリング（同輩による同輩へのカウンセリング）というやり方で伝えてきた。これがどこでもそのままのかたちで使えるかどうかはわからない。しかしなすべきことはあるということだ。

◉家族を正しい位置におく

本人の必要が届かず、そして必要なことがなされない一つの要因になっているのは家族だ。家族の意向はなぜ尊重されるべきなのか。この問いに対するまともな答えは、家族は本人のことをよく知っていたりするために、その人の代理人として適切であるからという答えだ。そのように言える場合も多くあることは認めよう。しかしそうでない場合がたくさんあるのもまた現実である。そしてそれは、普通に考えれば当然のことである。

今の社会では家族の負担が大きいから、家族はその負担が小さくなるほうに動こうとする。放置できれば放置したい。家族の負担から公的な制度の利用に移れば家族にとっても楽だからその方向に動くのではないかとも思われるが、実際にはそう単純ではない。制度利用に際しての自己負担（という名の家族負担）が関係したり、世間への見え方が気になったりして、そうはならないことも多い。家族にどこまで介入するのかという問題は時になかなかやっかいだが、すくなくとも介助の提供については、家族の意向に反しても行ってしまってよいことがあると考える。

同時に、とくに家族にその仕事を担わせる場合には、家族がその仕事を「金づる」にするということも起こる。それで双方がうまくいけばそれでもかまわない。ただ、他の人が行ったほうがよいのに家族が行い、そして提供されるべきものが十分に提供されないといったことが起こる。また逆に、家族があてにされて、家族はその仕事から離れたいのに離れられないといったことも起こる。だから、有償の介助を行う人として家族を認めるべきでないという主張にももっともなところはある。けれども基本的には、家族もまたこの仕事を担い、その対価を得る人として認めるべきである。ただここにいくらか厄介な問題は残るということだ。

所得保障に関係しても同様のことが起こる。一方で、年金などをあてにしてその当人を離さないといったことが起こる。他方で、家族に寄生することによって（させることによって）他の援助を受けず（受けさせず）双方にとって厳しい生活が続くといったことが起こる。

●当事者の権利を擁護する組織を

こうして、立ち入ること、調査することも含め、強制的な介入を必要とする場合がある。それは基本的には公的な機関しかできない。ただ強制的な介入を行うことを時に要請し、同時にそこから距離をとる民間の組織があったらよいだろう。

介入せざるをえない場面では多く争いが生じているから、どちらの言うことをとるべきか等々、そこにはしばしばめんどうなことが起こる。その場合、その民間組織の立場ははっきりしていたほうがかえってよい。すくなくとも一方に、当人の権利を擁護することを目的とすることを明示して活動する組織が——「組合」といった名を使うかどうかはともかく、また、アメリカのように医療保険も満足にない国におけるそうした組織とはまた違ったものになるだろうが——あったほうがよい。

6 「過大申告」と基準について

次にもう一方、人は多く受け取ってしまう、だから基準が必要で査定が必要だとされることについて。まず、どこに基準に置くかについて、というより、基準を置くことの妥当性についてすこし考えてみよう。

◉「最低限度」「人並み」は自明ではない

私たちはすぐ「最低限度」とか「人並み」とか言う。その「基準」を決めるべきであり、決めないとやっていけないと思っている。しかしそうか。まず「最低限度」でなければならない理由があるか。まずそれがどんな状態を指すのかもよくわからないのだが、仮にそれを言うことができたとして、なぜそれでよいのか、うまく説明するのはむずかしい。では「人並み」ならよいのか。これが何を指すのかもよくわからないのだが、たとえば平均値であるとして、それがなぜよいことなのか。平均の値を得ているとは、言い換えれば、おおむね半分の人はそれよりも多くを得ているということでもある。なぜその人は全体の半分の人より受け取るものが少なくてよいのか。

その理由は自明ではない。考えて、もっともな理由として残るのは、人の損得にそう大きな違いがあることは望ましいことではないということぐらいだろう。その人が多くを得ること自体は本人にとってよいことだし、周囲にとってもわるいことではないが、そのために働くのは辛い、すくなくとも辛い部分はある。だからさせずにすむ仕事をさせるのはよくない。そして働く人は、働いて苦労する分、そうでない人より多く得ることはできるとしよう。だから、結果として、基本的な所得の部分について働かない人は働く人より得られるものが少なくなる。

ただ、暮らし向きは所得だけに左右されない。介助が必要なら介助が得られなければならない。その提供の範囲は、まずその人の介助の必要のあるなしを考えずに、このぐらいの暮らしはできてよいその水準に達するまでということになるだろう。すると、そのための必要は人の身体的その他の条件によって当然違ってくるが、それは仕方がない。介助の仕事を提供する義務は社会にあって、その総量を分割して対応するというのが基本的な方向だ。

●上限はおのずと決まってくる

このように考えるとして、次に「過大請求」は現実に生ずるだろうか。まず所得保障の場合、ほしいだけ支給するというのはたしかにむずかしい。お金はなんにでも使えるし、あればあるだけよいと思う人はかなりいる。しかし使途が限定されている場合にはそうなるとは限らない。たとえば医療では可能だ。「自己負担」がないかわずかで、どんな場合にはどれだけしか使ってならないと決まってなくても、それほど膨張することはない。なぜか。一番単純な理由が、医療はあればあるだけよいというものではないという理由だ。注射をいくらでも打ってほしいと思う人はまずいない。薬にしても注射にしても、多く使えば使うほどよい結果になるわけではなく、そして注射は痛い。さらに、かえってそれでは自分の健康が危いこともある。病院にずっといたいわけでもない。

すると、そんなこともあるが、それは特別な場合に限られると返されるだろう。あればあるほどよいとは言えないものは特別なものだろうと言われるかもしれない。それは認めよう。だが介助はどちらか。まず、一日は二四時間でそれ以上長くなることはない。そして多くの場合、その仕事は一人について一人で足りる。上限は自然に決まっている。次にやはりここでも人はそう多くをほしがらないかもしれない。

このことをよく言うのが中西正司だ。介助はずいぶん人の身体や暮らしに近いところでなされる仕事だ。それは必要不可欠なことではあるものの、それ自体はうれしいことではない。むしろわずらわしい。必要でない時以外には人にいてほしくはない。だから、その人が「ほしいだけ」という決まりにしても、そう増えることにはならないはずだと中西は言う。そして基本的に高齢者向けの公的介護保険には認定・判定があるが、そんなものがない障害者を対象とした制度だって実際にはあって、それでこれまでもそこそこうまくいっているのだ、判定だのなんだのする手間もかかるわけだし、そんなものはなくてよいのだ。こんな主張をする。

この主張には一理ある。たしかにたくさんあればあるほどよいというものではない。そして、あなたにはどれだけと決められるのは当人にとってはいやなことではある。これこれの状況のあなたの場合にあなたに認められるのはどれだけ、と決められる。介護・介助は生活全般に関係することだから、生活の全体が査定されるのに近い。それはうれしくない。どんな要求にも応じるというのではないが、とくに査定をせずとも、現実がおおむねうまく落ち着くならそれが一番よい。そのために考えるべきことを考え、できることをしたらよい。

まず必要以上に膨張させる要因は、利用側というよりむしろ供給側にある。たくさん買ってもらったらうれしいから、たくさん売る。「過剰医療」と呼ばれたものの背後にあるのもそういう利害だ。それはそれで対応の必要があるし、対応すべきであるが、そのために利用者側に制約を課すのはよいやり方ではない。

◉それでも「基準」が必要ならば……

次に基準は当然必要だなどと言うわりには、それがどんなものであってよいのか、考えられることは少ない。たとえば庭のある人がいてヘルパーにその草取りを頼むとする。その要求を受けるのか。一つに、実際には派遣できる人は限られていて、その依頼に応えていたら、生きるか死ぬかに関わる状態の人に派遣できなくなる、だから断わるといったことがある。これは後者の必要のほうが前者のそれより大きい、大きく見るべきだと考えていることによる。その判断自体は妥当だとして、では両方に応じることが不可能ではない場合はどうか。

身体が動けば自分がやったことなのだが、それが今できない、その分は介助者が担うということでだいたいはよいはずだ。こうした場合には他人にやってもらって得られるものも限られている、代わりに担う仕事も限られている。他方、人を雇ってやってきたことなら、あるいは現在でも雇っているということであれば、それを代行することをそのままに受け入れることにはならないだろう。

ここで働いている判断は単純なものだ。人が働くのはすくなくとも一面ではその人自身に負荷となる。だから、人が得られるべきものは無限ではない。実際には私たちの社会では、人の労働を得るための資源（お金）を持ってさえいればどれだけでもそれを引き出すことができるのだが、それを正しいこととしては認めないということだ。人の手間のかかった物を多く有することそれ自体を価値とし、それを本人が自らの本当の必要と感じているとしても、それを提供する必要はなく、提供しないでよい。さきに記したことからはこのように言えるだろう［★8］。

また、たくさん使ってしまう人はたとえば心配な人である。そのうち減らされるのではないかという心配があり、取れるときに取っておこうとする。しかしこの理由なら、減らしても増やしたいときにはまた増やせるようにしておけば、今の自分に必要なだけでよいということになりそうだ。また人がいないと不安な人、人がいてほしい人がいる。他に人が誰も訪れてこない人は、一人だけ訪ねてくるヘルパーにずっといてほしいと思うかもしれない。いないなら仕方がない。ただ人づきあいが他の場所にあれば、介助する人にそういうものを求めることもない。人が実際にいないと取り除けない心配、不安もあるが、そうでないものもある。それがうまく取り除かれればそう多くはいらないということになる。

十分なだけが得られるのであればそのための基準があってもよい。このことまではしないという基準を決めることは、時に必要ではある。しかし、今まで「ほしいだけ」とか「使っただけ」なんてありえないと思われていたとすれば、すくなくともある部分についてはそんなこともありうることを知ることには意味がある。そして、そのように実際になされてきたことがあることを知ることにも意味があるし、今はそうなっていないものについてもその可能性があることを知っておくことにも意味がある。

◆

まず「足りない」という心配について記した。ごく簡単にではあるが、そんなことはないだろうと述べた。そしてお金のことについて。もちろん、四〇歳になった一人ひとりがほぼ一律にいくらか払っている保険料をいくらか上げ、年齢を下げることでも対応はできるだろう。しかし、足りていないところに足り

★8——以下についてより詳しくは『自由の平等』［2004b］の第四章「価値を迂回しない」。そこで「多くを要求する人」と「慎ましやかな人」について考えている。その人を尊重するがゆえに、時に、その人の言うことをそのままに受け入れる必要はない、受け入れるべきでない。このこともまた「死の決定」に関わって考えるべきことになる。［★2］にあげたもの以外には［2004c］等に考えたことを記した。

ているところから運ぶという原則でことを運んだほうがもっとよいだろうとした。

次に、細切れの巡回型の介助でやっていこうとすると無理があること、すべてを滞在型とするのには無理があるとしても、こちらに利と理があること、他に考えられる形態をいろいろと考えてみたらよいと述べた。

そして、当事者主権とはその当人の言うことをそのまま受け取るというだけのことではないと述べた。実際の大きな問題は声が発せられないこと、声が遮られることだと、そしてそのことに多く家族が絡んでいることを指摘した。本人（この本で言う当事者）を擁護し代弁する人、人の組織の必要を述べた。

さらに基準の設定の必要をいちがいに否定しないが、その基準をどこに置くかについてはよく考える必要があること、そしてうまく仕組みをつくりさえすれば実際には本人の希望通りの使用に委ねてもそれほど過大な需要が発生することはないのでないかと述べた。

以上、基本的に楽観的なことを述べた。周囲が暗いから、わざと、というところはある。しかし元気を出そう（出させよう）と嘘を言ったのではない。さまざま詰めるべきところはあるが、その作業がなされた後でも、やはり同様のことが言えると思うし、むしろもっとたしかに言えるだろうと考えている。その作業がなされたらよいと思う［★9］。

★9――たとえば人手についての「試算」をさまざまに行ってみてもよい。本書には収録しなかったが下地［2007］等でその作業が始められている。いっしょにできる部分についてはいっしょに、教えてもらえる部分については教えてもらって、進めていきたい。

■文献

安積純子・尾中文哉・岡原正幸・立岩真也 1990『生の技法―家と施設を出て暮らす障害者の社会学』藤原書店→1995 増補改訂版、藤原書店

岡崎伸郎・岩尾俊一郎編 2006『「障害者自立支援法」時代を生き抜くために』批評社

下地真樹 2007「介護の社会的総費用の試算」http://www.arsvi.com/2000/0712sm.htm

武川正吾・西平直編 2008『死とライフサイクル』（シリーズ死生学3）、東京大学出版会

立岩真也 1990「はやく・ゆっくり―自立生活運動の生成と展開」[安積他 1990：267-321]→1995 [安積他 1995：267-321]

―― 1995「私が決め、社会が支える、のを当事者が支える―介助システム論」[安積他 1995：227-265]

―― 2000a「選好・生産・国境―分配の制約について 上・下」『思想』九〇八号（二〇〇〇年二月）六五-八八頁、九〇九号（二〇〇〇年三月）一二二-一四九頁→[立岩 2006：137-150]（抄）

―― 2000b「遠離・遭遇―介助について 1〜4」『現代思想』二八巻四号（二〇〇〇年三月）一五五-一七九頁、二八巻五号（二〇〇〇年四月）二八-三八頁、二八巻六号（二〇〇〇年五月）二三一-二四三頁、二八巻七号（二〇〇〇年六月）二五二-二七七頁→[立岩 2000c：221-354]

―― 2000c『弱くある自由へ―自己決定・介護・生死の技術』青土社

―― 2003a「障害者運動・対・介護保険―2000〜2002」平岡公一（研究代表者）『高齢者福祉における自治体行政と公私関係の変容に関する社会学的研究』文部科学省科学研究費補助金研究成果報告書（研究課題番号一二四一〇〇五〇）、七九-八八頁

―― 2003b「介護保険的なもの・対・障害者の運動 1〜2」『月刊総合ケア』一三巻五号、一三巻七号

―― 2004a「介護保険制度改革の方向」『生活経済政策』二〇〇四年一一月

―― 2004b『自由の平等―簡単で別な姿の世界』岩波書店

―― 2004c『ALS―不動の身体と息する機械』医学書院

―― 2004d「障害者運動・対・介護保険―2000〜2003」（東信堂刊行の書籍に収録予定だが未公刊のためHPに掲載）

―― 2005a「障害者自立支援法、やり直すべし―にあたり、遠回りで即効性のないこと幾つか」『精神医療』三九号二六-三三頁→[岡崎・岩尾 2006：43-54]

―― 2005b「どうしようか、について」『グラフィケーション』一四一号、一五-一七頁→[立岩 2006]

――――2005c「限界まで楽しむ」『季刊 at』二号、五〇-五九頁→［立岩 2006：108-125］
――――2005-2007「良い死 1～18」『Web ちくま』（加筆・改稿のうえ［立岩 2008c］［立岩 2008d］に収録）
――――2006『希望について』青土社
――――2008a「人命の特別を言わず／言う」［武川・西平 2008］
――――2008b「有限性という常套句をどう受けるか」『ケアという思想』（シリーズ ケア―その思想と実践1）岩波書店
――――2008c『良い死』筑摩書房
――――2008d『唯の生』筑摩書房
立岩真也・小林勇人編 2005『〈障害者自立支援法案〉関連資料』〈分配と支援の未来〉刊行委員会

第10章

当事者主権の福祉戦略

ユーザーユニオンの結成へ

中西正司

これまでの各章で、福祉サービスにおける理念、制度、実践において当事者主権（ニーズ当事者による自己決定）の重要性が論じられてきた。本書の結論となる本章では、当事者主権を実現するためのビジョンとアクションについて踏み込みたい。

理念においては、1章（上野論文）で、ニーズとは何かという原理的な考察から始まり、当事者主権の立場にもとづいてニーズ中心の社会政策をつくる必要を説いた。福祉サービスのエンドユーザーである当事者ニーズこそが最大限尊重されなければならないこと、当事者にとっても第三者にとっても潜在的なニーズを顕在ニーズに変えていくための過程で、当事者の役割と当事者の権利擁護運動の必要性を示した。

実践過程については、2章（笹谷論文）で、ケアリングというミクロの相互交渉過程を通じて、ニーズの顕在化が抑制されるしくみを論じ、とりわけ改正介護保険のもとでのサービス提供-受領の過程における問題点を指摘した。3章（齊藤論文）では、潜在ニーズが顕在するミクロ過程における問題点を事例をもとに示した。4章（春日論文）で、家族支援が実態に合わないこと、当事者にとってかえって家族がリスク化するきびしい現実を指摘し、現場の事例をつうじて潜在ニーズの顕在化が抑制されるメカニズムと、それを顕在化するための社会的支援の必要性を論じた。

さらにミクロとマクロをつなぐ福祉サービスの需要と供給のサイクルにおいて、5章（上野論文）では、官・民・協・私セクターの最適混合が必要であることと、そのなかでも協セクターの相対的優位を論じた。この理論的な枠組みのもとでの実践例として、6章（池田論文）では、ケアワークを事業として展開するにあたって、「非営利・協同セクター」とりわけ生協の事例を、「社会的企業」の可能性として論じた。

そして制度論においては、7章（大沢論文）で、当事者主権にもとづく福祉サービスを実現するための税および社会保障財源の確保が可能であること、またそれを運用するための中央政府・社会保障基金政府・地方政府の三つの政府構想を提示した。それによって福祉を選別主義から普遍主義へと政策転換し、当事者を含む多様な市民が主体として地域運営に参加する機会を保障することをつうじて当事者主権の福祉サービスが実現できることを示した。8章（広井論文）では、高齢者・障害者の当事者ニーズを支える再分配システムのグランドデザインが提示され、それが実現可能で大多数の国民の合意が得られる制度設計であることを示した。

9章（立岩論文）では、以上のニーズ中心の福祉社会を実現することは、十分に可能であるし、社会的な合意を得ることも思ったほど困難ではないという楽観的な展望を述べた。

以上の、理念、制度、実践の検討を踏まえて、ビジョンを現実化するためには何が必要だろうか？　現状を分析し、問題点を指摘し、制度を設計し、可能性を検討するだけでは十分ではない。これまでの歴史が教えるところでは、どのような社会や制度の改革も、それを遂行する主体と、そのための戦略・戦術がなければ、もたらされないことを示している。改革は自然現象のように起きるわけではないし、棚からボタモチのように降ってくるわけでもない。本書そのものが、当事者ニーズの顕在化とその実現のためのものである。結論を先取りすれば、ニーズ中心の新たな福祉社会を実現するためには、当事者性をもった政治勢力を形成することが不可欠である。そのためには、高齢者がニーズの主体となり高齢者運動を形成すること、さらに障害者運動と連携して、当事者主権の理念にもとづいた当事者運動が成熟することが必要である。

本章では、以上を踏まえ、ニーズ中心の福祉社会のビジョンを示し、それにもとづいて現在の介護保険制度、障害者自立支援法の改正すべき点をあげる。さらに、新たな福祉社会実現のためには多様な当事者を組織化するユーザーユニオン結成が欠かせないことと、そのユーザーユニオンの目指すべき方向を示す。

1 ニーズ中心の福祉社会のビジョン

1 マクロからみた目指すべき福祉社会

ニーズにもとづいた福祉サービスを制度設計するうえで、政策、財源、組織の点で国はどのような政策をとるべきか、本書でみたように、そのシナリオはすでにできあがっている。

●経済発展と高福祉の実現

ニーズ中心の福祉社会の実現に向けて、経済成長と高福祉を同時に目指すことは可能である。高福祉社会が経済発展を阻害するというステレオタイプな議論には、根拠がない。というのは北欧の諸国では、高度の経済発展と高福祉とを両立させている事実があるからである。これらの諸国は、政策モデルとして、次にあげる三つの福祉レジームのなかから社会民主主義福祉国家レジーム〔Esping-Andersen 1990＝2001〕を選択している。以下に述べるように、他の二つの福祉レジームに制約や限界が多く、日本がアメリカ化を目指すことにも問題が多いとすれば、すでに効果の証明されている第三のシナリオを選択することが妥当であり、かつ現実的であろう。

❶国家主義的・コーポラティブ的・保守的福祉国家レジーム

伝統的な家族を福祉の含み資産とし、市場の再分配機能に依存して、企業福祉を重視した公的福祉は、家族の失敗と市場の失敗とを補完するためだけの効果をもつ。ドイツ、イギリス、オーストリアがこの類型に含まれる。家族制度を重視する従来の「日本型福祉」もこの類型に含まれる。日本の介護保険制度は、家族介護を前提としそれを補完することを目的としており、保守的福祉レジームの一環といえる。長期にわたる不況とグローバリゼーションのもとで、日本型経営が提供してきた企業福祉への信頼が失われ、家族介護の限界が指摘されて、脱家族化が課題となっているいま、このレジームを維持することは現実的でない。

❷自由主義的福祉国家レジーム

代わって登場したのがネオリベ改革のもとの市場化である。市場による再分配機能を評価し、ワークフェア（労働を通じての分配）を強調するために、選別主義となり、福祉の受給者にはスティグマがもたらされる傾向がある。日本の生活保護制度は、できる限り対象を限定して選別主義的にミーンズテスト付きで行われるので自由主義的制度といえる。制度利用者にはスティグマが貼られ、できる限り速やかに就労し、扶助対象からはずれるように圧力がかけられる。

アメリカ、カナダ、オーストラリアで採用されており、近年の日本、特に政財界はアメリカ化に向かっているが、その結果が格差の拡大と固定による社会不安の増加と社会統合の弱体化であるとするなら、自由主義レジームの社会的コストは、かえって高くつくといわなければならない。

❸社会民主主義福祉国家レジーム

上述のいずれでもない「第三のシナリオ」がこの社会民主主義レジームである。基本的には資本主義的な市場原理にもとづいたうえで、市場の限界を社会連帯にもとづく再分配で克服しようとする社会民主主義の理念を採用している。福祉サービスについては、脱商品化と脱家族化の程度がその指標となる。サービスは選別主義的でなく、ニーズに応じた普遍主義的原理によるため、収入によらず国民のすべてがサービスを利用できる。最低限のニーズを基準とした低位の平等ではなく、最も高い水準での平等(スウェーデンの平均国民所得は年収八〇〇万円)を推し進めるような福祉国家を目指し、実現してきた。スウェーデン、ノルウェーなど北欧諸国で経済発展と高福祉を同時に実現している。そのために国民に高負担を要請しているが、安心を支える社会連帯をもたらすことで、社会的合意を調達している。

グローバリゼーションのもとで、市場原理を放棄することはだれにもできないが、その欠陥をできるだけ克服するための再分配への社会的合意は必要だし、可能であることを、これらの例は証明する。

●権利としての福祉サービス

介護や介助が必要な人がそれを受けることは、いまや「社会権」の一つである。二〇〇〇年施行の介護保険は、高齢者の福祉を「措置から契約へ」「恩恵から権利へ」変えたといわれた。また二〇〇六年、国連の「障害のある人の権利に関する条約」が採択された。この条約によって今後地域での在宅サービス、居住サービスなどを受けることが権利として扱える根拠法が整備された［★1］。

これまで介護サービスや介助サービスは、行政や提供者によって制限や制約を加えられてきたが、高齢者・障害者が当事者主権を行使する、すなわち当事者が必要とするサービスが必要な量だけ十分に供給されることが、法律上の権利として保障されるような法制化が必要である。財源を確保したうえで、権利にもとづいたサービスを保障する「社会サービス法」の制定を目指したい。

権利としての福祉サービスを手に入れるためには、国内法に高齢・障害を統合した税によるサービス提供を補償する「社会サービス法」が必要である。また障害者も高齢者も、尊厳を守られて地域でふつうに生活できるための、「年齢差別禁止法」「障害者差別禁止法」が必要である。国連の障害者の権利条約を批准した後に、国内法で「障害者差別禁止法」をつくる運動を展開する必要があろう。

◉三つの福祉政府体系と当事者主権

7章で大沢は、「住民の多様なニーズにこたえてサービスを含む現物給付を行う地方政府、稼得を代替する所得移転を行う社会保障基金政府、そして全国的にミニマム保障の責任を負う中央政府」の三つの政府の設立を提案している。選挙で選ばれた代表による社会保障基金政府に年金および医療保険の運営を委

★1――二〇〇六年一二月、国連で「障害のある人の権利に関する条約」が採択された。第一九条の自立した生活（生活の自律）および地域社会へのインクルージョンには「(b)障害のある人が、地域社会における生活およびインクルージョンを支援するために、ならびに地域社会からの孤立および隔離を防止するために必要な在宅サービス、居住サービスその他の地域社会の支援サービス（パーソナル・アシスタントを含む）にアクセスすること」と明記されている。

譲したうえで、老障一元化された福祉サービスは一般財源の税に中央政府が公的な責任をもつ。

大沢が述べるように、従来はサービスを「措置」する対象とみなされてきた人々が福祉サービスの設計・運用に主人公として参画していくしくみが必要である。そして、福祉政府としての地方政府は、多様な住民が主体として地域運営に参加する機会を徹底的に保障する、住民の自己統治の機関でなければならない。

すべての福祉政策の立案にはニーズの当事者が意思決定に参加することを原則にしたい。その際には、ニーズ別に当事者へヒアリングを行い、同時に諸外国の制度についての比較検討を並行して行う方式が適している。制度は白紙から出発するわけではなく、すでに先行のモデル事例がメリットもデメリットも示してくれているからである。

福祉政策の立案は利用者のニーズ別に地域生活、社会参加、移動、就労、教育、コミュニケーション等のワーキンググループをつくり、当事者ニーズを最大限尊重したものでなければならない。

現在施行されている介護保険法には三年ごとの介護計画策定委員会への住民参加の保障があり、また自立支援法における障害者計画では、施策推進協議会に障害者当事者の参加を求めることになっているが、制度上の権利も、運用上は骨抜きになることが多い。たとえばH市のように障害者を過半数入れて障害者計画を作成しても、数値目標を入れる段になると市の予算の範囲内で既存の事業を中心に予算が組まれ、新規事業ははずされてしまうといったことも起こっている。このように、当事者の声が反映されないと、せっかくの制度も「絵に描いた餅」に終わってしまう。

地方政府は住民ニーズに密着しているという利点がある。都道府県は国が取り上げないような先駆的事業を新規モデルとして実施する。市町村は非営利団体の新たな福祉サービスの試みに対して積極的な創業期支援のしくみをつくることが望まれる。分権化の流れのなかで，地方自治法が大胆に改正され，都道府県や市町村にはかつてない裁量権が与えられた。福祉についても，地域のニーズに密着したサービスの内容や量について十分に検討して，中央政府の基準をこえたサービスの質・量を実現することが可能である。このような地方の自主的な努力が，ひいては国全体のサービスの底上げを担う先導的な役割を担うことになろう。

2 ミクロからみた目指すべき福祉社会

マクロからみた福祉社会システムのグランドデザインは，以上のように示すことができた。それではこのような福祉システムのもとで，サービスの提供と利用というミクロ過程では，これまでとちがったどのようなサービスを受けることができるのだろうか。以下，具体的に示したい。

◉当事者ニーズの生成

1章の上野がいうように，ニーズは複数のアクター／ファクター間の交渉過程によって生成するものであり，あらかじめそこにあるものではない。したがって当事者の潜在ニーズを顕在化し，それを専門家，家族，政治家，官僚，市民等の第三者とともに合意形成していくプロセスが重要となる。

たとえばこれまで知らなかったサービスメニューが提示されればそこに新たなニーズが生まれたり，先駆的な福祉制度の実態や，肯定的な当事者のロールモデルをみることによってあのようなことをしてみたい，あのようになってみたいという比較ニーズが生まれる。福祉サービスが整備され，適切な支援によりサービスへのアクセスが確保できれば、潜在的ニーズは顕在化し、当事者によって表出されたニーズとなるだろう。

◉ニーズの選択と決定は「当事者主権」で

介護保険は高齢者のニーズの判定を公的機関の第三者が行うしくみになっている。ニーズ当事者の参加しない審査会で、本人と会ったこともない専門家たちが中心となって、アセスメント結果と医師の診断書をもとに程度区分判定とサービス量決定を行っている。要介護度別に利用料の上限が設定され、サービスの内容も制約を受ける。コンピューターの導入による個別性を無視した判定方法や、サービスの量や内容についての制約の不合理については2章で笹谷が論じている。医療保険ではこのような制約はない。何が「最善の医療」であるかについての判断を患者に代わって行う医師の専門性に、制度上の権威が与えられているからである。介護保険のケアマネジャーには、このような権威すらない。ケアプランの作成は、「ニーズに合わせて」といわれるが、それも制約と誘導のもとで、限られたメニューのなかからの選択にすぎない。

上野が冒頭に指摘したように、当事者ニーズに合わないサービスを提供しても、制度の効果はない。だとすれば、どのようなニーズも、サービスを受ける当事者が選択し決定することが基本であろう。当事者の合意なしには、だれも（家族も専門家も行政も）この権利を代行してはならない。これを「当事者主権」というが、この用語が示すとおり、当事者主権とは本来、他のだれにも譲渡することも代行されることもできない、当事者のみに属する権利のことである。仮に第三者が権利を代行することがあっても、最終的にその可否を判定するのは当事者以外にない。それならニーズの量と内容とを当事者の決定に委ねればよいが、それをしないのは、利用の抑制を図るためと、上限のない要求に恐れを抱いているためである。現在の制度は当事者に対する尊厳も信頼も欠いた制度であるというほかない。

これに代わって、当事者の生活は当事者が主権をもって決め、介護や介助の必要な時間や内容も当事者が自己選択・自己決定するしくみをつくる必要がある。ケアプランも、当事者にそれが可能なら自らセルフケアマネジメントを行い、支援が必要な人たちには、支援者がケアプランづくりを支援すればケアマネジャーも要らず、費用もかからない。現状の介護保険と自立支援法のもとでは、第三者による当事者ニーズの判定そのものに膨大な費用がかけられており、この費用をサービス供給に回せば無駄を排することもできる。

◉高齢者・障害者ともに社会参加の権利保障を

介護や介助さえあれば、社会的な活動ができるし、仕事を続けることもできる障害者や高齢者は多い。これらの人々の介護や介助を制限することでいたずらに依存的な存在にとどめるよりは、積極的な社会参加の保障を行うことで、職業生活を送り納税者になることもできる。また社会参加の保障は、孤立や排除を防止し、自立を助ける効果があることもわかっている。

たとえば、移動介助は障害者の自立支援法にはあるが、介護保険にはないサービスである。知的障害者にとっては親や兄弟、作業所の職員以外と接触したことのない弊害は大きい。自らの意思にもとづく社会参加によって新たな人間関係をつくり新たな経験を積むことによって自立は達成される。社会参加の機会を奪うことは、高齢者や知的障害者の生きる権利を否定することである。

◉ニーズにもとづいた上限なきサービス

サービスの利用量を当事者が決定できないのは、当事者に対する不信が制度に組み込まれているからである。そのため保険による上限が設定されており、その結果サービス量の管理が必要になり、そのために膨大な管理費が必要になっている。

サービス量を無制限にすれば利用に歯止めがなくなる、という危惧については、9章の立岩論文が答えている。実際には介助者が常時ついていることはプライバシーがまったくなくなることなので、高齢者、障害者とも介助利用をミニマムに抑えようとする傾向があることは、すでに上限なきサービスを実現した先行例からわかっている。またもともと介助には一日二四時間という上限が決まっているので、それ以上利用される心配はないし、二四時間介助を必要とする利用者もそれほど多いわけではない。費用負担も驚くほどではない。日本の障害者介助サービスの予算はOECD諸国の平均と比しても六分の一。現在の六倍の費用が出せるのであれば、すべての障害者にサービスを保障することも可能であろう。

二〇〇三年の自立支援法の施行にあたって政府は「国庫補助基準額はサービス利用の上限を決めるものではない」との通達を出している。また支援費制度の移動介助の要綱では、「映画館に行って、外で待っているのもガイドヘルパーの仕事です」と、見守りや待機についても介助の一部と規定している。現在でも制度の枠内で柔軟な運用をすることは可能なのである。

◉ケアを労働として確立する

介護保険スタート時にはケアサービス四・六兆円市場が成立し、これから福祉業界は将来の有望産業だといわれ、優秀な人材を集めたが、そのころとは急速に変化した。二度にわたる介護報酬の「改定」でケアワーカーの賃金水準が低下し、二〇〇七年の時点では、フルタイムのケアワーカーで年収二〇〇万円台、パートタイマーで年収四〇万円といわれている。離職率も高く、介護系専門学校は一時盛況をみたもののその後定員割れを起こすところもあり、介護保険の制度崩壊は人材崩壊から始まるとさえいわれている。障害者の自立支援法では人材募集雑誌で広告しても介助者が一人も応募してこないほどにまで落ち込んでいる。これはひとえに、国の方針が介護に対して、まっとうな仕事としての適正な労働に対する評価を与えずにきたためである。

ケアは相互行為であり、ワーカーの労働条件が悪ければ利用者が受け取るサービスの質も低下する。度重なる夜勤やひとり職場のストレスから、利用者が虐待を受けるケースも報告されている。ケアワークが社会的評価と適正な報酬を伴う誇りのもてる仕事になるためには、介護報酬の引き上げが必須である。ケアワーカーの労働条件には高齢者や障害者の生命と健康がかかっている。ケアワーカーの労働条件を低く設定することは、結局、高齢者や障害者の生命と暮らしをないがしろにすることにつながる。にもかかわらず、現在の状況では、ワーカーの待遇改善の代わりに、劣悪な労働条件でも働いてくれる外国人労働力を、介護福祉士の資格制度に例外的な規定を設けてまで導入しようとしている。ワーカーを大切にしない社会は、高齢者と障害者を大事にしない社会といえるであろう。

◉サービスシステムの単純化を

サービス利用のシステムは単純であるにこしたことはない。当事者のセルフケアマネジメントによるケアプランにもとづいて行政が決定し、決まった利用時間に相当する金額を直接サービス利用当事者にバウチャーまたは現金で支給するか、またはワーカーか事業者の口座に振り込むダイレクトペイメント制度を基本とするほうがよい。というのは、利用者が介助者と雇用関係を結ぶか、または直接支払い方式によって、利用者の権利が守られるからだ。現行の制度では、利用者とワーカーのあいだに事業者と行政が入ることで、サービスの購入者（保険事業者である自治体）とサービスの消費者（利用者）が一致しないことになるからだ。またワーカーからみれば、雇用者と消費者とが一致しないことになる。この流れのもとでは、事業者は購入者である自治体の顔色を見、ワーカーは雇用者である事業者の顔色を見る傾向が生まれるのは自然であろう。利用者からワーカーへの直接支払い方式は、この過程を単純化し、利用者の権利を強化するためのものである。

自己管理をしない／できない利用者の場合は、サービス事業所と契約を結び、ケアマネジメントを利用することができる。ケアマネジャー制度を見直し、ケアプラン作成だけでなく、総合的な生活支援を可能にするケースマネジャーとしての役割を果たせるようにする。その際、ケアマネジャーが独立性を保てるような水準の報酬を設定することも重要である。具体的には本人の希望にもとづき、当事者のエンパワメントにつながるような精神的・実践的な支援を行うべきだろう。障害者運動の長年の経験からいって、この仕事に最も適しているのは、サービス利用当事者である障害者や高齢者のあいだから育成されたピアカウンセラーであることを強調したい。ピアカウンセラーを専門的な職能として位置づけることも必要である。

◉応益・応能負担から負担のないサービスへ

介護保険制度、障害者自立支援制度のもとにおけるサービスの応益負担制度は、負担とリスクの再分配という福祉の理念からみて、まったく支持することのできないまちがった制度である。応益負担も応能負担も、その目的は利用者に一部負担を求めて、サービス利用に自己抑制をかけようとすることにある。要介護度の高い高齢者や重度の障害者ほど多量のサービスを必要とするのは当たり前であり、そのために自己負担が増えるというのは、重度の利用者の切り捨てといわれてもしかたがない。

福祉サービスに利用抑制策を組み込むのは、社会保障費抑制のような財政上の理由からだけでなく、利用者の生活を軽視し、その当事者能力に信頼を置かないからである。不信と抑制から成り立つ福祉制度がうまく機能するわけがない。

負担とリスクの再分配という福祉の理念に立ち返れば、だれでも必要なときに必要なだけのサービスを、負担なしで利用できるという安心がなければならない。だれも好きこのんで介助が必要な障害者になったり、要介護高齢者になるわけではない。必要になったときに権利としての福祉サービスを得られることが重要であり、逆に一生涯その必要が生まれなかったとしたらその事実に感謝し、社会連帯に貢献したことに満足すればよい。

◉所得保障制度の確立

応益負担問題で明らかになったように、障害者や高齢者のような弱者が尊厳をもって生きていくためには、高齢者・障害者に要介護認定というスティグマを貼ったうえで福祉サービスを恩恵として与えるという方式を改める必要がある。

そのためには稼得能力がなかったり、それを失ったりした人に最低所得保障をして、人間的な生活を保障すべきであろう。本来、老齢年金や障害基礎年金、生活保護制度などはこの考え方にもとづいているが、給付の水準が低すぎたり、受給者がスティグマを受けたりするために、まともな生活を維持できるレベルにない。生活保護制度と比べ、スティグマのない制度としては「ベーシックインカム」のほうが優れている。これは国民すべてに対して生活費、医療費などを積算し、住宅費とは別に月額二〇万円というような定額を決め、最低所得保障として給付する制度である。

●施設から地域へ

戦後始まった施設中心政策だが、二〇〇〇年の介護保険制度の発足とともに、施設から地域へ、そして在宅へと政策的に方針転換がされたといわれている。が、これはタテマエにすぎず、いまだに高齢者を対象にした福祉財源の六割以上は施設に使われており、障害者の場合は七割が施設で使われている。施設では閉鎖的な環境のなかで、管理と監視のもとに置かれ、画一的な処遇を受ける。成長期の障害者にとっては、施設は人生経験を積む機会を奪い、社会的な適応能力を奪うものである。施設には虐待や拘束、性的な人権侵害など、さまざまな問題が起こり、障害者は長年にわたって脱施設化の運動を続けてきた。高齢者についても一時大規模施設化の流れが起きたが、現在ではそれへの反省から小規模施設化、さらには脱施設化が提唱されている。

スウェーデンでは一九八六年の新援護法によってすべての知的障害者施設を一九九九年一二月に閉鎖した。すでにイギリス、アメリカ、ノルウェーでも施設解体が始まっている。アメリカのニューヨーク州は発達センター七施設の閉鎖を一九八七年に決定し四年後の一九九一年までに閉鎖すると宣言し、実際には二年間で閉鎖を終えた。二〇〇〇年までにすべての施設の閉鎖が目指されている［Mansell et al 1996＝2000］。

このように先進的な地域では脱施設化を達成している。日本でも宮城や長野、千葉など脱施設化宣言を行って施策をすすめている先進的な地域もあるが、国レベルでは厚生労働省はいまだに施設閉鎖計画を立てない。高齢者や障害者の自立支援といいながら、理念と矛盾した自立を阻害する政策が行われており、政策の一貫性が見出せない。施設もまた既得権益や利権構造のもとに置かれ、官主導では施設閉鎖の一つもできない。当事者が政治的な力量を発揮して、中央政府や地方政府の政策を転換させていく必要がある。日本でも施設閉鎖計画をつくり、行政が支援して、地域福祉のなかで施設職員の再雇用を図れば一〇年くらいのスパンで実現は可能である。また高齢者対応の施設は認知症の人たちのためのグループホームやサービスハウス、小規模多機能型の住宅型施設など多様な選択肢が生まれてきているが、小規模化にともなう密室化や隔離、孤立などの弊害を取り除くように対処する必要がある。

●営利企業に対する非営利民間組織の優位性

上野論文（5章）、池田論文（6章）にあるように、非営利民間組織はコミュニティへの貢献、市民による自発的な設立、資本所有にもとづかない意思決定、当事者の参加、利益分配の制限を基準としている。この基準に適する事業体としては、共助の理念のもとにある生活協同組合、労働者協同組合、NPO法人や当事者による自助グループ等がある。これに対して営利企業の組織目標は利潤追求にあるから、ワーカーにとっても利用者にとっても適切とはいえない。営利を目的としない福祉サービスの担い手として、営利企業はふさわしくないが、それでは、行政が実施主体となる公的サービスはどうだろうか。自治体によるホームヘルプサービスの効率の悪さと質の低さは措置制度下ですでに体験済みである。九時〜五時の時間帯しか利用できず、土日祭日は休みで、対象や介助内容に細かい規定が設けられており、融通がきかず使いものにならない。サービスのルールを決めているのは行政側であり、これでは当事者ニーズに沿ったものとはとうていいえない。

これが非営利民間組織であれば、利用者のニーズを中心に考えるので、融通性のあるサービスを提供できるメリットがある。非営利民間組織は利益よりもニーズを優先するため、経営的には困難をかかえているケースが多い。しかも初期投資の資本力をもたない市民が起業するため、自治体などの公的機関による創業期支援やファンドの貸し付けなどのしくみが必要である。福祉サービスなど営利企業が行うのに適さない事業については非営利民間事業体の育成を促すよう、国や自治体レベルでそれぞれ政策的な配慮が必要であろう。

2 当事者主権の福祉戦略
ニーズ当事者の組織化と連携

現在、六五歳以上の高齢者は二五〇〇万人、障害者は七二三万人、あわせて三二〇〇万人以上いる。これらの人々は福祉サービスの潜在ユーザーである。そのうち福祉サービスの実際のユーザーは二〇〇八年時点で高齢者三六八万人（介護保険利用者）、障害者四四万人。二〇二五年には高齢化率が二五％になると推定されており、超高齢化にともなって後期高齢者も増加するから、要介護率も増えることが予想される。また慢性疾患や認定・非認定の難病患者、障害認定を受けていない精神疾患の患者たちも、福祉サービスの潜在ユーザーであろう。これからニーズが大きくなるいっぽうだとすると、これらの人たちのニーズを満たすためには、まず福祉サービスの財源を大幅に獲得しなければならない。

だがそれも当事者からの強い要求があってこその成果であろう。要求しないものが向こうから与えられることはない。ニーズの主体である当事者の組織化と連携が必要なゆえんである。

1　アメリカ最大の高齢者団体ＡＡＲＰの実践から批判的に学ぶ

五〇歳以上のアメリカ人三九〇〇万人の会員をもち、高齢者施策へ強い影響力を与えているAARP（American Association of Retired Persons：全米退職者協会）という団体がある［全国自立生活センター協議会 2005］。AARPは教職員の退職者の組織として発足した。現在はどのような団体で、どのような活動をしているのであろうか。

アメリカの医療保険制度は日本と違って、良い会社に勤める人は良い保険会社の加入者となれるが、その場合、月の支払いが給料の三〇～四〇％を占めることもまれではない。しかしそれでも入院して手術をしたり、高価な薬を使うと、月に一〇〇万円の支払いが必要になる場合がある。したがってアメリカ人にとって安い保険料でより良い医療を安価で受けたいという欲求は非常に強い。そのためAARPでは保険会社と契約を結び、会員に対して安価で良質な保険を提供することから、その運動を始めた。

その後会員数が増えるにしたがって、ホテルや航空機の割引制度などが導入され、教職員だけでなく一般の退職者に枠が広がっていき、最終的には五〇歳以上であればだれでも加入できるようになり、全国的な運動体となった。

三九〇〇万票を背景にしたAARPの総会には、民主党、共和党の両党首が出席するという影響力がある。AARPには研究機関があり、博士号をもつ研究者、弁護士、医師など専門家が五〇名おり、当事者サイドに立った政策をつくり、薬価の改定、メディケイド改定などの際には、AARPとしての案を上院議員を通して議員立法したり、ホワイトハウスから直接政府提案させたりするほどの大きな影響力をもっている。

年間予算は二五〇億円で、全米最大の発行部数をもつＡＡＲＰの機関紙の広告収入が収益の四〇％を占める。会費は年間六ドルと安く、ホテル代のディスカウントを一、二回受ければ元が取れる程度の金額となっており、会員獲得は容易だ。しかし教師という中産階級を組織の核としているため、メディケイドの対象薬改定の際には低所得層に影響のある薬を対象からはずすことを認め、中産階級に影響の大きい高価な薬をメディケイドの対象としたため、一〇〇万人の会員が脱会したといわれる。最も急進的な障害者の運動団体であるＡＤＡＰＴ（American Disabled for Attendant Programs Today）はこの決定に反対し、会長との面会を求めてＡＡＲＰの建物を取り囲んだ。現在の会長は元ハワイ支部の会長で運動現場の人だが、前会長は家電大手メーカーの重役で会は保守化しているといえる。

大規模な全国組織をつくると政治的には中立化し、障害者のような少数者や低所得階層の意見は無視される傾向がある。少数者の意思を反映した形で団体を形成するには、その当事者が組織をつくる際の核とならなければならない。日本で運動体を形成するとすれば、障害者、高齢者の福祉サービスの利用者自身が組織の核となることが望ましい。

２　日本の障害者・高齢者運動の現状

日本の障害者団体はこれまで八団体に分かれて活動しており、国際障害者年のあとＪＤＦ（日本障害フォーラム）が結成され政府への窓口となってきた。高齢者についても五〇団体が入った「高齢者ＮＧＯ連携協議会（高連協）」が結成されている。

これらの団体のなかで、当事者中心に組織されているものはまだ少ない。

他の団体は障害者の親や家族、支援者など、ニーズの当事者ではない人たちで構成されている。これまで厚生労働省はこのような団体の意見を聞いて政策の承認を受け、新たな制度づくりをしてきた。たとえ当事者の身近にいる第三者であっても、福祉サービスの利用者でないものが中心になってつくられてきた政策に問題が起こるのは避けられない。事実、利用者にとっては使い勝手の悪い制度がつくられてきた。

これからは、現在そのサービスを使っている人たちが中心になって制度をつくる必要があり、当事者の意思決定への参加を制度的に保障するシステムを、政策決定過程のなかにつくらなければならない。

3 高齢者がニーズの主体になること

日本では障害者運動はあったが、高齢者運動と呼べるものはほとんど存在しなかった。ニーズは要求して初めて満たされる。まずはサービスを利用する当事者がニーズを顕在化し、声をあげることが求められている。その点において、高齢者が障害者運動から学ぶことは多い。

全国自立生活センター協議会では二〇〇三年に日本高齢者生活協同組合連合会と共同研究を行い、「高齢・障害の介助利用者対比調査」〔日本高齢者生活協同組合連合会 2004〕を実施した。調査結果から明らかになったように、障害者は、高齢者にくらべて、サービスの利用に権利意識をもっており、サービス利用の決定についても自ら行っていることがわかる。たとえば、高齢者はケアプランづくりについて六割がケアマネジャーに任せており、障害者の多くがセルフケアマネジメントを行っていることと対照的である。しかも高齢者の場合、家族が意思決定を代行することが多いこともわかっている。家事援助も移動介助も制約の多い介護保険に「ノー」という声があがらないのは、高齢者がニーズの主体となっていない証拠であろう。「要求なきところに、サービスなし」という事実は、これまでの障害者運動が経験してきたところである。高齢者福祉の水準に障害者を合わせるより、少なくとも、むしろ現在障害者が獲得し享受している福祉サービスの水準に高齢者を合わせることが課題であろう。

障害をもって生まれ、それが重度であれば生きていくために介助が必要となる。自らニーズを見出して要求しなければ、一生施設のなかに隔離され、管理のもとで収容生活を余儀なくされる。そのため、自立支援を求める激しい運動が命がけで行われてきた。同時に、障害者個々人に対しては、ピアカウンセリングや自立生活プログラムなど、きめ細やかな支援によるエンパワメントを通じて、介助や交通アクセスに対するニーズを顕在化させ、権利意識と当事者性を確立してきた。

このような主体化が障害者にできて高齢者にできないわけはない。しかし高齢者は組織化されておらず、また障害者にとっての自立生活センターのような当事者支援組織が形成されていない。高齢者、特に要介護高齢者のニーズを代表する当事者団体は、日本にはいまだに形成されているとはいえない。昨今の後期高齢者医療制度をめぐる混乱も、当事者団体が利益団体として存在しないために、政策決定過程でアクターとして登場しないことのツケが来ていると考えられる。しかし、これからは、団塊の世代が高齢期に入る。この世代には市民運動を経験した人たちが多くいることから、高齢者が権利意識をもつことも期待できよう。

日本の福祉制度を高齢者、障害者、さらには子どもを含めて制度的に一貫性のあるものに変えていくことが課題だが、その老・障統合の際には、高齢の介護保険をサービス上限のない障害者の自立支援制度に合わせることが必要で、その逆であってはならない。福祉サービス制度は次のように段階的に変えていくことを提案したい。

❶介護保険を障害者制度に近づける。利用量の上限をなくし、利用者の社会参加を可能にする介護サービスを実現する。その際、財源は保険＋税の組み合わせとする。

❷障害者自立支援法を改正し、障害の種別にかかわらず本人のニーズに応じて自己負担なく必要なサービスを地域で十分利用できるようにする。施設を閉鎖し、望む人すべてが地域で暮らせるようにする。その財源は税とする。

❸最終的には介護保険法と自立支援法を撤廃し、年齢や障害の種別にかかわらず本人のニーズに応じて自己負担なく利用できる社会サービス法を制定する。その財源は税とする［★2］。

夢物語に聞こえるだろうか？　すでに本書の各章が論じているとおり、そのための理念とグランドデザインは提示され、制度と運用上の問題点とその克服の方法や、財源や負担の現実的な可能性も検討されている。あとはそれを実現するための合意形成だけである。それも高齢者をニーズの当事者としてエンパワメントし、その組織化をしていけば、実現可能なことである。高齢者になることは、なにがしか障害者になることと似ている。その点で障害者の運動は多くの経験を提供できるし、高齢者はそこから運動のノウハウと戦略戦術、そして何よりやればできるというパワーを得られるだろう。そしてその先には、運動の統合が可能になろう。

★2――そのための財源の確保は可能であること、その要求は過剰な要求ではないことはすでに、大沢（7章）、広井（8章）が述べているところである。

4　新たな福祉社会を実現するための政治勢力の形成

日本でもＡＡＲＰのような福祉サービスユーザーのニーズを組織化した大規模な団体がぜひとも必要である。特定のイデオロギーに依拠せず、直接代議士を送り出すことはしないで、かえってすべての政党に対して大きな影響力を行使するＡＡＲＰには見習うべき点が多い。

それは福祉サービスの利用者の声を反映できる、当事者団体でなければならないが、利用者の直接的なニーズにとどまらず、福祉政策のグランドデザインを描き、それを実現していくことのできる広範な市民を組織した団体でもある。そのためには、平均年収五六四万円以下の過半数を超える国民の合意を調達しなければならない［★3］。スウェーデンの年金改革は、与野党の政権交代が繰り返されるなか、過半数をいかに取り込むかで争われた。日本の過半数を超える国民は自分の老後や障害をもったときに生活へ不安を感じている。この一般の人々の訴えを尊重し、老後や障害をもった暮らしへの安心・安全保障を要求する必要がある。同時に意思決定過程における当事者性を確保するためには、団体の運営委員の五一％は福祉サービスの利用者でなければならないとするなどのしくみを組み込むことも重要であろう。

その際、常に問題となるのは福祉財源の確保である。だが、多くの社会意識調査によれば、日本人の過半数は社会連帯の思想を支持し、生活の安全保障のためには今より大きな負担増を受け入れる用意がある、と答えている。その負担が信頼できる社会保障基金政府のような運用主体に託されて、自分たち自身の安心のために返ってくると思えば、社会的な合意形成も不可能ではない。ニーズ中心の福祉社会の実現を望む多様な人々のあいだでの政治的な連携を実現することは、けっして夢物語ではないのだ。

3 福祉サービスユーザーユニオンの結成

まず手はじめに、日本で具体的な取り組みとして構想できるのは、高齢者、障害者を問わない福祉サービスの利用者ニーズを反映できる組織の形成である。それを福祉サービスユーザーユニオンと名づけよう。本節では、福祉サービスユーザーユニオンが取り組むべき課題と政策、組織、行動計画を示そう。また、章末にユーザーユニオンの結成趣意書の中西試案を掲載しているので、ご一読いただきたい。

◉課題と政策

福祉を選別主義から普遍主義へと政策転換し、当事者主権の福祉サービスを実現するために取り組むべき課題として、❶福祉財源の確保、❷ニーズにもとづく福祉サービスの実現、❸社会福祉サービスに権利性の法的根拠を与える、❹所得保障制度の改善、❺福祉サービスワーカーの労働条件の改善、の五点をあげる。具体的政策は表1のとおりである。

❶福祉財源の確保

高額所得者の累進課税、企業税を一九九〇年当時に戻す。これだけで二二兆円が生まれる。相続税、固定資産税、金融資産税とその所得への課税を強化したうえで、基本的生活物資に課税しない方向で消費税

★3――平成一八年の国民生活基礎調査によると、一世帯あたりの平均所得金額は五六三万八〇〇〇円、平均所得金額以下の世帯の割合は六〇・七%となっている。

表１　福祉サービスユーザーユニオンの政策

理念	・選別主義から普遍主義へ ・ニーズにもとづく福祉サービス
財源	税
対象	年齢、障害種別を問わない
アセスメント	ニーズにもとづく
支給量	上限なし
利用料	なし
内容	・介助サービス （見守り、家事援助、社会参加、コミュニケーション支援を含む） ・施設から地域移行計画を策定、実施
支払い方式	ダイレクトペイメント選択可

を検討する。ちなみに一五〇〇万円を超える金融資産に課税すると課税ベースは一〇〇〇兆円となり、それに三％の税率を課すと三〇兆円がえられる（［神野・宮本 2006］でのデータをもとに試算）。

❷ニーズにもとづく福祉サービスの実現

介護保険法と自立支援法をともに廃止して、社会サービス法に制度統合し、長時間介助、社会参加のための移動介助を高齢者・障害者ともに享受できる普遍的な社会サービス法を制定する。家族のための福祉と当事者のための福祉を区別し、ともに充実させる。公的な介助サービスを基本とし、ボランティアは行政の政策としては組み込まない。社会サービス法には、高齢者・障害者の施設から地域への移行の計画実施も組み込む。グループホームやコレクティブハウス、施設を選んだ場合も在宅と分け隔てなく在宅サービスを受けられるようにする。

《必要となる福祉予算》

それではわれわれが求めるサービスを実践するのに必要な額は、いったいいくらなのであろうか。

日本の障害者総数は七二三万人［★4］、障害者福祉サービス予算は七七〇〇億円（二〇〇五年度、給付費ベース。国の負担分は三八三二億円）、そのうち入所施設が五八％、在宅福祉がわずか二四％

の九三〇億円、残りは通所施設などに使われている。自立支援法利用者はわずか四四万人［★5］である。重度障害者が使う自立支援法重度訪問介護の二〇〇五年度の予算に対する市町村の超過負担額は一六億円でしかない。移動介助で現在は禁止されている通勤・通学の個別給付を二万人（知的障害のサービス利用者の約一割）に一日二時間したとして一九二億円である。

介護保険の利用者（約三六八万人、二〇〇八年四月介護給付費実態調査月報）の一％（三万七〇〇〇人）が一日二〇時間以上の長時間介助を利用した場合で五三二八億円［★6］。介護保険の利用者全員が家事援助・移動介助を月三〇時間、単価二〇〇〇円（報酬単価四〇〇〇円のうち国五〇％負担分）で利用した場合で二兆五二七二億円［★7］。

住宅手当月四万円（年額四八万円）を障害者・高齢者の在宅福祉サービス利用者の一〇％（四一・二万人［★8］）が利用した場合で一九七八億円。

障害者年金をすべて月一二万円に増額（一級約八万円を四万円増、二級約六万円増、一、二級合わせて一五八万人分［★9］）で九六五九億円。特別障害者手当（受給者一〇万人、二〇〇八年四月現在厚生労働省調べ）を月六万円増額する

★4――第三一回社会保障審議会障害者部会資料2。
★5――同資料3。
★6――一日二〇時間以上の介助を利用した場合、一人当たり月一二〇万円の追加費用が必要となるため、一二〇万円×三万七〇〇〇人×一二か月分＝五三二八億円。
★7――二〇〇五年度居宅サービス実利用者数三六八万人×月三〇時間×一二か月×@二〇〇〇＝二兆六五〇〇億円。
★8――介護保険利用者三六八万人＋障害サービス四四万人の一〇％として計算。
★9――一級年金受給者七二万六三四九人、二級年金受給者八五万七二七九人（第三一回社会保障審議会障害者部会資料2より）。

と七二〇億円。

すべてを合計しても三兆四〇〇〇億円でしかない。われわれの試算では九〇年代税制に戻すだけで二二兆円、金融資産課税を税率三%とすれば三〇兆円も生み出せた。四兆円というのはその一〇分の一にもならないささやかな額ではないか。できないはずはない。

❸社会福祉サービスに権利性の法的根拠を与える

国連の障害者権利条約を批准し、それに連動して国内法で性別・年齢別、障害による差別禁止法を制定、地方自治体では関連する条例を制定する。そのことによって、どんな障害があっても、地域で介助を受けながら生活する権利を「社会権」として確立し、法的な根拠を付与する。このような根拠法が国際条約、国内法に存在することは、その法にもとづく政策の推進のために必要なばかりでなく、その権利が侵されたときに法廷で闘うためにも有効である。

❹所得保障制度の改善

介護保険、障害者自立支援法の利用料、健康保険、年金については平均年収以下の低所得層の負担を減額または免除する応能負担とし、応益負担を求めない。もしこれらのすべてに自己負担を求める場合は、その前にベーシックインカムの所得保障が実現されなければ論理的な一貫性があるとはいえない。

❺福祉サービスワーカーの労働条件の改善

最後に、福祉サービスワーカーの労働条件の改善は、福祉サービスのユーザーの安心・安全にとってなくてはならない課題である。そのためには、(1)長時間労働、ひんぱんな夜勤などの労働時間の改善、(2)職場の人員配置基準の改善による労働強化の是正、(3)労働報酬の大幅な改善（食える賃金、働き続けられる給与への増額）、(4)社会保険・保障の整備、(5)専門性の確立と評価、(6)キャリアプランの展望など課題が山積している。

なにより介護報酬が抑えられていることが、ケアワーカーの賃金と社会的地位を低くし、意欲のある人材の参入とモラルを削いでいる。誇りをもって働いてくれる介護者・介助者にでなければ、高齢者・障害者の生命と暮らしの安心と安全を託すことができないことは自明であろう。

◉組織

「当事者主権」の理念にもとづき、当事者ニーズを中心とした福祉社会についての理解を広く社会にアピールすることを通じて、二〇一〇年までに福祉サービスユーザーユニオンを結成することを目標としたい。福祉サービスの潜在的・顕在的ユーザー、たとえば老後に不安を感じる人、社会保険・年金に不満をもつ人、就労できない人、格差社会に反対する人、福祉サービスを国の政策の骨格にすえたい人は、すべてこのユニオンの主役である。多様なニーズ別団体の連携を図り、どの団体からも原則としてサービス利用者当事者を運営委員として送り込むこととし、事務局をサービス利用当事者が務めることとする。利用者ニーズを政策決定過程に反映するためである。

「ユーザーユニオン」という名称は逆差別的に聞こえるかもしれないが、ニーズ中心の福祉社会をつくるためには、サービス利用当事者こそが中心にならなければならない。その他の人たちは潜在的ユーザー（今後ユーザーになる可能性のある人たち）であり、むしろ現役の顕在的なユーザーから学ぶ立場にあり、支援者としてアクションすることができる。障害者運動の過去の経験から、この方式の成果と実績は証明されている。

アメリカのＡＡＲＰの規模と影響力を考えれば、日本でも規模は少なくとも二〇〇万人、できれば二〇〇〇万人の会員を目標としたい。会費負担は一人年額三〇〇〇円程度とし、保険や優待、割引、相談、情報提供などのインセンティブをつける。これだけの規模の会員が集まって初めて全国事務局として動ける財源や人材が集まり、政治的な影響力の行使もできる。そのためには幅広い人たちに受け入れられる政策をつくる必要がある。

二〇〇万人の会員を全国で組織するには地方支部も必要になり、広報や会員管理だけでも大きな事務局体制が必要になる。独自の調査・研究をもとに政策を立案し、提言するためにはシンクタンクも必要である。会費で六〇億円、広告料収入で一〇億円、他に事業収入や寄付等が集まれば、継続的に機能していくことができる。会員へのインセンティブとしては、生命保険、自動車保険、ホテル、飛行機、旅行、電気製品、通信販売やインターネット販売などの会員割引制度、月刊誌の発行、地方支部活動への参加などをあげることができるが、なにより福祉サービス利用への情報提供、そのためのケースマネジメント、ピアサポートやピアカウンセリングなどの日常的な自立支援に加え、最終的には制度の改革が最大のインセンティブであろう。

公明・公正な団体として社会的責任を果たすためにも、NPO法人としてこの団体を位置づける。

●行動計画

これまで述べてきた理念や政策を核にしてユーザーユニオンを結成し、以下のような活動を展開していきたい。

❶二〇一二年までに一〇万人の会員組織をつくる

これは現実的に達成可能な目標である。障害者人口は七二三万人、高齢者人口は二五〇〇万人、また、平均年収五六四万円以下の国民は過半数を超える。そのなかで当事者性を提唱する団体は少なくない。自立支援法反対デモに集まったのが一万五〇〇〇人、障害者にはアクティビストが多く、高齢者についてもこれから市民運動の経験者が増加する見通しがある。

❷中央政府や地方政府との交渉、議会・議員への働きかけ

中央政府や地方政府と交渉し、実践例を提示しながら現場から積み上げていく方式で、政策の実現可能性を高めていく。行政の対応で改善できることもあるが、新たな政策や予算の裏づけが必要なものについては、議会や議員への働きかけを行う。

❸政治家への啓発、ロビーイング、広報活動を展開

政治家との勉強会を開催し、政党のなかに理解者を生み出していく。また政策決定のためにはロビーイング活動が必要になる。議員の法案への理解を広めるために啓発活動、広報活動は重要である。また国民世論をニーズ中心の福祉にシフトさせていくために、メディアへの対策も必要である。

❹研究調査機関の設立

以上のような理念と政策を実現可能なものとするために、当事者の現場における経験的データを独自に収集し、その分析結果にもとづいて、理論的にも実証的にも説得力のある枠組みや政策の提示ができる研究者・専門家の集団を味方につける必要がある。

政策立案能力をもった集団が、当事者主権の政策立案を常時行い、国の政策を先取りしていく必要がある。そのためにはニーズ中心の福祉社会の理念に賛同する医療、福祉、法律、経済、行政、社会政策などの専門家が参加する研究チームを編成し、連携しなければならない。そのためにも十分な財源と事務局体制が必要となる。

❺政治と官僚との関係

政治的には中立を基本とする。会員数を背景にして与野党議員のなかに政策的な協調のとれる議員団を形成し、定期的な政策調整の場をつくる。この場を中心にして、政策提起することができる立場をつくりあげ、必要であれば議員立法をしてもらう。政府とのあいだにも定期的な懇談のルートをつくり上げ、行政府や首相に直接提起できるようにする。

官僚とのあいだにも、団体として政治家とは独立したルートをもち、政策を一緒につくっていくというプロセスができるように政治的な立場を強固にしていく。

最初にエスピン-アンデルセンの三つの福祉レジーム類型をあげたように、ニーズ中心の福祉社会へのシフトは、実際には日本社会の福祉レジームを、現在政財界の主流派が支持しているアメリカ型自由主義レジームから、北欧型の社会民主主義レジームへと転換する大きな政治的選択の変更を含んでいる。これだけの大転換をするには、政治の場で多数派の同意を得られなければならない。そのためにはあらゆる場面で多数派工作をし、政治家、官僚の過半数の同意を得るべく、選挙の争点とするする必要がある。マスコミの協力も不可欠である。

◆

当事者主権が尊重される社会は、だれでも高いレベルの福祉サービスを享受し、どんなに重い障害をもっても排除されることなく社会に必要な構成員として生きることを認められる社会である。そのような社会をつくるためには福祉サービスの利用者であり、ニーズの主体である当事者とそれを支える人たちが共に合意形成し政治的な勢力をつくり上げていくことが必要である。

これからの日本社会はますます高齢化が進行し、社会的なリスクも高まることが予想される。それに対して持続可能な生活の安全保障システムを構築することは、私たちの世代に課せられた課題であり、これから来る世代への義務でもある。

不可能と思える目標もさまざまな人々の潜在的なニーズを顕在化し、そのあいだで連携が実現できれば、達成できる。本書の読者にも、その当事者の一人として、私たちのアクションに加わっていただきたい。

中西正司

■文献

厚生労働省大臣官房統計情報部 2007『平成18年国民生活基礎調査の概況』

神野直彦・宮本太郎 2006『脱「格差社会」への戦略』岩波書店

全国自立生活センター協議会 2005『米国における高齢・障害者当事者団体の活動と課題』

DPI日本会議編 2007『第二三回総会資料集』

内閣府編 2008『障害者白書 平成二〇年版』

中西正司・上野千鶴子 2003『当事者主権』岩波新書

日本高齢者生活共同組合連合会 2004『高齢者・障害者のサービス利用の実態・意識調査』

Esping-Andersen, G. 1990, *The Three Worlds of Welfare Capitalism.* London: Polity Press. = 2001 岡沢憲芙・宮本太郎監訳『福祉資本主義の三つの世界―比較福祉国家の理論と動態』ミネルヴァ書房

Larsson, J. 1995, *Hemmet-Betaniahemmet 1895-1995.* Föreningen Betaniahemmet. = 2000 河東田博・ハンソン友子・杉田穏子訳『スウェーデンにおける施設解体―地域で自分らしく生きる』現代書館

Mansell, J. & Ericsson, K. ed. 1996, *Deinstitutionalization and Community Living: Intellectual disability services in Briten, Scandinavia and the U.S.A.*, Florida: CHAPMAN & HALL = 2000 中園康夫・末光茂監訳『脱施設化と地域生活―英国・北欧・米国における比較研究』相川書房

福祉サービスユーザーユニオンの結成趣意書（中西案）

［背景］

福祉サービスについてはこれまで、業者や施設の意見が反映されてきたが、その利用者である障害、高齢者自身のサービスユーザー個人を含めた連合体は、形成されてこなかった。施設職員、経営者、高齢者・精神障害者・知的障害者の家族などの意見が、政策づくりの基本に使われてきた。そのため、高齢の介護保険制度、障害の自立支援法などは、利用当事者の利害に即した制度にはなっていない。

このような状況を根本的に変えるには、福祉サービスユーザーのニーズを制度へ反映させるべく新たな政治勢力を結成する必要がある。社会参加の自由にできる社会サービス法をつくるための政治的なバックグラウンドをつくらなくてはならない。

［会員］

個人会員、団体会員の２種

年齢制限はなし（0歳から会員資格がある）

①個人会員……当事者ニーズ中心の福祉サービス制度を求める人

②団体会員……在宅サービスを志向する作業所、グループホーム、デイセンターなど

［会費］

年額3000円程度。

＊自己申告制で、会費のランクを分ける

＊学生、年金受給者、インターネット登録者割引などの活用

［活動内容］

①情報提供

・機関誌の発行と資料の刊行

・インターネットなどを活用して情報提供方法を効率化する

②イベント

・年１回のイベント、総会、シンポジウムなどの開催

③その他

・福祉サービスの政策立案と広報

・提案した政策を立法するためのロビー活動

・福祉サービスの当事者サイドからの権利擁護活動

・会員に対する各種サービスの購入特権プログラム（医療保険、旅行関連、クレジットカード、携帯電話など）

［組織］

原則：意思決定機関は、福祉サービスユーザーの過半数で構成される。地域の草の根団体の緩やかな統合体を目指す

①運営委員の過半数は、福祉サービスの利用当事者であること

②代表、事務局長等、運営の中心を担う者は、福祉サービスの利用当事者であること

福祉サービスユーザーユニオンについてのご意見やお問合せは、全国自立生活センター協議会へどうぞ。
メール：jil@d1.dion.ne.jp　TEL：042-660-7747　FAX：042-660-7746

ら

わ

さ

欧文

あ

か

あとがき

本書は、「ニーズ中心の福祉社会」の理念に基本的に賛同する研究者とアクティビストの協働の産物として生まれた。

本書の共著者のあいだには、「ニーズ中心の福祉社会」の理念と「当事者主権」の尊重については原則的な同意があるが、次世代福祉戦略のデザイン、ビジョン、アクションについてすべて合意ができているわけではない。個々の論文の内容について、その責任は、個別の著者にあることを明記しておきたい。

最終章（中西論文）にはこうある。

《以上のような理念と政策を実現可能なものとするために、当事者の現場における経験的データを独自に収集し、その分析結果にもとづいて、理論的にも実証的にも説得力のある枠組みや政策の提示ができる研究者・専門家の集団を味方につける必要がある。

政策立案能力をもった集団が、当事者主権の政策立案を常時行い、国の政策を先取りしていく必要がある。そのためにはニーズ中心の福祉社会の理念に賛同する医療、福祉、法律、経済、行政、社会政策などの専門家が参加する研究チームを編成し、連携しなければならな

い。そのためにも十分な財源と事務局体制が必要となる。》

本書そのものが、以上のような連携の、好適な成果の実例である。

また、立ち上がりから数次にわたる研究会の開催にあたって、キリン福祉財団の財政的支援と、自立生活センター職員による事務局体制のサポートを得た。さらに医学書院の編集者白石正明さんは、本書の刊行を決断し、長い協働過程に参加して、物心両面のサポートをしてくださった。そのどれを欠いても本書は成り立たなかったにちがいない。

日本社会のすすむ方向について、本書のような原則的なシナリオの共有ができれば、ここで示した具体的なデザインやビジョンの当否、アクション・プランの採否をめぐって、「次の一歩」に踏みこんだ議論が始まるであろう。それこそがわたしたちの切なる願いである。

二〇〇八年初夏

上野千鶴子
中西正司

執筆者紹介（執筆時）

上野千鶴子（うえの・ちづこ）編者
東京大学大学院人文社会系研究科教授（社会学）。著書に『家父長制と資本制』『近代家族の成立と終焉』『当事者主権』（中西との共著、以上岩波書店）、『ナショナリズムとジェンダー』（青土社）、『老いる準備』（学陽書房）、『おひとりさまの老後』（法研）など。

中西正司（なかにし・しょうじ）編者
全国自立生活センター協議会代表。20歳のときに交通事故により四肢まひになる。1986年に初めての自立生活センターであるヒューマンケア協会を設立。主な著書に『当事者主権』（上野との共著、岩波新書）がある。

笹谷春美（ささたに・はるみ）
北海道教育大学教育学部札幌校教授。著書に『変動期の社会学』中央法規出版、『階級・ジェンダー・エスニシティ』共著・中央法規出版など。

齋藤曉子（さいとう・あきこ）
恩賜財団母子愛育会リサーチレジデント。著書（主な論文）に、共著『ケアとサポートの社会学』法政大学出版局、論文「高齢者・家族・サービス提供者の相互関係分析」『社会政策研究』（7）。

春日キスヨ（かすが・きすよ）
松山大学人文学部社会学科教授。著書に『父子家庭を生きる』勁草書房、『介護とジェンダー』家族社、『介護問題の社会学』岩波書店など。

池田徹（いけだ・とおる）
社会福祉法人生活クラブ理事長。共著書に『ブレーメンの挑戦』ぎょうせい、『生協の本』コープ出版、『個室・ユニットケア読本 実践編』ミネルヴァ書房など。

大沢真理（おおさわ・まり）
東京大学社会科学研究所教授。著書に『アジア諸国の福祉戦略』ミネルヴァ書房、『現代日本の生活保障システム』岩波書店、『生活の協同』日本評論社など。

広井良典（ひろい・よしのり）
千葉大学法経学部総合政策学科教授。著書に『ケア学』医学書院、『定常型社会』『生命の政治学』岩波書店、『持続可能な福祉社会』筑摩書房など。

立岩真也（たていわ・しんや）
立命館大学大学院先端総合学術研究科教授。著書に『私的所有論』勁草書房、『自由の平等』岩波書店、『ALS 不動の身体と息する機械』医学書院など。http://www.arsvi.com

シリーズ
ケアをひらく

ニーズ中心の福祉社会へ——当事者主権の次世代福祉戦略

発行————2008年10月1日　第1版第1刷©
　　　　　2019年12月1日　第1版第3刷

編者————上野千鶴子＋中西正司

発行者———株式会社　医学書院
　　　　　代表取締役　金原　俊
　　　　　〒113-8719　東京都文京区本郷1-28-23
　　　　　電話03-3817-5600（社内案内）

装幀————松田行正＋相馬敬徳
印刷・製本—㈱アイワード

ISBN978-4-260-00643-9

テキストデータ引換券
ニーズ中心の福祉社会へ

◉本書のテキストデータを提供します。

視覚障害、読字障害、上肢障害などの理由で本書をお読みになれない方には、電子データを提供いたします。

・200円切手
・返信用封筒(住所明記)
・左のテキストデータ引換券(コピー不可)を同封のうえ、下記までお申し込みください。

[宛先]
〒113-8719　東京都文京区本郷1-28-23
医学書院看護出版部
『ニーズ中心の福祉社会へ』テキストデータ係

本シリーズでは、「科学性」「専門性」「主体性」といったことばだけでは語りきれない地点から《ケア》の世界を探ります。

べてるの家の「非」援助論：そのままでいいと思えるための25章●浦河べてるの家●2000円●それで順調！———「幻覚＆妄想大会」「偏見・差別歓迎集会」という珍妙なイベント。「諦めが肝心」「安心してサボれる会社づくり」という脱力系キャッチフレーズ群。それでいて年商1億円、年間見学者2000人。医療福祉領域を超えて圧倒的な注目を浴びる〈べてるの家〉の、右肩下がりの援助論！

物語としてのケア：ナラティヴ・アプローチの世界へ●野口裕二●2200円●「ナラティヴ」の時代へ———「語り」「物語」を意味するナラティヴ。人文科学領域で衝撃を与えつづけているこの言葉は、ついに臨床の風景さえ一変させた。「精神論 vs. 技術論」「主観主義 vs. 客観主義」「ケア vs. キュア」という二項対立の呪縛を超えて、臨床の物語論的転回はどこまで行くのか。

見えないものと見えるもの：社交とアシストの障害学●石川准●2000円●だから障害学はおもしろい———自由と配慮がなければ生きられない。社交とアシストがなければつながらない。社会学者にしてプログラマ、全知にして全盲、強気にして気弱、感情的な合理主義者……〝いつも二つある〟著者が冷静と情熱のあいだで書き下ろした、つながるための障害学。

死と身体：コミュニケーションの磁場●内田 樹●2000円●人間は、死んだ者とも語り合うことができる———〈ことば〉の通じない世界にある「死」と「身体」こそが、人をコミュニケーションへと駆り立てる。なんという腑に落ちる逆説！「誰もが感じていて、誰も言わなかったことを、誰にでもわかるように語る」著者の、教科書には絶対に出ていないコミュニケーション論。読んだ後、猫にもあいさつしたくなります。

ALS 不動の身体と息する機械●立岩真也●2800円●それでも生きたほうがよい、となぜ言えるのか———ALS当事者の語りを渉猟し、「生きろと言えない生命倫理」の浅薄さを徹底的に暴き出す。人工呼吸器と人がいれば生きることができると言う本。「質のわるい生」に代わるべきは「質のよい生」であって「美しい死」ではない、という当たり前のことに気づく本。

べてるの家の「当事者研究」●浦河べてるの家●2000円●研究？ ワクワクするなあ―――べてるの家で「研究」がはじまった。心の中を見つめたり、反省したり……なんてやつじゃない。どうにもならない自分を、他人事のように考えてみる。仲間と一緒に笑いながら眺めてみる。やればやるほど元気になってくる、不思議な研究。合い言葉は「自分自身で、共に」。そして「無反省でいこう！」

ケアってなんだろう●小澤勲編著●2000円●「技術としてのやさしさ」を探る七人との対話―――「ケアの境界」にいる専門家、作家、若手研究者らが、精神科医・小澤勲氏に「ケアってなんだ？」と迫り聴く。「ほんのいっときでも憩える椅子を差し出す」のがケアだと言い切れる人の《強さとやさしさ》はどこから来るのか―――。感情労働が知的労働に変換されるスリリングな一瞬！

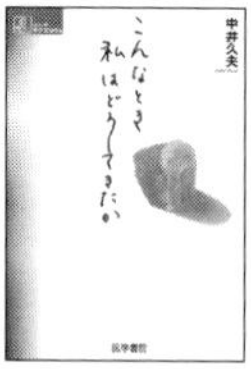

こんなとき私はどうしてきたか●中井久夫●2000円●「希望を失わない」とはどういうことか―――はじめて患者さんと出会ったとき、暴力をふるわれそうになったとき、退院が近づいてきたとき、私はどんな言葉をかけ、どう振る舞ってきたか。当代きっての臨床家であり達意の文章家として知られる著者渾身の一冊。ここまで具体的で美しいアドバイスが、かつてあっただろうか。

発達障害当事者研究：ゆっくりていねいにつながりたい●綾屋紗月＋熊谷晋一郎●2000円●あふれる刺激、ほどける私―――なぜ空腹がわからないのか、なぜ看板が話しかけてくるのか。外部からは「感覚過敏」「こだわりが強い」としか見えない発達障害の世界を、アスペルガー症候群当事者が、脳性まひの共著者と探る。「過剰」の苦しみは身体に来ることを発見した画期的研究！

ニーズ中心の福祉社会へ：当事者主権の次世代福祉戦略●上野千鶴子＋中西正司編●2100円●社会改革のためのデザイン！ ビジョン!! アクション!!!―――「こうあってほしい」という構想力をもったとき、人はニーズを知り、当事者になる。「当事者ニーズ」をキーワードに、研究者とアクティビストたちが「ニーズ中心の福祉社会」への具体的シナリオを提示する。

コーダの世界：手話の文化と声の文化●澁谷智子● 2000 円●生まれながらのバイリンガル？———コーダとは聞こえない親をもつ聞こえる子どもたち。「ろう文化」と「聴文化」のハイブリッドである彼らの日常は驚きに満ちている。親が振り向いてから泣く赤ちゃん？ じっと見つめすぎて誤解される若い女性？ 手話が「言語」であり「文化」であると心から納得できる刮目のコミュニケーション論。

技法以前：べてるの家のつくりかた●向谷地生良● 2000 円●私は何をしてこなかったか———「幻覚&妄想大会」をはじめとする掟破りのイベントはどんな思考回路から生まれたのか？ べてるの家のような〝場〟をつくるには、専門家はどう振る舞えばよいのか？ 「当事者の時代」に専門家にできることを明らかにした、かつてない実践的「非」援助論。べてるの家スタッフ用「虎の巻」、大公開！

逝かない身体：ALS 的日常を生きる●川口有美子● 2000 円●即物的に、植物的に —— 言葉と動きを封じられた ALS 患者の意思は、身体から探るしかない。ロックトイン・シンドロームを経て亡くなった著者の母を支えたのは、「同情より人工呼吸器」「傾聴より身体の微調整」という究極の身体ケアだった。重力に抗して生き続けた母の「植物的な生」を身体ごと肯定した圧倒的記録。

第 41 回大宅壮一ノンフィクション賞受賞作

リハビリの夜●熊谷晋一郎● 2000 円●痛いのは困る——現役の小児科医にして脳性まひ当事者である著者は、《他者》や《モノ》との身体接触をたよりに、「官能的」にみずからの運動をつくりあげてきた。少年期のリハビリキャンプにおける過酷で耽美な体験、初めて電動車いすに乗ったときの時間と空間が立ち上がるめくるめく感覚などを、全身全霊で語り尽くした驚愕の書。

第 9 回新潮ドキュメント賞受賞作

その後の不自由●上岡陽江＋大嶋栄子● 2000 円●〝ちょっと寂しい〟がちょうどいい——トラウマティックな事件があった後も、専門家がやって来て去っていった後も、当事者たちの生は続く。しかし彼らはなぜ「日常」そのものにつまずいてしまうのか。なぜ援助者を振り回してしまうのか。そんな「不思議な人たち」の生態を、薬物依存の当事者が身を削って書き記した当事者研究の最前線！

第2回日本医学ジャーナリスト協会賞受賞作

驚きの介護民俗学●六車由実●2000円●語りの森へ——気鋭の民俗学者は、あるとき大学をやめ、老人ホームで働きはじめる。そこで流しのバイオリン弾き、蚕の鑑別嬢、郵便局の電話交換手ら、「忘れられた日本人」たちの語りに身を委ねていると、やがて新しい世界が開けてきた……。「事実を聞く」という行為がなぜ人を力づけるのか。聞き書きの圧倒的な可能性を活写し、高齢者ケアを革新する。

ソローニュの森●田村尚子●2600円●ケアの感触、曖昧な日常——思想家ガタリが終生関ったことで知られるラ・ボルド精神病院。一人の日本人女性の震える眼が掬い取ったのは、「フランスのべてるの家」ともいうべき、患者とスタッフの間を流れる緩やかな時間だった。ルポやドキュメンタリーとは一線を画した、ページをめくるたびに深呼吸ができる写真とエッセイ。B5変型版。

弱いロボット●岡田美智男●2000円●とりあえずの一歩を支えるために——挨拶をしたり、おしゃべりをしたり、散歩をしたり。そんな「なにげない行為」ができるロボットは作れるか？　この難題に著者は、ちょっと無責任で他力本願なロボットを提案する。日常生活動作を規定している「賭けと受け」の関係を明るみに出し、ケアをすることの意味を深いところで肯定してくれる異色作！

当事者研究の研究●石原孝二編●2000円●で、当事者研究って何だ?——専門職・研究者の間でも一般名称として使われるようになってきた当事者研究。それは、客観性を装った「科学研究」とも違うし、切々たる「自分語り」とも違うし、勇ましい「運動」とも違う。本書は哲学や教育学、あるいは科学論と交差させながら、“自分の問題を他人事のように扱う”当事者研究の圧倒的な感染力の秘密を探る。

摘便とお花見：看護の語りの現象学●村上靖彦●2000円●とるにたらない日常を、看護師はなぜ目に焼き付けようとするのか——看護という「人間の可能性の限界」を拡張する営みに吸い寄せられた気鋭の現象学者は、共感あふれるインタビューと冷徹な分析によって、その不思議な時間構造をあぶり出した。巻末には圧倒的なインタビュー論を付す。看護行為の言語化に資する驚愕の一冊。

坂口恭平躁鬱日記●坂口恭平●1800円●僕は治ることを諦めて、「坂口恭平」を操縦することにした。家族とともに。――マスコミを席巻するきらびやかな才能の奔出は、「躁」のなせる業でもある。「鬱」期には強固な自殺願望に苛まれ外出もおぼつかない。この病に悩まされてきた著者は、あるとき「治療から操縦へ」という方針に転換した。その成果やいかに！ 涙と笑いと感動の当事者研究。

カウンセラーは何を見ているか●信田さよ子●2000円●傾聴？ ふっ。――「聞く力」はもちろん大切。しかしプロなら、あたかも素人のように好奇心を全開にして、相手を見る。そうでなければ〈強制〉と〈自己選択〉を両立させることはできない。若き日の精神科病院体験を経て、開業カウンセラーの第一人者になった著者が、「見て、聞いて、引き受けて、踏み込む」ノウハウを一挙公開！

クレイジー・イン・ジャパン：べてるの家のエスノグラフィ●中村かれん●2200円●日本の端の、世界の真ん中。――インドネシアで生まれ、オーストラリアで育ち、イェール大学で教える医療人類学者が、べてるの家に辿り着いた。7か月以上にも及ぶ住み込み。10年近くにわたって断続的に行われたフィールドワーク。べてるの「感動」と「変貌」を、かつてない文脈で発見した傑作エスノグラフィ。付録DVD「Bethel」は必見の名作！

漢方水先案内：医学の東へ●津田篤太郎●2000円●漢方ならなんとかなるんじゃないか？―― 原因がはっきりせず成果もあがらない「ベタなぎ漂流」に追い込まれたらどうするか。病気に対抗する生体のパターンは決まっているならば、「生体をアシスト」という方法があるじゃないか！ 万策尽きた最先端の臨床医がたどり着いたのは、キュアとケアの合流地点だった。それが漢方。

介護するからだ●細馬宏通●2000円●あの人はなぜ「できる」のか？―― 目利きで知られる人間行動学者が、ベテランワーカーの神対応をビデオで分析してみると……、そこには言語以前に〝かしこい身体〟があった！ ケアの現場が、ありえないほど複雑な相互作用の場であることが分かる「驚き」と「発見」の書。マニュアルがなぜ現場で役に立たないのか、そしてどうすればうまく行くのかがよーく分かります。

⑦

第 16 回小林秀雄賞
受賞作
紀伊國屋じんぶん大賞
2018 受賞作

中動態の世界：意志と責任の考古学●國分功一郎●2000円●「する」と「される」の外側へ――強制はないが自発的でもなく、自発的ではないが同意している。こうした事態はなぜ言葉にしにくいのか？ なぜそれが「曖昧」にしか感じられないのか？ 語る言葉がないからか？ それ以前に、私たちの思考を条件付けている「文法」の問題なのか？ ケア論にかつてないパースペクティヴを切り開く画期的論考！

どもる体●伊藤亜紗●2000円●しゃべれるほうが、変。――話そうとすると最初の言葉を繰り返してしまう（＝連発という名のバグ）。それを避けようとすると言葉自体が出なくなる（＝難発という名のフリーズ）。吃音とは、言葉が肉体に拒否されている状態だ。しかし、なぜ歌っているときにはどもらないのか？ 徹底した観察とインタビューで吃音という「謎」に迫った、誰も見たことのない身体論！

異なり記念日●齋藤陽道●2000円●手と目で「看る」とはどういうことか――「聞こえる家族」に生まれたろう者の僕と、「ろう家族」に生まれたろう者の妻。ふたりの間に、聞こえる子どもがやってきた。身体と文化を異にする３人は、言葉の前にまなざしを交わし、慰めの前に手触りを送る。見る、聞く、話す、触れることの〈歓び〉とともに。ケアが発生する現場からの感動的な実況報告。

在宅無限大：訪問看護師がみた生と死●村上靖彦●2000円●「普通に死ぬ」を再発明する――病院によって大きく変えられた「死」は、いま再びその姿を変えている。先端医療が組み込まれた「家」という未曾有の環境のなかで、訪問看護師たちが地道に「再発明」したものなのだ。著者は並外れた知的肺活量で、訪問看護師の語りを生け捕りにし、看護が本来持っているポテンシャルを言語化する。

居るのはつらいよ：ケアとセラピーについての覚書●東畑開人●「ただ居るだけ」vs.「それでいいのか」――京大出の心理学ハカセは悪戦苦闘の職探しの末、沖縄の精神科デイケア施設に職を得た。しかし勇躍飛び込んだそこは、あらゆる価値が反転する「ふしぎの国」だった。ケアとセラピーの価値について究極まで考え抜かれた、涙あり笑いあり出血（！）ありの大感動スペクタル学術書！